Kohlhammer

Der Herausgeber

Dr. Matthias von Hellfeld ist freier Journalist und Historiker. Er arbeitet als Moderator und Redakteur, u. a. des Magazins »Eine Stunde History« bei Deutschlandfunk Nova. Neben zahlreichen Hörfunk-Features und TV-Dokumentationen hat er als Autor mehr als 25 Sachbücher zur europäischen und deutschen Geschichte publiziert und war Dozent an verschiedenen Universitäten und Ausbildungsakademien. 1984 erhielt er den Carl-von-Ossietzky-Preis der Stadt Oldenburg. 2017 wurde er für den Deutschen Radiopreis nominiert. 2019 erhielt er den Deutschen Podcastpreis.

Matthias von Hellfeld (Hrsg.)

Die Welt im Krisenmodus

Demokratien zwischen Reformstau und Polykrise

Verlag W. Kohlhammer

Dieses Werk einschließlich aller seiner Teile ist urheberrechtlich geschützt. Jede Verwendung außerhalb der engen Grenzen des Urheberrechts ist ohne Zustimmung des Verlags unzulässig und strafbar. Das gilt insbesondere für Vervielfältigungen, Übersetzungen, Mikroverfilmungen und für die Einspeicherung und Verarbeitung in elektronischen Systemen.

Dieses Werk enthält Hinweise/Links zu externen Websites Dritter, auf deren Inhalt der Verlag keinen Einfluss hat und die der Haftung der jeweiligen Seitenanbieter oder -betreiber unterliegen. Zum Zeitpunkt der Verlinkung wurden die externen Websites auf mögliche Rechtsverstöße überprüft und dabei keine Rechtsverletzung festgestellt. Ohne konkrete Hinweise auf eine solche Rechtsverletzung ist eine permanente inhaltliche Kontrolle der verlinkten Seiten nicht zumutbar. Sollten jedoch Rechtsverletzungen bekannt werden, werden die betroffenen externen Links soweit möglich unverzüglich entfernt.

Umschlagabbildung: iStock.com/jackaldu

1. Auflage 2025

Alle Rechte vorbehalten
© W. Kohlhammer GmbH, Stuttgart
Gesamtherstellung: W. Kohlhammer GmbH, Stuttgart

Print:
ISBN 978-3-17-045287-9

E-Book-Formate:
pdf: ISBN 978-3-17-045288-6
epub: ISBN 978-3-17-045289-3

Inhalt

Die Welt im Krisenmodus – zur Einleitung 7
Matthias von Hellfeld

McDonald's in Moskau – reformunfähiges Russland 29
Thomas Franke

Woke und Hillbillies – die uneinigen Staaten von Amerika 53
Arthur Landwehr

Viele Dirigenten, wenig Melodie – für ein stärkeres Europa 83
Benjamin Zeeb

Ausgebremst und festgefahren – überbürokratisiertes Deutschland 104
Paul Reifferscheid

Weichenstellung für die Zukunft – Deutschland vor der Deindustrialisierung? 121
Michael Hüther

No Planet B – über allem Klimawandel und Artensterben 146
Hans-Otto Pörtner

Es ist noch nicht zu spät – Reformpolitik starten! 182
Matthias von Hellfeld

Autorenverzeichnis 193

Die Welt im Krisenmodus – zur Einleitung

Matthias von Hellfeld

Die Welt ist an vielen Stellen aus den Fugen geraten. In den westlichen Demokratien sind rechtsextreme Parteien auf dem Vormarsch und versprechen einfache Lösungen für komplizierte Probleme. Bei den französischen Parlamentswahlen hat sich ein linkes Bündnis durchgesetzt, an dessen Spitze mit Jean-Luc Mélenchon ein Politiker steht, der antideutsche, antisemitische und antieuropäische Positionen vertritt. Die Mehrheit der französischen Wählerinnen und Wähler hat damit zwar dem Rechtsextremismus eine Absage erteilt, dafür aber eine kaum weniger problematische politische Gruppierung gewählt. Auch in Deutschland sind die extremen Ränder gestärkt worden, knapp ein Fünftel der unter 25-Jährigen tendiert zur AfD, was einem Plus von 11 Prozent gegenüber 2019 entspricht. Viele von ihnen werfen der aktuellen Regierung Unfähigkeit vor, die vielen Probleme bei der Digitalisierung, der Mobilität, der Transformation zu einer klimaneutralen Wirtschaft und bei der Bewältigung der Klimakrise generell zu lösen. Diese Politikverdrossenheit treibt sie in die Arme derer, die die Krisen entweder leugnen oder eine »Lösung« auf Kosten von Sündenböcken – zum Beispiel Migranten – anstreben.

Die Attraktivität solcher Vermeidungsstrategien mag verständlich sein, führt man sich die schiere Zahl der Krisen vor Augen, die derzeit über die Menschen in Deutschland hereinbrechen. Das Klima schlägt weltweit bedrohliche Kapriolen und sorgt für katastrophale Wirbelstürme und Überschwemmungen. In Deutschland liegt die Infrastruktur am Boden, die Bundeswehr ist kaum verteidigungsfähig und die deutsche Wirtschaft, die eigentlich in eine grüne Zukunft transformiert werden soll, dümpelt entlang einer Rezession vor sich hin. In den vergangenen Jahrzehnten hat die Bundesrepublik von den Reserven gelebt, kaum Reformen durchgeführt und es an wesentlichen Stellen versäumt, das Land zukunftsfähig zu machen. Die Folge: Vertrauensverlust in die Handlungsfähigkeit der Politik. Die hat sich freilich selbst in schweres Fahrwasser manövriert. Statt lediglich langfristige Rahmenbedingungen für den grünen Transformationsprozess vorzugeben, verheddert sich die Bundesregierung im Kleinklein von Vorschriften. Fehler im Detail hinterlassen den fatalen Eindruck von Ahnungslosigkeit im Großen und Unfähigkeit bei der Umsetzung. Unmut und Frustration entstehen auch durch eine ausufernde Bürokratie, die mit ihrer Regulierungswut selbst Gutmeinende zur Verzweiflung treibt. All das ließe sich verhindern oder zumindest reduzieren, wenn sich Politikerinnen und Politiker nicht in immer kleinteiligeren Vorschriften verzetteln würden.

Und so stehen die Deutschen vor einem veritablen Reformstau, der enormen Druck auf Politik und Gesellschaft ausübt. Aber auch die Europäische Union ist derzeit kaum mehr als ein wirtschaftlicher Zusammenschluss, der bei vielen politischen Entscheidungen an der selbst auferlegten Fessel einstimmiger Entscheidungen scheitert. Zudem werden in nächster Nachbarschaft wieder Kriege geführt, mit dem Einsatz von Atomwaffen gedroht und unverhohlen die Vernichtung des Gegners angekündigt. Die Generationen, die nach 1945 geboren sind, stehen vor einer neuen Situation, die ihnen Angst macht. Diese Angst ist angesichts multipolarer Bedrohungen zwar nachvollziehbar, taugt aber nicht als Ratgeber. Die Verunsicherung vieler Menschen hat die demokratischen Gesellschaftsordnungen in Europa destabilisiert und einen Kreislauf in Gang gesetzt, der einer *self-fulfilling prophecy* ähnelt: Die Verunsicherung löst den Ruf nach schneller Abhilfe aus, die aber nicht kommen kann, weil es schnelle Lösungen nicht gibt. Und das wiederum fördert die Verunsicherung und die Wahl von Parteien am rechtsextremen Rand, die schnelle Lösungen zumindest versprechen.

Die destabilisierende Wirkung dieses Kreislaufs nimmt zu, je mehr Konflikte aufkommen. Auch in ihrer unmittelbaren Umgebung erfahren Menschen, dass offensichtlich nichts mehr funktioniert. Verspätete Züge, jahrelange Reparaturarbeiten an Autobahnknotenpunkten mit den entsprechenden Staus oder eine ausufernde Bürokratie bei der Verlängerung eines Ausweises gehören zum Alltag der Bundesbürger, lassen viele von ihnen verzweifeln und am System insgesamt zweifeln. Neben der maroden Infrastruktur, mangelhaften Bildungsangeboten, fehlender Digitalisierung und einem offenbar nicht hinreichend ausgerüsteten Militär sorgt die Migrationspolitik bei vielen Menschen für ein Gefühl, im Stich gelassen zu werden. Die Krisen überlagern sich und verstärken einander, weil sie nicht gelöst werden. Man spricht dabei von einer »Polykrise«. Und die stellt das politische System der Bundesrepublik auf den Prüfstand. Es ist keineswegs ausgemacht, dass die Demokratie diese Prüfung bestehen wird. Rechtsextremisten und Populisten aller Schattierungen nehmen »das System« gezielt aufs Korn und locken die Menschen mit einfachen Lösungen für komplexe Probleme. Derzeit gehen die viele Menschen auf die Straßen und lassen ihrer Wut freien Lauf, einer Lösung kommen wir mit Beschimpfungen jedoch nicht näher. Aus einer gesellschaftlichen Verunsicherung ist mittlerweile eine existenzielle Krise geworden, die in ihrem Ausmaß einmalig in der Geschichte der Bundesrepublik ist.

In der gegenwärtigen Polykrise sind viele Demokratien in schwere Fahrwasser geraten. Nach einer aktuellen Studie der Bertelsmann-Stiftung sind die Demokratien weltweit auf dem Rückzug, während die Zahl der autokratisch regierten Staaten wächst. Und auch bei den Menschen, die noch in einer vollwertigen Demokratie leben, nimmt die Akzeptanz dieser Staatsform ab. Die Zustimmung zu demokratischen Einrichtungen und Institutionen geht seit Jahrzehnten zurück und viele Menschen haben das Vertrauen in die Fairness freier Wahlen verloren. An die Stelle von Demokratien treten vielfach Autokratien, in denen die Macht auf eine Person konzentriert, Legislative und Judikative geschwächt und oppositionelle Politiker und Parteien behindert oder verboten werden. Die wachsende Zahl autokratischer Regierungen verläuft offenbar parallel zu den vielen Krisen. Diese zu bewältigen, wäre also gleichzeitig ein Schutz der liberalen Demokratien.

Viele Menschen in den westlichen Demokratien leben in einem gefährlichen Schwebezustand zwischen totaler Verweigerung jedweder Reform und dem zornigen Ruf nach mehr Tempo von Reformen. Ein Ausgangspunkt auf dem Weg zur gegenwärtigen Polykrise war die Pleite der New Yorker Investmentbank Lehman Brothers im Jahre 2008. Kurz nach dem Lehman-Crash brachen weltweit Finanzgeschäfte zusammen. Von einem auf den anderen Tag standen Banken, Versicherungen und Immobilienfirmen vor dem Bankrott, der vielfach nur durch staatliche Unterstützung verhindert werden konnte. Kaum war dieser Schock verdaut, folgten in rascher Abfolge der arabische Frühling (2010), die Annexion der Krim durch die Russische Föderation (2014), die Flüchtlingskrise in Europa (2015), der vermutlich von russischen Hackern mit initiierte Brexit (2016), die Wahl Donald Trumps zum 45. Präsidenten der USA (2017), die COVID-19-Pandemie (2020), die russische Invasion in die Ukraine (2022) sowie der Hamas-Überfall auf Israel mit dem anschließenden Krieg im Gaza-Streifen (2023) und einem direkten Raketenangriff des Iran auf Israel (2024), der Wiederwahl Trumps zum 47. US-Präsidenten (2024) und dem zeitgleichen Aus der Ampel-Regierung in Deutschland. Die Welt befindet sich in einer sich zuspitzenden Dauerkrise, die Wohlstand vernichtet, Regierungen und Gesellschaften ins Wanken bringt. Und die nächsten Krisen drohen schon: auf der koreanischen Halbinsel oder mit der chinesischen Absicht, Taiwan zu annektieren. Über allem schweben die Klimakrise und der Versuch, mit Gewalt und Drohungen eine neue Weltordnung zu etablieren, die die bisherigen Kräfteverhältnisse auf den Kopf stellen würde.

Krisen erfolgreich bekämpfen

Wir werden die wesentlichen Krisenherde der Welt unter die Lupe nehmen, ihre Ursachen benennen, die sich daraus ergebenden Gefahren einordnen und nach Auswegen aus der Misere suchen. Was wird aus der Ukraine und wie könnte dieser Krieg ohne Gesichtsverlust für beide Seiten beendet werden? Warum unterstützt – wenn auch öffentlich in Abrede gestellt – China den russischen Angriff auf die Ukraine? Wie kann in den Vereinigten Staaten von Amerika die gesellschaftliche Spaltung überwunden werden? Wohin treiben die USA nach den Wahlen im November 2024? Wie kann sich die Europäische Union aus der Handlungsunfähigkeit befreien, die das Einstimmigkeitsprinzip den Mitgliedsstaaten beschert? Welchen Weg sollte die Bundesrepublik Deutschland einschlagen, um aus dem milliardenschweren Reformstau herauszukommen und das Land zukunftsfähig zu machen?

Diese Krisen sorgen weltweit für Bestürzung. Schon die Hintergründe und Verläufe der einzelnen Krisen sind oft schwer zu durchschauen, umso mehr die Polykrise insgesamt. Und ein Ausweg scheint nicht in Sicht. Manchmal hilft ein Blick zurück, um einen Weg nach vorn zu finden. Vielleicht können wir ja aus bisherigen Krisenbewältigungen etwas lernen? Wie zum Beispiel beim Ozonloch: Durch den jahrzehntelangen Ausstoß von FCKW und anderen Schadstoffen hatte sich seit den 1980er Jahren über der Antarktis die Ozonschicht der Erdatmosphäre auf einer immer größeren Fläche stark ausgedünnt. Wissenschaftler schlugen Alarm, weil ohne die schützende Ozonschicht das Hautkrebsrisiko um ein Vielfaches steigen und verschiedene Ökosysteme schweren Schaden erleiden würden. Teile Australiens und Neuseeland waren von den Folgen besonders betroffen. Im Montrealer Protokoll, das 1987 nahezu alle UN-Mitgliedsstaaten unterzeichneten, wurde das schädliche FCKW und andere ozonschädigenden Substanzen stufenweise verboten. Seitdem haben sich die Werte so sehr verbessert, dass das Ozonloch in den letzten zwei Jahrzehnten beständig zurückgegangen ist. Ähnlich erfolgreich, wenn auch relativ langsam, ist die Stromerzeugung durch erneuerbare Energie: 2023 betrug ihr Anteil an der gesamten Stromproduktion in Deutschland knapp 60 Prozent – ein vor wenigen Jahren noch unvorstellbar hoher Wert.

Polykrise mit langem Vorlauf

Viele Menschen in Deutschland und Europa empfinden die Gegenwart als eine rasche Aneinanderreihung von Worst-Case-Szenarien. Jedes einzelne für sich genommen ist bereits äußerst bedrohlich, die Gleichzeitigkeit der Ereignisse mit hoher Brisanz für Wohlstand und Frieden aber führt Demokratie und Parlamentarismus an die Grenzen ihrer Leistungsfähigkeit, weil sie eine simultane Bewältigung erfordert und die Regierungen vor komplexe und schwierige politische Entscheidungen stellt. Eine Polykrise, wie wir sie momentan erleben, hat viele unterschiedliche Dimensionen: soziale, politische oder ökologische. Einzelne Krisen stehen in einer unmittelbaren Wechselwirkung zueinander und schließen deshalb schnelle Lösungen aus, die oft zwar helfen würden, die eine Krise zu bekämpfen, eine andere dafür aber beschleunigen. Um beispielsweise den dringend benötigten bezahlbaren Wohnraum zu schaffen, müssen Flächen gerodet und versiegelt werden. Das aber widerspricht den Notwendigkeiten des Naturschutzes und der Maßnahmen gegen die Klimawandel. Hätten nicht die meisten Städte und Gemeinden ihren Bestand an Sozialwohnungen zur Sanierung ihrer Haushalte vor Jahren verkauft, bestünde das Problem des Mangels an günstigen Wohnungen in den Ballungszentren nicht.

Die Polykrise macht diffuse und reale Angst. Die vielen Probleme, die sich gleichzeitig auftürmen, erzeugen eine schwer greifbare Angst vor den Konsequenzen der Krisen. Real werden diese Ängste, wenn man selbst von den Auswirkungen betroffen ist und seine eigene Ohnmacht einsehen muss – beispielsweise in der Klimakrise. Der Klimawandel findet auf der ganzen Welt statt. Die Veränderungen, die er auslöst, sind nicht sofort erkennbar. Eine Wanderung durch die Alpen ist nach wie vor eine faszinierende Erfahrung, aber gleichzeitig sehen wir das Schmelzen der Gletscher in den Bergen und das Ansteigen der Flüsse in den Tälern. Das ist das sichtbare Ende einer komplexen Verkettung von Wirkmächten, die an unterschiedlichen Orten mit unterschiedlicher Intensität und schon vor langer Zeit stattgefunden haben. Um zu begreifen, warum die Gletscher schmelzen, müssten wir die enorme Industrialisierung des Erdballs, das Wachstum der Weltbevölkerung von etwas mehr als zweieinhalb Milliarden im Jahr 1950 auf knapp acht Milliarden 2020, den stark gestiegenen Verbrauch fossiler Brennstoffe, das Abholzen des brasilianischen Regenwaldes und das unter anderem damit verbundene Schrumpfen der Artenvielfalt berücksichtigen. Wenn man nur das tropfende Wasser der schmelzenden Eismassen betrachtet, kann man die verschiedenen Ursachen und die mit ihnen zusammenhängende komplexe Verkettung von Wirkungsweisen nicht erkennen. Und doch müssten sie alle gestoppt werden, wollte man das Schmelzen der Gletscher beenden.

Das komplexe Zusammenspiel verschiedener Ursachen, das etwa den Gletscher zum Schmelzen bringt, scheint wie von einem Perpetuum mobile angetrieben zu sein. Der Berg an Problemen und Krisen wird immer größer, weil die sich gegenseitig bedingenden Ursachen unterschiedlicher Krisen nicht bekämpft oder – im besten Fall – beseitigt werden. Das liegt nicht zuletzt daran, dass mitunter schon vor Jahrzehnten falsche Entscheidungen getroffen wurden. Als Beispiel mag ein Auftritt des Bundeskanzlers Helmut Kohl aus dem Jahr 1993 dienen, der in einer RTL-Sendung den Ausbau von »Datenautobahnen« mit der Sanierung herkömmlicher Autobahnen verwechselte und damit Sinn und Dringlichkeit einer digitalen Infrastruktur verkannte. Ein Versäumnis, dessen Gewicht Jahr für Jahr zunahm und das nun, mehr als 30 Jahre später, nicht nur der deutschen Industrie mit aller Wucht auf die Füße fällt. Die Entscheidung, nicht in den Ausbau der digitalen Infrastruktur zu investieren, liegt lange zurück. Gerade dies sorgt nun dafür, dass die Probleme heute weder schnell noch einfach bekämpft werden können. Die hinausgezögerten Reformen kosten uns nun viel mehr Geld, belasten daher die Gesellschaft zunehmend und sind zu allen Überfluss geeignet, Verschwörungserzählungen hervorzubringen.

Destabilisierung durch Verschwörungserzählungen

Als während der Corona-Krise massive Einschränkungen des öffentlichen und privaten Lebens staatlich verordnet wurden, sahen viele »Corona-Leugner« den »Deep State« am Werk. Verborgene Herrschaftsstrukturen hätten innerhalb des Staates die Macht übernommen oder würden zumindest indirekt das Regierungshandeln lenken. Viele Menschen zeigten auf Demonstrationen das Logo von »QAnon«, einer rechtsextremen Verschwörungserzählung aus den USA, wonach satanische Eliten entführte Kinder gefangen hielten und sie ermordeten, um deren Blut zu trinken.

Auch als am 6. Januar 2021 eine aufgebrachte Menge das Kapitol in Washington stürmte, ging es gegen den »Deep State«, der angeblich Donald Trump den Wahlsieg durch Manipulation der Stimmauszählung gestohlen hätte. Die Polykrise ist der ideale Nährboden für diese und andere Verschwörungserzählungen – nicht nur in den USA:

> » Heimlicher Souverän in Deutschland ist eine kleine, machtvolle politische Oligarchie, die sich in den bestehenden politischen Parteien ausgebildet hat. (…) Es hat sich eine politische Klasse herausgebildet, deren vordringliches Interesse ihrer Macht, ihrem Status und ihrem materiellen Wohlergehen gilt. Diese Oligarchie hat die Schalthebel der staatlichen Macht, der politischen Bildung und des informationellen und medialen Einflusses auf die Bevölkerung in Händen.

So steht es im Wahlprogramm der Partei »Alternative für Deutschland« (AfD) zur Bundestagswahl 2017. Mit diesem Geraune von dunklen Mächten haben die deutschen Rechtsextremisten im ungarischen Ministerpräsidenten Viktor Orbán einen Mitstreiter, der schon lange das Narrativ des »plündernden Großkapitals« verbreitet: »Die Bankiers, die gierigen Multis, die Brüsseler Bürokraten, die in ihrem Sold stehen, und natürlich ihre Lakaien marschieren hier im Land gegen Ungarn auf – im Auftrag des internationalen Großkapitals.« Dieses Zitat stammt aus einer Ende September 2013 gehaltenen Rede, in der Orbán die Unterwanderungsverschwörung mit uralten antisemitischen Anspielungen auf »gierige« Multis und das »internationale« Großkapital verbindet.

Derartige Entgleisungen passten auch in die Flüchtlingskrise, die wenig später die Europäische Union vor eine Zerreißprobe stellte. Tausende Menschen hatten sich in maroden Schlauchbooten auf den lebensgefährlichen Weg über das Mittelmeer gemacht oder die nicht minder gefährliche Balkanroute eingeschlagen. Viele von ihnen lebten am Rande der Route in provisorischen Unterkünften, andere kamen bis nach Ungarn, wo sie im Budapester Bahnhof von der Polizei festgesetzt wurden. Angesichts der Flüchtlingstrecks, die sich entlang der Autobahnen zu Fuß Richtung Norden bewegten, ließ Bundeskanzlerin Angela Merkel die deutschen Grenzen für diese Flüchtlinge öffnen. Anschließend kam es zu ihrem legendären Ausspruch »Wir schaffen das«. Dieser Satz gilt als ein wesentlicher Grund für den Erfolg der AfD, die 2015 heillos zerstritten und nahezu bedeutungslos war. Der Kampf gegen die Flüchtlinge, die unkontrolliert ins Land kamen, war der wichtigste Nährboden für die AfD in den folgenden Jahren.

Krise durch Panikmache

Ungeachtet des humanitären Aspekts der Entscheidung, wurde Merkels Satz im rechten und rechtsextremen Lager in allen europäischen Ländern aggressiv ausgeschlachtet. Alexander Gauland (AfD), Marine Le Pen (RN), David Cameron (damals brit. Premierminister), Björn Höcke (AfD), Donald Trump (Rep.), Geert Wilders (VVD), Nigel Farage (damals UKIP) und Heinz-Christian Strache (FPÖ) orchestrierten die Entscheidung der Bundeskanzlerin und die dann folgende Flüchtlingspolitik mit einem Dreiklang des Destabilisierens: Katastrophe, Untergang und Rettung durch ihre ausländerfeindliche Politik.

Am Anfang der rechten Rhetorik steht die Katastrophe: »Es ist eine Politik der menschlichen Überflutung« (Gauland), »Gigantische Migrantenwellen, die ankommen und ankommen werden« (Le Pen), »Da kommt ein Menschenschwarm übers Mittelmeer« (Cameron), »Dieser unsägliche Asyl-Orkan, der über Europa hinwegfegt« (Höcke). Es folgt der Untergang des Westens: »Die Zeit wird knapp für den Westen« (Wilders), »Dann befürchte ich sogar das Abgleiten des Landes in den Bürgerkrieg« (Höcke), »Und nicht zu Unrecht werden in diesen Tagen die Bilder vom Untergang des weströmischen Reichs aufgerufen, als die Barbarenstämme den Limes überrannten« (Gauland), »Das gibt ein Desaster« (Farage), »Das ist eine feindliche Landnahme« (Strache), »Frankreich wurde verletzbar gemacht, es muss sich wieder bewaffnen« (Le Pen), »Wir befinden uns tatsächlich im Krieg, nur Dumme können das abstreiten« (Wilders), »Wir brauchen eine Festung Europa« (Strache), »Ich brauche eine Bundeswehr, die an der Grenze steht und diese Leute abhält« (Gauland). Nach diesen Horrorszenarien kommt die Rettung: »Wir werden dem amerikanischen Volk mit der Wahrheit dienen und nichts anderem« (Trump), »Die Menschen müssen die Wahrheit über den Islam erfahren« (Wilders), »Ich habe Hoffnung, dass wir gemeinsam unser Heimatland und Europa vor dem Untergang retten werden« (Strache).

Es war eine Mischung aus Unsinn, Panikmache und Fremdenfeindlichkeit, mit der Politiker von AfD, dem französischen Rassemblement National (RN), der konservativen Partei Englands und die extremeren Brexiteers, der Republikanischen Partei der USA, der niederländischen Partei für die Freiheit (VVD) und der Freiheitlichen Partei Österreichs (FPÖ) versuchten, den Kontinent derart zu destabilisieren, dass politische Systeme zerbrechen und ihre Bevölkerungen in einen Bürgerkrieg gegen Flüchtlinge oder sich selbst geraten. Die Strategie ist so einfach wie alt: Im vollständigen Chaos stellen sich diese Kräfte als Retter dar und versprechen radikale Problemlösungen, wenn sie erst das Ruder übernommen haben.

Rechtsruck in der Krise

Spätestens seit den Wahlen zum EU-Parlament 2024 ist der Rechtsruck in Europa unübersehbar. Mit wenigen Ausnahmen haben rechtsextreme Parteien überall in Europa Stimmen gewonnen und stellen den Anspruch, im Europäischen Parlament und den Gremien der EU mitzuentscheiden. Auch in den Mitgliedländern nimmt ihr Einfluss zu: In Italien regiert die rechtsextreme Lega Nord mit den postfaschistischen Fratelli d'Italia. In der Slowakei amtiert mit Robert Fico ein Mann, der nicht nur russlandfreundlich ist, sondern einen Zusammenhang sieht »zwischen Terror, sexuellen Übergriffen und der Zahl der Flüchtlinge in einem Land.« Ungarns Regierungschef Viktor Orbán hat die Demokratie in seinem Land systematisch ausgehöhlt und macht aus seiner Ablehnung der europäischen Flüchtlingspolitik kein Hehl, die norwegischen Rechtspopulisten der »Fortschrittspartei« sind nicht nur in der Regierung, sondern agitieren seit Jahren gegen Zuwanderer und Muslime. Ähnliches gilt für die dänische Fortschrittspartei, während die neonazistischen »Schwedendemokraten« in der Opposition sind. Die »Wahren Finnen« hingegen regieren gemeinsam mit den Konservativen. In den Niederlanden hat die »Partei für die Freiheit« von Geert Wilders die Wahl gewonnen. In Österreich ist die FPÖ seit vielen Jahren ein stabiler politischer Faktor, die englische Regierung war seit dem Brexit von radikalen Kräften der rechtskonservativen Tories getrieben, die erst 2024 abgewählt wurden, in Frankreich hat Marine Le Pen gute Aussichten im Rennen um die Präsidentschaft. In den USA schließlich ist Donald Trump wiedergewählt worden.

Europa und die USA sind angesichts der Polykrise nach rechts gerückt und verspielen dabei jene Werte, die der Westen als Konsequenz aus Zweitem Weltkrieg und Holocaust gezogen hat: Das Eintreten für Liberalismus, Freiheit, Demokratie und die universelle Gültigkeit der Menschenrechte. Es sind aber nicht nur die Wahlerfolge rechtsextremer Parteien, die das politische Leben in Deutschland und anderen Staaten der EU durcheinander bringen. Dadurch, dass die traditionellen Parteien AfD und Co. als nicht koalitionsfähig eingestuft haben, wird die Suche nach stabilen Regierungsmehrheiten schwer bis unmöglich werden. Regierungen aus vielen unterschiedlichen Partnern sind instabil und wirken als Brandbeschleuniger. Während die traditionellen Parteien auch in unmöglichen Konstellationen Verantwortung übernehmen, können die extremen Parteien aus ihrer Nörgelecke heraus bequem zündeln, ohne jedoch Leistungsnachweise erbringen zu müssen.

Echokammern und Filterblasen

Problemverschärfend wirkt sich aus, dass immer mehr Menschen Informationen nicht mehr aus Qualitätsmedien, sondern aus dem Internet beziehen. Obskure Newsportale und soziale Medien bieten aber keine ausgewogenen Informationen, sondern suchen – teilweise durch künstliche Intelligenz gesteuert – Beiträge aus, die mit den Überzeugungen der Nutzerinnen und Nutzer übereinstimmen. Portale wie TikTok, Telegram oder Facebook wirken daher als »Echokammern«: Sie unterdrücken andere Meinungen und Störgeräusche kontroverser Diskussionen. Sie bedienen wieder und wieder die vorgefassten Meinungen der Nutzer und bestärken sie auf diese Weise. Das macht zum einen den ergebnisoffenen Meinungsbildungsprozess unmöglich und verlagert zum anderen die Diskussion über gesellschaftspolitische Fragen aus der Öffentlichkeit heraus in die Halböffentlichkeit der unkontrollierten Echokammern und Filterblasen der sozialen Medien. Darin betreiben Gleichgesinnte einen sich gegenseitig bestärkenden Informationsaustausch, bei dem es keine Rolle spielt, ob die Informationen der Wahrheit entsprechen oder nicht. Sie werden nicht geprüft, sondern zur Verstärkung der eigenen Meinung ohne Widerspruch übernommen. Besonders aufwühlende und reißerische Inhalte verführen die Nutzer zu längerem Verweilen auf einer Plattform, die diesen Mechanismus deshalb mit immer neuen aufwühlenden und reißerischen Inhalten befeuern. Diese besondere Form der *self-fulfilling prophecy* verdrängt natürlich moderate oder zumindest sachliche Diskussionsbeiträge.

Über dieses Buch

Die Liste der Probleme ist lang. Wir werden sie im Folgenden in einzelnen Beiträge näher skizzieren und am Schluss einige Vorschläge machen, wie man den Krisen durch Reformen begegnen könnte.

Um sich beispielhaft vor Augen zu führen, welche Folgen eine ignorierte Krise haben kann, lohnt es sich zunächst, mit Thomas Franke auf die untergegangene UdSSR zu blicken. Jahrzehntelang wurden dort keine Reformen durchgeführt. Stattdessen hielt die sowjetische Führung an überkommenen Ideen fest und konnte am Schluss den eigenen Untergang nicht mehr aufhalten. Viel von dem, was wir heute in Russland beobachten, rührt daher.

Dramatisch ist auch die politische Lage in den Vereinigten Staaten von Amerika, die momentan eher den Eindruck von »zerstrittenen Staaten« machen. Wie Arthur Landwehr zeigt, lässt sich hier die Verflechtung verschiedener nationaler und globaler Krisen bestens beobachten – mit deutlichen Folgen auch diesseits des Atlantiks.

Denn die Entwicklung nach den US-Präsidentschaftswahlen im November 2024 hat auch Folgen für die EU, die ebenfalls am Scheideweg steht. In Brüssel müssen tiefgreifende Reformen die Gemeinschaft nicht nur auf veränderte politische Verhältnisse in Washington, sondern auch auf eine globale ökonomische Auseinandersetzung mit der pazifischen Großmacht China einstellen. Wagen wir, wie Martin Zeeb empfiehlt, den Schritt zu einer stärkeren politischen Union?

Dabei kommt der Wirtschaftsmacht Deutschland eine besondere Bedeutung zu. Gemeinsam mit Frankreich muss Deutschland der Motor der europäischen Veränderungen sein. Allerdings hat sich Deutschland bürokratische Fesseln angelegt und überdies über Jahrzehnte kaum Investitionen in seine Infrastruktur, in die Digitalisierung, in die Verteidigungsfähigkeit und die Bildung getätigt, beklagt Paul Reifferscheid. Ohne beherztes Gegensteuern droht dem Land, so Michael Hüther weiter, eine Deindustrialisierung mit dem Verlust ganzer Industriezweige und vieler Arbeitsplätze. Der Wohlstand des einstigen europäischen Musterstaates ist in Gefahr.

Aber damit nicht genug. Auch wenn die »tagesaktuellen« Krisen für sich schlimm genug sind, dürfen sie nicht von der Krise ablenken, die sozusagen über allem schwebt. Denn die stetig steigende Erderwärmung infolge eines noch immer nahezu ungebremsten Ausstoßes von klimaschädlichen Emissionen, der Verlust der Artenvielfalt und die Überlastung der lebenserhaltenden Systeme unseres Planeten, mahnt Hans-Otto Pörtner machen tiefgreifende Veränderungen in Politik, Wirtschaft und Gesellschaft zwingend notwendig.

Wir müssen diese Probleme angehen! Eine Alternative zu Reformen in den Bereichen, die dieses Buch vorgestellt, gibt es nicht. Wohlstand und Frieden in Europa und vielen anderen Teilen der Welt stehen ebenso auf dem Spiel wie das Überleben der Menschheit.

Die zerstrittenen Staaten von Amerika

Es vergeht kein Tag, an dem die tiefe Spaltung der amerikanischen Gesellschaft nicht sichtbar würde. Die Linien zwischen den streitenden Gruppen verlaufen nicht nur zwischen den politischen Parteien, sondern auch zwischen sich unversöhnlich bekämpfenden gesellschaftlichen Gruppen. Ökolobbyisten und Kernenergiebefürworter, die Waffenlobby gegen jene, die auf Amokläufe und den brutalisierten Alltag in den USA hinweisen. Fundamentale Christen kämpfen gegen Abtreibung und queere Lebensformen und wollen zurück zu den Wurzeln der biblischen Überlieferung. Sie treffen auf Menschen, die liberal und weltoffen sind und für eine freie Gesellschaft eintreten. Das Land, das historisch von seinen Einwanderern stets viel profitiert hat, schottet sich gegen Flüchtlinge mit hohen Mauern ab. Mit ihnen käme eine »Invasion von Verbrechern«, die anderswo aus »Gefängnissen und Irrenhäusern« entlassen worden wären und nun in den USA unschuldige Menschen töteten, radikalisiert Donald Trump die Debatte und fügt hinzu: »Das sind keine Menschen, das sind Tiere«.

Die Spaltung der USA begann nicht erst mit der ersten Präsidentschaft Donald Trumps, wird aber durch ihn und seine politischen Kampagnen vorangetrieben. Im Präsidentschaftswahlkampf 2024 wurde er bei einem Attentatsversuch verletzt und produzierte mit blutverschmiertem Gesicht und in den Himmel erhobener Faust ein ikonisches Bild, das Wahlen und politische Entscheidungen in den USA auf Jahre beeinflussen könnte. Die Vereinigten Staaten von Amerika werden mit einem radikalen Präsidenten und einer nicht minder radikalisierten republikanischen Partei ihre Spaltungen aber nicht beheben, sondern eher vertiefen. Die Probleme, die das Land seit vielen Jahrzehnten im Griff haben und in polarisierende Gegensätze verstricken, sind tief verwurzelt. So wird die US-Wirtschaft von zwei Polen bestimmt: An der

Ostküste liegen die schwergewichtigen Metropolen Boston, New York, Philadelphia und Washington und an der Westküste schlägt das technologische Herz in der kalifornischen »Bay Area« um San Francisco, zu der auch Silicon Valley gehört. Zwei moderne Metropolregionen an den Rändern des Landes – und dazwischen *flyover country*: die als »Überflugstaaten« belächelten wirtschaftsschwächeren und dünner besiedelten Gebiete in den Rocky Mountains, im Mittleren Westen oder im als nahezu mittelalterlich geltenden »Bible Belt« im Südosten. Der heute so genannte »Rust Belt«, die ehemals bedeutendste Industrieregion der USA in Ohio oder Pennsylvania mit ihrer Stahl- und Autoindustrie, spielt kaum noch eine Rolle.

Generell gibt es einen schwer zu überbrückenden Gegensatz zwischen Stadt und Land. Während auf dem Land konservativ-christliche Überzeugungen, eher rustikale Lebensweisen und große, spritfressende Autos an der Tagesordnung sind, lebt man in der Stadt gern alternativ, vegetarisch und steht auf Elektromobilität. Das Alltagsverhalten von Menschen mit und ohne akademische Ausbildung ist höchst unterschiedlich. Während die einen politisch links oder zumindest liberal sind und eine gendergerechte Sprache gebrauchen, lehnen die anderen das elitäre Leben der Hochschulabsolventen ab und finden Gefallen an Donald Trumps direkter Sprache. Eine weitere Spaltung gibt es zwischen jenen, die die Chancen der Globalisierung betonen und für sich nutzen und jenen, deren Lebensgefühl eher aus dem Dreiklang Familie, Heimat und Nation besteht. Die kleinere, erste Gruppe belächelt die zweite, die wiederum mit wachsendem Populismus und der Unterstützung für Donald Trump antwortet. Derzeit ist schwer vorstellbar, wie diese Gegensätze zusammengeführt werden könnten.

Die USA sind mit sich selbst beschäftigt und erleben gerade einen regelrechten Kulturkampf zwischen dem republikanischen Lager mit Donald Trump an der Spitze und den Demokraten, die sich hinter ihrer am Ende glücklosen Spitzenkandidatin Kamala Harris scharten, die den zwar erfolgreichen, aber unbeliebten und zunehmend alternden Präsidenten Joe Biden mitten im Wahlkampf abgelöst hatte. Begonnen hat diese politische Spaltung in den 1980er Jahren während der Präsidentschaft des 40. US-Präsidenten Ronald Reagan. Steuersenkungen für Reiche und eine hohe Staatsverschuldung haben eine Entwicklung losgetreten, deren Ausläufer heute, rund 40 Jahre später, noch zu spüren sind. Aus der Republikanischen Partei ist ein radikaler Wahlverein für Donald Trump geworden, der mit immer neuen Vorwürfen und Angriffen gegen als »Linksextremisten« verunglimpften Demokraten diese Spaltung weiter vorantreibt und dabei keiner Lüge aus dem Wege geht. Derzeit gehen die Republikaner mit dem Kopf durch die Wand: Viele von ihnen glauben, dass Donald Trump die Wahl von 2020 durch Manipulation gestohlen worden sei und dass man dem »politischen Establishment« in Washington nicht mehr trauen kann. Der Wahlerfolg scheint ihnen dabei recht zu geben.

Die blockierte EU

Was in den USA geschieht, hat unmittelbare Auswirkungen auf Europa. Die Europäische Union ist Wohlstandsmaschine und Friedensgarant für ihre Mitgliedsstaaten gewesen. Obwohl es viele Kritikpunkte am Konstrukt der EU und vor allem an ihrem momentanen Zustand gibt, bleibt festzuhalten, dass es noch nie in der Geschichte des europäischen Kontinents etwas Besseres gegeben hat. Auch wenn Europa derzeit im Krisenmodus ist und die EU vielfach zu einem bürokratischen Monster verkommen scheint, das sich in seinem selbst auferlegten Einstimmigkeitsprinzip verfängt, darf die Union nicht zerstört werden. Im Gegenteil: Trotz aller Kritik und trotz aller Krisen tun Europäer gut daran, an der EU festzuhalten und sie durch Reformen zu stabilisieren. Da die EU seit Jahren kaum Reformen durchgeführt hat, steht sie jetzt – wie einzelne ihrer Mitgliedsstaaten auch – vor einem Reformstau und hohen Ausgaben. Dabei geht es nicht nur um die Einstimmigkeit, sondern auch um eine neue Aufgabenverteilung zwischen den Mitgliedsstaaten und der EU, sei es zwischen dem EU-Parlament und den Landesparlamenten oder zwischen der EU-Kommission und dem Europäischen Rat (den europäischen Staats- und Regierungschefs und -chefinnen).

Heute ist EU mit 27 Mitgliedern mehr als doppelt so groß wie bei ihrer Gründung. Zwar haben Reformen, zuletzt der 2009 in Kraft getretene Vertrag von Lissabon, mehr und mehr Mehrheitsentscheidungen eingeführt. Dennoch ist die Größe der Runde noch immer eine Schwachstelle, die offen zu Tage trat, als kurz hintereinander die Auswirkungen der Finanzkrise in Griechenland, der Brexit 2016 und ab 2022 der russische Angriffskrieg gegen die Ukraine Europa erschütterten. Die EU ist nur eingeschränkt handlungsfähig, weil die Suche nach einem Kompromiss äußerst langwierig ist und in der Regel mit einem unbefriedigenden Ergebnis endet. Das nächtelange Gezerre um einen Kompromiss, der dann von übermüdeten und frustrierten Politikern verkündet wird, schadet dem Ansehen der EU und mindert das Vertrauen in deren Entscheidungen.

Europa muss mehrere Krisen gleichzeitig bekämpfen. Im Inneren müssen Bürokratie und Regulierungsvorhaben reduziert, die Rolle der EU-Kommission sowie die Kompetenzen der Kommissare überdacht und reformiert werden. Der von manchen EU-Bürgern als »Monster« bezeichnete bürokratische Apparat in Brüssel sollte seine Kompetenzen überprüfen und mit den Mitgliedsstaaten neu gewichten. Zudem muss die Außenpolitik Europas besser koordiniert und mit einer gemeinsamen Strategie effektiver gemacht werden. Europas Stimme in der Welt muss klarer und vernehmbarer werden, will der Kontinent nicht im Konkurrenzkampf der Großmächte untergehen. Und schließlich steht angesichts zweier akuter Kriegsherde – im Nahen Osten und in der Ukraine – und mehreren latenten oder kriegsähnlichen Konflikten – auf dem afrikanischen Kontinent, zwischen China und Taiwan und zwischen Nord- und Südkorea – die Verteidigungsfähigkeit Europas auf der Tagesordnung. All das kostet Geld und wird Wohlstandsverluste und materielle Unannehmlichkeiten nach sich ziehen, so dass der Status quo anschließend ein anderer sein wird.

Deutschland auf dem absteigenden Ast

Mit Deutschland trifft die weltweite Polykrise auf ein Land, das selbst bis zum Hals in diversen Krisen steckt und einen großen Reformstau vor sich herschiebt. Deutschland droht den Status eines ökonomischen Riesen zu verlieren. Hohe Energiekosten, zunehmende Bürokratie, fehlende Fachkräfte und ein stagnierender Außenhandel sind Signale eines beginnenden Abstiegs, der sich in steigenden Insolvenzzahlen schon jetzt bemerkbar macht. Zwar hatte Deutschland 2023 immer noch das mit Abstand höchste Bruttoinlandsprodukt in Europa und rangiert damit weltweit an dritter Stelle, aber wirtschaftlichen Prognosen legen nahe, dass sich dies in den kommenden Jahren ändern wird. Obwohl noch immer ein ökonomisch starkes Land, steht Deutschland in vielen Statistiken auf hinteren oder gar letzten Plätzen, weil über mehrere Dekaden keine oder viel zu geringe Investitionen in den ökologischen Transformationsprozess, die Verkehrsinfrastruktur, die Digitalisierung oder die Bildung getätigt wurden. Das Land hat zwar die geringsten Schulden in der EU, sieht aber gleichzeitig einen Reformstau vor sich, dessen Abbau sehr viel Geld verschlingen wird.

Deutschland steht auch deshalb vor schwierigen Entscheidungen, weil die Gleichzeitigkeit des Reformbedarfs eine Dimension an Veränderungen erfordert, die bisherige Reformen um ein Vielfaches übersteigen wird. Die desolate Verkehrsinfrastruktur und der mangelnde bezahlbare Wohnraum ist zu einem Standortnachteil für das Land geworden. Die täglichen Staus an Baustellen auf den Autobahnen, die Unpünktlichkeit der Deutschen Bahn und die Verkehrssituation im ländlichen Raum sorgen nicht nur Ärger und Wut bei denen, die zur Arbeit müssen, sondern beeinflusst zunehmend die Produktionsabläufe in Deutschland. Zahlreiche unbesetzte Stellen werden beklagt. Eine Aussicht auf Besserung besteht nicht. Eine grundlegende Reform des Gesundheitswesens ist geboten, um unterfinanzierte Krankenhäuser am Leben zu halten und im unentwickelten ländlichen Raum den drastischen Ärztemangel zu beseitigen, der die Lebensqualität und -dauer der Bevölkerung beeinträchtigt.

Beim Ausbau der Glasfaser-Netze liegt Deutschland im weltweiten Vergleich auf hinteren Plätzen, weil seit der Ära Helmut Kohls (1982–1998) keine planmäßige Investition in den Auf- und Ausbau der Glasfaser-Technik geleistet wurden. Deutschland hat die weltweite Verwendung der leistungsstarken Glasfaser verschlafen und versucht nun seit 2021, diesen Fehler zu korrigieren. Es ist aber fraglich, ob Deutschland eine erfolgreiche digitale Zukunft hat. Das Land lag in einem internationalen Vergleich des Branchenverbands »FTTH-Council« Anfang 2024 weit hinter Ländern wie Peru, Jordanien, Jamaika oder den Philippinen zurück. Nur knapp 13 Millionen oder rund 35 Prozent der Haushalte können derzeit auf Glasfaser zurückgreifen. Im ländlichen Raum sind es deutlich weniger. Die ungenügende Digitalisierung hat nicht nur Auswirkungen auf Verwaltung und Industrie, sondern auch auf den Bildungsbereich.

Über allem die Umweltkrise

Eines ist sicher: Die Natur lässt nicht mit sich diskutieren, ihre Gesetzmäßigkeiten sind wie sie sind. Nach meteorologischen Erkenntnissen erwärmt sich die Erde durch den menschlichen Ausstoß von Treibhausgasen kontinuierlich – mit drastischen Konsequenzen für das Leben auf diesem Erdball. Die Folgen von Klimawandel und Umweltzerstörung, zu der auch die Vernichtung der Artenvielfalt gehört, sind lange bekannt und werden seit mehr als vier Jahrzehnten öffentlich gemacht. Aber anstatt den wissenschaftlichen Erkenntnissen zu folgen und den klimatischen Veränderungen durch Veränderungen der menschlichen Verhaltens- und Produktionsweisen entgegenzuwirken, ist die Bekämpfung der Umwelt- und Klimakrise auf der politischen Tagesordnung nach hinten gerutscht. Angesichts des Wahlergebnisses bei der Europawahl 2024 wird innerhalb der EU-Kommission der als Durchbruch gefeierte »Green Deal« wieder infrage gestellt. Viele Wählerinnen und Wähler haben 2024 Parteien gewählt, die den Klimawandel leugnen und Maßnahmen gegen die Erderwärmung als Geldverschwendung bezeichnen. Das ist fatal, weil bei anhaltender Erderwärmung die Konsequenzen immer dramatischer, die Kosten immer höher ausfallen werden.

Der Klimawandel hat wie alle anderen Krisen auch eine lange Vorlaufzeit. Seine Ursachen sind nicht erst in den letzten Monaten oder Jahren entstanden. Selbst wenn wir von heute an die schädlichen Emissionen auf den Stand des 17. Jahrhunderts zurückfahren könnten, würde sich das Klima nicht schlagartig ändern. Es dauert Jahre und Jahrzehnte, bis eine Änderung sicht- und spürbar werden würde. Das macht einen Umstand klar, der nicht nur die aufwändige und teure Klimapolitik, sondern auch alle anderen Reformen schwierig macht: Es ist schwer vermittelbar, jetzt massive Einschränkungen, höhere Kosten und vielleicht sogar den Verlust von liebgewonnener Lebensqualität in Kauf zu nehmen und die Früchte dieser Anstrengungen vielleicht gar nicht mehr mitzuerleben. Die Prognose über die Auswirkungen des Treibhausgasausstoßes zeigt deutlich, dass viele von uns eine Begrenzung des Temperaturanstiegs wohl nicht erleben werden. Schon 1978 warnte der Wissenschaftsjournalist Hoimar von Ditfurth die Öffentlichkeit, die Erdtemperatur werde bis 2050 um etwa zwei bis drei Grad ansteigen, wenn der Ausstoß von Kohlendioxyd nicht drastisch vermindert werde. Der Anstieg geschieht also langsam, aber stetig. Und eine Reduktion der einmal erreichten Erwärmung würde genauso viel Zeit in Anspruch nehmen. Auch falls es überhaupt gelingen sollte, den CO_2-Ausstoß drastisch zu vermindern: Wir würden die Früchte unserer Bemühungen um die Begrenzung des Temperaturanstiegs nicht erleben. Etwas zu tun, ohne das Ergebnis sehen zu können, scheint vielen Menschen so schwer zu fallen, dass sie es lieber lassen, weil sie die Konsequenzen ihres Nichthandelns wahrscheinlich ebenso wenig erleben werden.

Russland im Schatten der Sowjetunion

Mit dem Untergang der Sowjetunion 1991 war ein jahrzehntelanger Prozess des Siechtums zu Ende. Was nach der Oktoberrevolution 1917 als schwungvoller Beginn einer neuen Zeit gestartet war, endete knapp 75 Jahre später in der totalen Erstarrung eines maroden Systems. Seit Jahrzehnten schon hatte sich abgezeichnet, dass die Sowjetunion und mit ihr die Staaten des Warschauer Paktes in allen Bereichen reformiert werden mussten. Reformen blieben aber aus. Aber es wurde so getan, als stünde dem Westen ein leistungsfähiger und militärisch hochgerüsteter Osten gegenüber. Die Sowjetunion – wie heute Russland – lebte lange Zeit von den Einnahmen aus den Öl- und Gasvorkommen in Sibirien. Aber die Erträge kamen nicht der Infrastruktur des Landes, sondern vor allem der militärischen Rüstung zugute. Als Michail Gorbatschow im März 1985 Generalsekretär der Kommunistischen Partei der Sowjetunion wurde und unter den Schlagworten »Glasnost« und »Perestroika« einen Reformprozess einleitete, war es bereits zu spät. Die Reformen leiteten auch den Prozess ein, der zum Zerfall des sowjetischen Imperiums führte.

Gorbatschows Wirtschaftsreformen lösten eine Versorgungskrise in der UdSSR aus, was zunehmenden Unmut in der Bevölkerung nach sich zog. Bald waren die Schlangen vor den Geschäften länger als zu Zeiten seiner Vorgänger, die

Regale in den Lebensmittelläden blieben tagelang leer, Menschen saßen hungernd und bettelnd auf den Straßen Moskaus. Gleichzeitig stieg das Ansehen Gorbatschows im Ausland. Seine strahlenden Auftritte in Washington, Paris oder London vermittelten den Eindruck, als käme dort ein Reformer, der nicht nur sein Land, sondern auch die verkrusteten internationalen Beziehungen erneuern könnte. Tatsächlich hat Gorbatschow einen wesentlichen Beitrag zum Ende des Kalten Krieges geleistet, aber seine Reformpolitik in der Sowjetunion scheiterte.

Gorbatschow bot dem Westen einseitige Abrüstungsschritte an und beendete die Breschnew-Doktrin, die die Souveränität der Mitglieder des Warschauer Pakts seit 1968 beschnitten hatte. Unter Gorbatschow sollte jeder Staat seinen eigenen Weg zum Sozialismus suchen können. Das war die »Sinatra Doktrin«, frei nach dem Motto »I did it my way«. Diese Kehrtwende im Verhältnis der UdSSR zu den Staaten des Ostblocks war der Startschuss für zahlreiche Revolutionen, die Anfang der 1990er Jahre zum Untergang des sozialistischen Ostblocks führten. Das Ende der ideologischen Konfrontation zwischen dem sozialistischen Osten und dem kapitalistischen Westen wurde in der Sowjetunion als Niederlage empfunden. Unter Präsident Boris Jelzin folgte der Abstieg der Russischen Föderation zu einer – wie es US-Präsident Barack Obama später nennen sollte – »Regionalmacht«. Aus der einst mit militärischer Stärke protzenden UdSSR war ein von westlichen Krediten und Hilfslieferungen abhängiges Land geworden.

Hybrider Krieg gegen Europa

Als Boris Jelzin 1999 Wladimir Putin zum russischen Ministerpräsidenten und wenig später zu seinem Nachfolger als Präsident der Russischen Föderation machte, kam ein Mann an die Macht, der den Untergang der UdSSR für die »größte Katastrophe des 20. Jahrhunderts« hielt. Seither hat Wladimir Putin in Tschetschenien, Georgien, in der Ukraine und in Syrien brutale Kriege geführt, um die angebliche Schande des verlorenen Kalten Krieges auszugleichen. Neben dem Krieg in der Ukraine führt Russland einen hybriden Krieg gegen den Westen, den er als Quelle alles Bösen und Verursacher aller Konflikte in der Welt ausgemacht hat. Es vergeht kaum ein Tag, an dem keine Meldung über das Versagen der Infrastruktur in einem EU-Staat verbreitet wird. Ob Falschmeldung von einer Kindertagesstätte, in der angeblich vergiftetes Essen ausgegeben wird, oder echter Bericht über ein Krankenhaus, das wegen Computerproblemen Operationen verschieben muss: Dahinter stecken russische Hackergruppen und Trollfabriken, die im Auftrag des Kreml in westlichen Ländern Schaltstellen des öffentlichen Lebens beeinträchtigen oder gar lahmlegen sollen. Auch der Bundestag blieb nicht verschont und meldet seit Mai 2015 andauernd gravierende Einbrüche in das E-Mail-System der Abgeordneten. Das Kalkül hinter diesem Subversionskrieg ist die Schwächung des gesellschaftlichen Zusammenhalts in jenen Ländern, die nach der russischen Invasion die überfallene Ukraine militärisch unterstützen. Dabei geht es den von Russland beauftragten Cyberkriminellen darum, Unruhe in der Bevölkerung stiften, die sich gegen die eigene Regierung oder lokale Behörden richtet. Profiteure sollen dann jene Parteien sein, die innerhalb der EU einen gemäßigten oder gar freundlichen Kurs gegenüber Russland einschlagen.

Neben diesem hybriden Krieg, dem die Europäer ausgesetzt sind, haben politische Fehlentscheidungen in der Vergangenheit dazu geführt, dass sich Russland oder auch China in die kritische Infrastruktur innerhalb der EU einkaufen konnten. So wurde der größte deutsche Gasspeicher, Astora in Rheden, an eine Tochter des russischen Energieriesen Gazprom verkauft, einen Teil des Container-Terminals am Hamburger Hafen hat der chinesische Staatskonzern Cosco übernommen und löscht seitdem dort die eigenen Containerschiffe. Das umstrittene Nord-Stream-2-Projekt war nicht nur eine russisch-deutsche Co-Produktion, sondern auch Teil der langfristigen Strategie des Kreml, die Ukraine mit der neuen Pipeline zu umgehen. Deutschland und Europa sollten so in eine Energieabhängigkeit getrieben werden, mit der man den Kontinent im Ernstfall erpressen könnte. Der hybride Krieg schreckt auch nicht davor zurück, Geflüchtete an die Grenze eines Landes zu schicken, das die Ukraine unterstützt. Die Flüchtlinge werden von einem Grenzübergang zum nächsten gebracht, um das jeweilige Grenzregime zu verunsichern. Dabei geht es um die Destabilisierung westlicher Staaten, die in der Weltsicht Wladimir Putins schwach und dekadent sind. Die Menschen sind ihm egal.

Das Ende der Sowjetunion und damit auch Ostblocks ist eines der Themen dieses Buchs. Lassen sich Rückschlüsse aus dem Untergang dieses Riesenreichs ziehen, können wir aus den Fehlern der verkrusteten Sowjetadministration lernen und ein solches Desaster wie in Russland am Ende des 20. Jahrhunderts verhindern? Auch die EU befindet sich in einer veritablen Krise, die sie an den Rand der Handlungsunfähigkeit gebracht hat. Wie lässt sich die Blockade auflösen, die das Prinzip der Einstimmigkeit nach sich zieht? Wie soll die europäische Staatengemeinschaft mit einem Regierungschef wie Viktor Orbán umgehen, der mit Absicht gegen nahezu alle Prinzipien der EU verstößt, und wie kann die EU zu einer echten politischen Union werden? Der dritte Patient befindet sich weit weg von Europa, hat aber eine enorme Bedeutung für den Kontinent: Die Vereinigten Staaten von Amerika. Sie sind derzeit allerdings weniger vereinigt als zerstritten und liebäugeln damit, ihre schützende – vor allem militärische – Hand über Europa zurückzuziehen. Dabei haben selbst die innenpolitischen Krisen in den USA weltweite Auswirkungen, weil sie erheblichen Einfluss darauf haben, wer die Präsidentschaftswahlen gewinnt: Setzt sich das radikale Lager Donald Trumps durch oder die Demokratische Partei mit Kamala Harris an der Spitze? Das Rennen machte bekanntlich Donald Trump, Europa wird für seine Sicherheit und seine wirtschaftliche Prosperität mehr Verantwortung und mehr Geld in die Hand nehmen müssen. Deutschland nähert sich derzeit wieder dem Status »kranker Mann Europas« und steht vor dramatischen Reformprozessen, die das Land über Jahre in Atem halten werden. Ohne Reformen drohen die Abwanderung des industriellen Kerns der deutschen Wirtschaft und der Verlust sehr vieler Arbeitsplätze. Allein durch einen effektiven Bürokratieabbau könnte diesem Trend wirksam entgegengearbeitet werden. Über allem hat es die Menschheit mit einer Klimakrise zu tun, die geeignet ist, den Erdball in Teilen unbewohnbar werden zu lassen. Auch auf diesem Feld sind tiefgreifende Reformen notwendig, wenn das Klimaziel eines maximalen Temperaturanstiegs bis zum Ende des Jahrhunderts von 1,5 Grad noch erreicht werden soll.

McDonald's in Moskau – reformunfähiges Russland

Thomas Franke

Es war im Sommersemester 1989. Ich studierte Volkswirtschaftslehre in Hamburg und die studentische Fachschaftsinitiative hatte einen Wochenendworkshop organisiert. Der Titel klang absurd: »McDonald's in Moskau – Reformen im RGW«. McDonald's war ein Symbol für US-amerikanischen Kulinarimperialismus. Und in Moskau, so glaubten es viele in meinem Umfeld, lag so etwas wie der Gegenentwurf zum Kapitalismus. Selbstverständlich ging ich nicht zu McDonald's, keiner meiner Freunde tat das. In Moskau war auch keiner von uns gewesen. Der RGW, der Rat für gegenseitige Wirtschaftshilfe, in dem sich die sozialistischen Staaten gegenseitig unterstützten, war zwar in den 80ern etwas offener geworden, doch US-imperialistischer Tendenzen unverdächtig. Im Osten galt ein Planvorgaben unterworfener Staatsdirigismus, der jede individuelle Entfaltung lähmte, im Rest der Welt dominierte der Markt, mehr oder weniger sozial abgefedert.

Das knappe Gut in der Planwirtschaft waren Devisen. Da der Rubel nicht in Dollar umgetauscht werden konnte, brauchten die Staaten Westgeld, um Waren aus dem nichtsozialistischen Wirtschaftsraum zu kaufen. Das bekamen sie, indem Sie ihre Waren in den Westen verkauften, oft wurden auch Tauschgeschäfte abgewickelt. So bekam beim sogenannten Erdgas-Röhren-Geschäft die Sowjetunion Röhren und Kredite von der Bundesrepublik Deutschland, im Gegenzug strömte Erdgas nach Westen. Die DDR brauchte Kaffee und schickte im Gegenzug Waffen nach Äthiopien. In der Sowjetunion gab es ab 1972 sogar Pepsi-Cola, im Gegenzug lieferte die UdSSR Stolichnaya Wodka in die USA. Die Wirtschaft in der UdSSR und den angeschlossenen Satellitenstaaten war in den 80er Jahren am Ende. Die Bevölkerung litt immer stärker unter Mangel, die Menschen standen schier endlos in Schlangen vor Geschäften. Die Rüstungsausgaben stiegen, der Ostblock konnte nur noch schwer mithalten. Die Sowjetunion hatte außerdem den Anschluss an die technologische Entwicklung verpasst, an Computer- oder Lasertechnologie zum Beispiel. Importe fraßen die Devisen auf, das Land war nicht bereit für den Welthandel, jedoch von ihm abhängig. Trotzdem wirkte alles stabil. Im Sommer 1989 hätte ich jeden, der das baldige Ende des Ostblocks vorausgesagt hätte, für verrückt erklärt. McDonald's in Moskau war für uns unvorstellbar. Dabei buhlte im Hintergrund bereits Coca-Cola um Marktzugang und Pizza-Hut wollte das erste Fastfood-Restaurant in der Sowjetunion werden.

Die Führung des Staates war hoffnungslos überaltert und mit dem Machterhalt beschäftigt. Im November 1982 starb Leonid Brewschnew, 76 Jahre alt, in unterschiedlichen Funktionen seit 1960 an der Macht. Ihm folgte Juri Andropow, Chef des Geheimdienstes, 68 Jahre alt, schwer krank, auch er kein Reformer und gesundheitlich nicht in der Lage, die Regierungsgeschäfte zu führen. Er starb nur 15 Monate nach der Machtübername. Sein Nachfolger, Konstantin Tschernenko, 72 Jahre alt, ehemals Stabschef von Breschnew und natürlich auch kein Reformer, starb nach gut einem Jahr im Amt, am 13. Februar 1984. Gefühlt waren sie alle weit über 80 Jahre und sahen auch so aus. Ihre politischen Vorstellungen waren geprägt von der Konfrontation mit dem Klassenfeind und dem Aufbau des Sozialismus, was auch immer das sein sollte. Vom Leben der Menschen in ihren Ländern hatten die Führer im RGW wenig bis keine Ahnung.

Zarte Reformen

Doch dann kam mit Michail Gorbatschow ein gleichsam junger Mann in Moskau an die Macht. Mit nur 54 Jahren wurde er im März 1985 Generalsekretär des Zentralkomitees der Kommunistischen Partei. Er hatte einen nahezu realistischen Blick auf die immer schlechter werdende wirtschaftlichen Lage in der UdSSR und den ihr angeschlossenen Staaten und erklärte sich zum Reformer. Die Sowjetunion musste die Rüstungsspirale dringend stoppen. Und so traf er sich bereits im November 1985 in Genf mit US-Präsident Ronald Reagan. Es ging um die Reduktion von Atomwaffen.

Die Führer der anderen Staaten des Warschauer Pakts und des RGW betrachteten den jungen Mann in Moskau skeptisch. Besonders, als Gorbatschow

Bücher veröffentlichte. Da ging es um *perestroika*, »Umbau«. Unter diesem Schlagwort begann der neue Machthaber in Moskau, die Wirtschaft zu erneuern. Er öffnete das Land für ausländische Beteiligungen und ließ Ansätze von Marktwirtschaft zu. Doch das reichte nicht. Zu tief war der Ostblock heruntergewirtschaftet, um im Wettbewerb mit dem Westen zu bestehen und seinen Bürgern mehr als die Grundversorgung zu gewährleisten. Allen, die frei denken konnten, war klar, das System der Planwirtschaft war gescheitert. Immer noch lebten Menschen in Gemeinschaftswohnungen, selbst Alltägliches wie Obst war knapp, es gab nicht mal ausreichend Kacheln für Badezimmer. 1989 wurden Lebensmittelmarken für Grundnahrungsmittel wie Zucker, Speiseöl und sogar Waschpulver und Seife eingeführt. Waschmaschinen waren Luxusgüter. Die Menschen standen Schlange, um Winterstiefel zu ergattern. Auch auf Mikroebene florierte der Tauschhandel, am besten ging es Menschen mit Devisen und Beziehungen. Durch seine verfehlte Wirtschaftspolitik förderte der Staat eine urkapitalistische Parallelwirtschaft. Die Bevölkerung erduldete es ängstlich. Denn wozu die Machthaber in diesen Staaten fähig sind, wenn die Bevölkerung sich gegen das System auflehnt, hatten sie mehrfach bewiesen: 1953 in der DDR, 1956 in Ungarn, 1968 in der ČSSR. Die Mächtigen, das war klar, waren skrupellos, die bewaffneten Kräfte ihre Machtbasis. Im April und Mai 1989 demonstrierten Studenten in Peking für die Öffnung, für Reformen und Demokratie, im Juni ließ die Staatsmacht Panzer auffahren und hunderte friedliche Bürger niedermetzeln. Egon Krenz, stellvertretender Vorsitzender des Staatsrats der DDR und damit der zweite Mann im Staat, rechtfertigte die Ermordung der Studenten in China. Man stehe »auf der Barrikade der sozialistischen Revolution« dem gleichen Gegner gegenüber. Eine üble Drohung in Richtung der Demonstranten in der DDR. Im Osten nichts Neues.

Gorbatschow versuchte, die Sowjetunion auch jenseits der Wirtschaft zu reformieren. *Glasnost* hieß das zweite Schlagwort, was man mit »Transparenz« übersetzen kann, salopp vielleicht mit »Klartext reden«. In der Folge von *glasnost* wurde die Zensur gelockert. Bürger wurden dazu angehalten, offen zu reden, ihre Meinung zu sagen, sich einzubringen. Sie benannten die katastrophalen Zustände unter anderem der Umwelt und die Verbrechen der Vergangenheit. Plötzlich war richtiger Journalismus möglich. Was dieser hervorbrachte, war erschreckend. Korruption, Umweltkatastrophen, Gewalt,

Machtmissbrauch. Als aber im April 1986 der Reaktor in Tschernobyl kollabierte, schwieg die Macht. Die neue Transparenz kam schnell an ihre Grenzen.

Sichtbarstes Zeichen der Gorbatschow'schen Reformen war, dass politische Gefangene freigelassen wurden und Verbannte zurückkehren konnten. Eine der Symbolfiguren war der Atomphysiker und Friedensnobelpreisträger Andrej Sacharow mit seiner Frau Jelena Bonner, Kinderärztin und Menschenrechtlerin. Sacharow und seine Frau waren, nachdem Andrej gegen den Einmarsch sowjetischer Truppen in Afghanistan protestiert hatte, im Januar 1980 nach Gorki verbannt worden, das heute wieder Nischni Nowgorod heißt und etwa 400 Kilometer östlich von Moskau liegt. Er stand unter Aufsicht des KGB. 1986 durften beide die Verbannung verlassen. Gorbatschow rief sie persönlich an, um ihnen das mitzuteilen, und bat sie sogar, politisch aktiv zu werden. 1988 wurde Sacharow ins Führungsgremium der Akademie der Wissenschaften berufen. Ihm ging es nicht darum, die Wirtschaft zu reformieren und den immensen Hunger nach Westwaren zu befriedigen, es ging ihm um tiefgehende Reformen. 1989 gehörte er zu den Gründern von Memorial, einer Organisation, die begann, die verbrecherische Vergangenheit der Sowjetunion aufzuarbeiten, und Menschenrechtsverletzungen in der Gegenwart anprangerte. Im selben Jahr wurde Sacharow als Parteiloser in den Kongress der Volksdeputierten der UdSSR gewählt. Das Gremium war erst ein halbes Jahr zuvor auf Vorschlag von Gorbatschow als höchstes gesetzgebendes Organ der UdSSR in die Verfassung aufgenommen worden. In ihm tagten die 750 Abgeordneten des Obersten Sowjets, 750 Vertreter der zweiten Kammer, des Nationalitätensowjet, in dem die Vertreter der administrativ-territorialen Einheiten saßen, und weitere 750 Vertreter gesellschaftlicher Organisationen wie der Kommunistischen Partei, deren Jugendorganisation und Gewerkschaften. Die Wahlen waren für sowjetische Verhältnisse relativ frei.

Die Sitzung dauerte 18 Tage. Zu Beginn stellte Sacharow einen Antrag, der darauf zielte, die Macht auf breitere Füße zu stellen. Aus seiner Sicht war sie zu stark auf eine Person zugeschnitten, den Generalsekretär, in diesem Fall Gorbatschow. Die Deputierten lehnten den Antrag ab, was Sacharow frustrierte. Am letzten Tag des Kongresses ließ Sacharow seinem Ärger freien Lauf. Er beantragte noch einmal Rederecht, bat den Vorsitzenden Michail Gorbatschow um 15 Minuten, was länger war als üblich und Protest hervorrief. Gorbatschow ließ abstimmen und Sacharow durfte reden, wenn auch nur kürzer. Der Kongress habe viel Gutes gebracht, seine Hauptaufgabe jedoch nicht erfüllt, hub Sacharow an.

> Laut Verfassung hat der Vorsitzende des Obersten Sowjets absolute, praktisch unbegrenzte persönliche Macht. Die Konzentration dieser Macht in den Händen eines Menschen ist äußerst gefährlich, selbst wenn dieser Mensch der Initiator der Perestroika ist. Ich verehre Gorbatschow persönlich sehr, aber das ist keine Frage der Person, es ist eine politische Frage. Was passiert, wenn eines Tages irgendjemand anders den Posten übernimmt?

Die Delegierten schauten irritiert. Dass jemand so direkt die Strukturen infrage stellt, waren sie nicht gewohnt. Sacharow fuhr fort und warnte vor ethnischen Spannungen angesichts der sich verschärfenden wirtschaftlichen Lage in der Sowjetunion. Diese Spannungen und der Vertrauensverlust in die Führung könnten das Land zerreißen. »Genossen Deputierte, auf Ihnen liegt jetzt – wirklich jetzt! – eine riesige historische Verantwortung«, appellierte er an die Versammelten.

> Wenn der Kongress der Volksdeputierten der UdSSR hier nicht die Macht in seine Hand nehmen kann, dann gibt es nicht die kleinste Hoffnung, dass es die Räte der Republiken, der Gebiete, der Bezirke, der Dörfer können. Ohne starke Räte vor Ort ist aber keine Bodenreform möglich und auch keine effektive Agrarpolitik, die Schluss macht mit dem sinnlosen reanimierenden Hineinpumpen von Geld in unrentable Kolchosen.

In der Sowjetunion war der Privatbesitz von Grund und Boden verboten, was die Entwicklung des Landes noch Jahre nach dem Ende der Sowjetunion massiv gebremst hat. Die Delegierten schauten reichlich konsterniert angesichts dessen, was ihnen der ehemals berühmteste Gefangene und Friedensnobelpreisträger mitteilte. Nach etwa zehn Minuten ertönte die Klingel, Sacharow redete einfach weiter. Schließlich ließ Gorbatschow dem Genossen das Mikrophon abdrehen. Einige Deputierte guckten belustigt, andere genervt. Die Reformer applaudierten stehend. Dann meldete sich ein Delegierter namens Troizkij am Saalmikrophon, Abgeordneter des Verbands der Veteranen des Krieges und der Arbeit:

> Warum müssen wir dem Genossen Sacharow zuhören, warum müssen wir ihm unsere Aufmerksamkeit schenken, warum erlauben wir dem Genossen Sacharow, sich von

der Tribüne dieses Kongresses an die Völker der Sowjetunion zu wenden. Maßt er sich nicht ein bisschen viel an?

Troizkij bekam deutlich mehr Applaus als Sacharow. Sogar am selbstverschuldeten Ende der Sowjetunion sah die große Mehrheit ihrer Vertreter keine Notwendigkeit für radikale Reformen. In Russland hatte es nie wirkliche Reformen gegeben. Weder haben das Zarenreich und die Orthodoxie eine Reformation durchlebt noch gab es in der Sowjetunion einen Aufbruch wie 1968 in Deutschland. Die Revolution 1917 hatte ein Unterdrückungssystem durch ein anderes abgelöst. Viele Menschen in der Sowjetunion hatten Angst vor Veränderungen. Wer sagt, dass auf Schreckliches nicht Schrecklicheres folgt? Das ist, nebenbei bemerkt, auch einer der Gründe, warum selbst Menschen, die unter Stalin gelitten haben, nach dem Tod des Massenmörders nicht erleichtert waren.

Ungerührt beendete Gorbatschow den Kongress und dankte den Deputierten für ihre Arbeit. In Richtung des Nobelpreisträgers bemerkte er:

> » Ich lasse hier die negativen Überlegungen des Genossen Sacharow weg, die darauf angelegt sind, den Kongress, seine Rolle und seine Bedeutung für das Schicksal unseres Landes herabzuwürdigen …

Gorbatschow wurde von Applaus unterbrochen.

> » Wir sind überzeugt, dass unser Kongress die Aufgabe schultern wird: Die Erneuerung unserer Gesellschaft im Interesse des Volkes gemäß dem Prinzip von Demokratie und Glasnost, im Interesse der Humanisierung des Lebens unseres Volkes.

Dann schloss Gorbatschow den Kongress und es erklang die Hymne der Sowjetunion. »Rühme dich, unser freies Vaterland/Sichere Festung der Völkerfreundschaft!/Lenins Partei ist die Kraft des Volkes/Sie führt uns zum Triumph des Kommunismus!« Gleich in der ersten Strophe heißt es: »Die unzerbrechliche Union der freien Republiken/Vereinigte für die Ewigkeit die große Rus.« Die große Rus ist das mittelalterliche Reich, das am Dnipro im heutigen Kyjiw gegründet wurde und mit dem die Machthaber in Moskau heute wieder den Anspruch auf die Ukraine begründen. Die Sowjetunion war das imperialistische Gebilde chauvinistischer Kreise um Lenin, die alles andere als »durch den Willen der Völker« vereint war. Stalin hatte das russische Volk in einem

Toast beim Empfang zu Ehren der Truppenbefehlshaber 15 Tage nach Ende des Zweiten Weltkriegs als »die hervorragendste Nation unter allen zur Sowjetunion gehörenden Nationen« bezeichnet. Unter Putin wird dieser großrussische Chauvinismus seit Jahren auf übelste Weise fortgeführt.

Gorbatschow versuchte, die Sowjetunion zu retten, auch mit Gewalt. Als Georgier und Litauer friedlich die Unabhängigkeit von Moskau forderten, fuhren Panzer auf, genau wie früher in den Satellitenstaaten des Ostblocks. »Ich glaube, Gefahren warten nur auf jene, die nicht auf das Leben reagieren«, hatte Gorbatschow gegenüber Erich Honecker im Herbst 1989, kurz vor dem Untergang der DDR, gesagt. Er wusste, wovon er sprach. Denn seine Reformversuche haben die Lage nicht verbessert. Vielleicht kamen sie zu spät, vielleicht war die Sowjetunion in ihrer Grundstruktur nicht lebensfähig. Als am 9. November 1989 in Berlin die Mauer aufging, ließ die sowjetische Führung das geschehen und griff nicht ein. Die Bevölkerungen der ČSSR, Ungarns, Rumäniens und anderer sahen ihre Chance gekommen und stürzten die Diktatoren. Die zunächst absurde Vorstellung, dass McDonald's eine Filiale in Moskau eröffnen könnte, war auf einmal nicht mehr wirklich schräg.

Am 31. Januar 1990 war es so weit. Auf dem Puschkinplatz in Moskau stand die wahrscheinlich längste Schlange der Sowjetgeschichte. Vorn gab es weder US-Jeans noch Südfrüchte, es gab keine Winterstiefel oder gar Rolling-Stones-Platten, es gab Hamburger und Pommes. Im Herzen Moskaus stand der Korrespondent von CNN und hinter ihm leuchtete das rote Schild mit dem gelben »M« der ersten McDonald's-Filiale in der Sowjetunion. Der US-Kapitalismus war in Moskau angekommen. »McDonald's in Moskau hat die gleiche Verheißung wie ein Eisstand in der Hölle«, witzelte der Reporter. Die Sowjetbürger warteten Stunden bei trübem Winterwetter, um die Verheißung des freien Westens zu bekommen, das Hackfleisch zwischen aufgepumpten Teighälften, den Geschmack von Ketchup und Senf, von Zwiebel und Gurke. Einige standen bereits seit den frühen Morgenstunden. Denn auch das wusste der gelernte Sowjetbürger: Wer zu spät kommt, den bestraft der Mangel. Sprich, vorn ist alles ausverkauft. Nicht so bei McDonald's. Dort gab es keinen Mangel, der Vorrat an Hamburgern schien unendlich. Ein Kulturschock waren auch die Umgangsformen des Personals. In der Sowjetunion war Freundlichkeit ein noch knapperes Gut als Südfrüchte. Die zumeist jungen Menschen sagten zu den Kunden »Vielen Dank« und »Einen Moment bitte.« Sie verabschieden den Gast (!) mit: »Beehren Sie uns wieder. Auf Wiedersehen«. In den Lokalen des gesamten Ostblocks waren die Gäste Bittsteller und wurden entsprechend behandelt. Kellner verlangten Geld, um Besucher überhaupt reinzulassen. Dann wurden sie platziert. Allein das Personal entschied, wer wann was an welchem Platz essen durfte. Mit McDonald's schien die Wende eingeleitet, und die Moskauer waren geschmacklich gleichsam an den globalen Westen angeschlossen. Die Sowjetunion schrumpfte. Litauen, Estland, Lettland, Armenien und Georgien, erklärten nacheinander ihre Unabhängigkeit.

Schwanensee

Am 19. August 1991, die Sowjetunion existierte noch, lief im sowjetischen Fernsehen *Schwanensee*. Das Ballett war immer ein untrügliches Zeichen dafür, dass etwas Schlimmes passiert war, zum Beispiel ein Generalsekretär gestorben ist. Im Radio verlas eine monotone Stimme eine Erklärung:

> » Da Michail Sergejewitsch Gorbatschow aus gesundheitlichen Gründen die Pflichten des Präsidenten der UdSSR nicht wahrnehmen kann und die Vollmachten verfassungsgemäß an den Vizepräsidenten der UdSSR Gennadij Iwanowitsch Janajew übergegangen sind – mit dem Ziel, die tiefe und allumfassende Krise, die politische, interethnische und zivile Konfrontation, Chaos und Anarchie zu überwinden, die das Leben und die Sicherheit der Bürger der Sowjetunion, die Souveränität, territoriale Unversehrtheit, Freiheit und Unabhängigkeit unseres Vaterlandes bedrohen –, erklären wir, in Teilen der UdSSR für sechs Monate den Ausnahmezustand zu verhängen, ab vier Uhr früh Moskauer Zeit.

Auch sprachlich gab es Reformbedarf. Gorbatschow war nicht gestorben, war auch nicht krank. Er wurde an seinem Urlaubsort auf der Krim festgehalten. Eine Gruppe reaktionär-konservativer Mitglieder der Kommunistischen Partei hatte das Kommando übernommen, darunter der KGB-Chef, der Innenminister und der Premierminister. Ihr Ziel war die Rettung der Sowjetunion. Auf dem Roten Platz standen Panzer. Die Menschen strömten ins Stadtzentrum. Sie befürchteten, dass nun alles zurückgedreht wird. Sie hatten die Freiheit gekostet und wollten nie wieder Zensur, Lüge und Angst. Auch vor dem Weißen Haus, dem damaligen Sitz des Parlaments der Russischen Sozialistischen

Sowjetrepublik, standen Panzer. Einige Menschen bauten Barrikaden. Die Demonstranten blieben über Nacht, versuchten, die Soldaten davon zu überzeugen, sich auf die Seite der Bevölkerung zu stellen. Am nächsten Tag stieg der frisch gewählte Präsident der Russischen Sowjetrepublik, Boris Jelzin, auf einen der Panzer und sprach zur Menge:

> Da das Fernsehen mir keinen Raum gibt, das Radio auch nicht, verlese ich hier eine Erklärung. ›In der Nacht vom 18. auf den 19. August 1991 wurde der legal gewählte Präsident des Landes der Macht enthoben. Wir haben es mit einem reaktionären verfassungswidrigen Putsch zu tun. Wir empfehlen den Bürgern, den Putschisten eine würdige Antwort entgegenzusetzen, und fordern, das Land auf den verfassungsmäßigen Weg zurückzuführen.‹

Jelzin nannte die Putschisten »gewissenlos«. Die Soldaten forderte er auf, »sich als Staatsbürger zu beweisen und bei dem reaktionären Umsturz nicht mitzumachen.« So etwas hatte es in Russland und der Sowjetunion noch nicht gegeben: Die Bürger wurden an ihre staatsbürgerliche Verantwortung erinnert.

Auch vor der Stadt standen Panzer, sie waren extra aus Leningrad geholt worden. Die Atmosphäre war extrem angespannt. In der Nacht vom 20. auf den 21. August überfuhr ein Panzer zwei Demonstranten, ein dritter wurde erschossen. Doch am Morgen des 21. August um 5 Uhr befahl Dmitrij Jasow, damals Verteidigungsminister der Sowjetunion und einer der Putschisten, den Abzug des Militärs aus Moskau. Gorbatschow kehrte zurück. Der misslungene Putsch beschleunigte den Zerfall der Sowjetunion. Mitten hinein platzte am 24. August die Nachricht, dass sich die Ukraine für unabhängig erklärt hatte. Damit war das Schicksal der UdSSR besiegelt. Weitere Republiken folgten, bis sich schließlich am 12. Dezember 1991 Russland als vorletzte und vier Tage später auch Kasachstan für unabhängig erklärten. Die drei baltischen Staaten machten sich umgehend auf den Weg Richtung EU, andere Staaten schafften es bis heute nicht, sich von den sowjetischen Eliten zu emanzipieren, wie auch das übriggebliebene Russland selbst.

Der gescheiterte Augustputsch von 1991 war ein Schlüsselmoment für die Entwicklung der russischen Gesellschaft. Es ist das Prinzip von »Sicherheitskräften« in autoritären Staaten, dass sie für die Sicherheit der Mächtigen zuständig sind, nicht für die Sicherheit der Menschen, die sich gegen ihre Gängelung wehren. Im August 1991 erwiesen sich die Soldaten tatsächlich als verantwortungsvolle Staatsbürger und schossen nicht auf die Bevölkerung. Darauf hätten grundlegende gesellschaftliche Reformen folgen können. Doch die Entwicklung ging in eine andere Richtung. Das zeigt die Karriere von Sergej Surowikin. Er ist für die drei Toten des 21. August verantwortlich. Surowikin wurde verhaftet, verbrachte ein halbes Jahr in Untersuchungshaft, dann wurden die Ermittlungen gegen ihn eingestellt. 1992 wurde er zum Major befördert, 1995 wegen illegalen Waffenhandels verurteilt. Anfang der 2000er Jahre kommandierte er eine motorisierte Schützendivision im Tschetschenienkrieg, 2017 die russischen Truppen im Bürgerkrieg in Syrien, anschließend wurde er Oberbefehlshaber der Luft- und Weltraumstreitkräfte. Laut der Menschenrechtsorganisation Human Rights Watch ist er einer der Verantwortlichen für die gezielte Zerstörung von Krankenhäusern und Schulen in Syrien. In Russland wurde er dafür ausgezeichnet. 2021 stieg er auf zum General, 2022 befehligte er die russischen Truppen im Süden der Ukraine und Putin ernannte ihn zum Kommandanten der gesamten Invasionstruppen.

Im August 1991 passierte das, wovor sich die Mächtigen um Putin am meisten fürchten. Freie Menschen treten selbstständig für ihre Freiheit ein. Das hatte Putin bereits 1989 in Dresden miterleben müssen, wo der allmächtig scheinende Geheimdienst innerhalb weniger Wochen seine Macht verlor. Kein Wunder also, dass Putins Freund Sergej Schoigu, langjähriger Kriegsminister, einmal sagte, dass die russische Armee bei einer Freiheits- und Unabhängigkeitsbewegung wie 1991 nicht noch einmal zuschauen werde, ein »Kollaps« wie damals dürfe sich nicht wiederholen: »Wir haben nicht das Recht dazu!« Die Ansage ist klar: Die bewaffneten Organe in Russland sind dafür da, Freiheit zu unterdrücken.

Nach der Unabhängigkeit versuchte Präsident Jelzin, Russland auf Reformkurs zu bringen, doch die Wirtschaft kam nicht in Gang. Anders die Verschwörungstheoretiker und Radikalen. Nach dem Ende von Zensur und Unterdrückung von nahezu allem, was nicht auf KP-Linie war, sahen sie ihre Chance und begannen, die Lücken zu füllen.

Trümmerlandschaft

St. Petersburg in der letzten Dezemberwoche des Jahres 1992. Der Anflug auf die Stadt war wild, immer wieder flog die alte sowjetische Maschine eine Schleife, sank, stieg wieder, setzte mehrfach zur Landung an. Der Pilot schwieg konsequent. Auf dem Flug wurde Fanta in blauen Plastiktassen serviert, dazu ein Schokoriegel, der schon in den späten 80ern im Westen nicht mehr angesagt war. Als das Flugzeug schließlich aufsetzte, öffneten sich die Gepäckfächer, die freien Sitze klappten nach vorn, Deckenverkleidung fiel herunter. Am Flughafengebäude stand noch »Leningrad«. Die Stadt hatte ihren ursprünglichen Namen erst seit gut einem Jahr zurück. Das Gebäudeinnere war schummrig, das Gepäckband nicht zu sehen. In einer Ecke drängelten sich viele Menschen, schubsten, boxten, wühlten. Irgendjemand warf unsere Rucksäcken auf den von feuchtem Dreck benetzten Boden. »Dobro poschalowatj!«, stand auf einem Schild. Herzlich Willkommen in Russland? Vergiss es. Hier ging es nur noch ums Durchkommen. Wir hatten zwei Rucksäcke dabei, einen voller Kleidung, einen voller Lebensmittel.

Der Alltag in St. Petersburg war menschenverachtend. Im Zentrum lagen nuklear getriebene U-Boote. Ein Kollege einer russischen Zeitung lief die ganze Zeit mit einem Geigerzähler rum, und trug die Werte in einen Stadtplan ein. Der Beton einiger Wohnhäuser war mit Kies aus radioaktiv verseuchten Kiesgruben gegossen, wer darin lebte, wurde krank. Es war schwierig, Essen zu bekommen. Die sowjetischen Stolowajas, so etwas wie öffentliche Kantinen, waren billig und dreckig, das Angebot extrem übersichtlich. Die Qualität des Essens war schlecht. Die Supermärkte waren leer. Wegen der Mangelwirtschaft gab es auch jetzt Lebensmittelkarten: Zucker, Margarine, Fleisch bekam man, wenn überhaupt, nach langem Anstehen. Im Dezember 1992 gab es in den Supermärkten in St. Petersburg Brot, Wodka, Fisch. Der war in transparente Tüten abgepackt und zerfiel in einer undefinierbaren braunen Flüssigkeit. Wodka war ein Überlebensmittel. Wer gut essen wollte, brauchte entweder Beziehungen oder ging in ein Interhotel. Das waren Hotels, in denen zu Sowjetzeiten internationale Gäste untergebracht wurden. Mit speziellem Service. Dort gab es Käse, Wurst, Kaviar, Bier. Alles importiert. Wir feierten Silvester in einem Studentenwohnheim. Die Kommilitonen kamen aus Magadan und Wladiwostok am Pazifik und hatten ihre Familien teils zwei Jahre nicht gesehen. Am Anfang des Abends waren die Männer unter sich, kühlten Flaschen mit süßem sowjetischen Schaumwein und Wodka. Später kamen die Frauen dazu, stilvoll elegant und beladen mit allem, was man auf dem Schwarzmarkt bekam. Einige von ihnen ernährten ihre Freunde, indem sie mit Männern im benachbarten Interhotel schliefen. Irgendwie stießen alle um Mitternacht an. Irgendwo stieg eine klägliche Leuchtkugel in den Himmel. Die Zukunft war so dunkel, wie die Nacht. Es war kalt. Unter der Klobrille saßen ständig Kakerlaken.

Was nach dem Zusammenbruch der Sowjetunion ans Licht kam, kann man eigentlich nur schwer als Strukturen bezeichnen. Es waren Trümmer. Trümmer, auf denen nichts gebaut werden konnte, was einigermaßen human und zeitgemäß war. Etwas, das 30 Jahre später von der Propaganda anders dargestellt wird und längst aus dem Bewusstsein vieler verschwunden ist.

Einen Blick auf Russlands Zukunft bekamen wir im Hafenviertel der Wassili-Insel in einer stillgelegten Fabrik. Der Kollege mit dem Geigerzähler hatte ein Interview mit einer Gruppe Rechtsextremer vereinbart und bat uns, mitzukommen. »Mich verarschen die nur«, sagte er, »Ihr seid Deutsche, euch nehmen die ernst wegen Hitler und der Judenvernichtung.« Na super. Die vier Nazis kamen mit einem Armeejeep angebraust, gaben uns ein Zeichen, ihnen zu folgen. Sie eilten durch eine schmutzige Kantine und einen Festsaal, in dem eine Blaskapelle für das 70. Gründungsjubiläum der Sowjetunion am nächsten Tag übte. Die Nazis hatten Strukturen. Einer von ihnen stellte sich als Juri Beljajew vor, Vorsitzender der Völkisch Sozialen Partei, Abgeordneter im Stadtrat und Offizier der Miliz. Alter Mitte dreißig. Damals begannen die Balkankriege. Er kam gleich zur Sache. »In Jugoslawien kämpfen unsere orthodoxen Brüder, die Serben, gegen eine feindliche Rasse. Wir müssen ihnen dabei helfen.« Und das tat Beljajew. In seiner Freizeit rekrutierte er Söldner für Serbien. Stolz präsentierte er ein Kreuz, das ihm ein Geistlicher der serbisch-orthodoxen Kirche bei seinem Besuch auf dem Balkan gegeben habe: »Ich habe dort auch ein bisschen gekämpft … Sagen wir, Sport getrieben. Nur so zum Spaß.« Die anderen lachten zustimmend. Neben ihm saß Nikolaj Bondarik, stellvertretender Vorsitzender der Russischen Partei: stahlblaue Augen, zackiger Scheitel. Bondarik, damals 27 Jahre alt, hatte das Institut für

Atomphysik absolviert. Ein Jahr vorher hatte er in Transnistrien gekämpft und dabei geholfen, dort einen komplett rechtsfreien Raum zu schaffen, der die demokratische Entwicklung der Republik Moldau und ihre Annäherung an EU und NATO bis heute behindert. Bondarik tauchte 2012 in einem Rat verschiedener oppositioneller Strömungen gegen Putin wieder auf. Was er Ende 1992 sagte, klang wie bei Putin Jahre später. Bondarik sprach davon, dass Georgien, Armenien und Aserbaidschan zu Russland gehörten, Kasachstan und die Ukraine nie als Staaten existiert hätten. »Mit denen werden wir binnen einer Woche fertig!« Bondarik fantasierte von einem »Großrussland in den Grenzen der Sowjetunion«, das allerdings »ethnisch gereinigt« werden müsse. »Wir haben zwei Wege an die Macht, entweder über Wahlen oder über Gewalt.« Der rechtsfreie Raum nach dem Ende der Sowjetunion, die Hilflosigkeit der Behörden, die nie für die Menschen da waren, sondern immer nur Selbstzweck, schützte die Nazis und ihr Gedankengut. Im Land, das sich auf die Fahnen schrieb, Europa vom Faschismus befreit zu haben, sprossen die Nazis an allen Ecken und Enden. Sowjetideologie und Nationalsozialismus gingen Hand in Hand. Imperialismus, der Zwang, andere zu unterdrücken, und der Glaube, etwas Besseres zu sein, brachen schon damals auf und haben seit dem Großeinmarsch in die Ukraine 2022 eine Art Allzeithoch erreicht. Am Ende des Treffens in der alten Fabrik trug der Dritte, ein Dichter und der Vorsitzende der Russischen Partei ein von ihm geschriebenes Gedicht vor: »Heimat, man hat dich belogen und beklaut. Zionisten unterdrücken uns, aber heute sind wir aufgestanden.« Im Chor riefen sie den Refrain: »Ich bin stolz, ein Russe zu sein!« Umfragen der St. Petersburger Zeitung *Smena* zufolge, waren damals 23 % der Befragten und 39 % der Jugendlichen für den Slogan »Russland den Russen!«

Der vierte Mann war die ganze Zeit still, hatte sich auch nicht vorgestellt. »Er ist vom KGB«, sagte Beljajew und fügte sogleich an, dass das natürlich ein Scherz sei. Der Mann ohne Namen lächelte still in sich hinein und nickte einmal kurz. Russland hat mit dem Geheimdienst nie gebrochen. Der Inlandsgeheimdienst FSB sieht sich in der Tradition des KGB und all seiner Vorgängerorganisationen. Eine demokratische, parlamentarische Kontrolle über den Geheimdienst hat es nie gegeben, eine Aufarbeitung der Akten, eine Debatte über Spitzel und Bespitzelung hat nicht mal ansatzweise stattgefunden.

Und so versuchten bereits 1993 sowjetische Kader, die Macht erneut an sich zu reißen. Eine Gruppe stürmte das Fernsehzentrum, eine andere blockierte das Weiße Haus. Jelzin setzte nun seinerseits Panzer ein. Die beschossen den Parlamentssitz. Rund hundert Menschen starben. Jelzin setzte sich durch. Ende 1993 ließ er das Volk über eine neue Verfassung abstimmen, die die Macht des Präsidenten stärkte, um das Amt vor Radikalen zu schützen. Es war der Anfang vom Ende der russischen Demokratie nur zwei Jahre nach dem Ende der Sowjetunion. Im Jahr darauf schickte er Truppen in die russische Teilrepublik Tschetschenien. Die Reformstimmung von 1991, der Enthusiasmus, aufzubrechen und das sowjetische Erbe aufzuarbeiten, beschränkte sich auf eine kleine Elite. Die große Mehrheit der Menschen sah die Veränderungen skeptisch bis ängstlich.

Der Sündenfall der Demokraten

Am 11. Dezember 1994 marschierten russische Truppen in die Teilrepublik Tschetschenien ein. Tschetschenien hatte sich 1991 für unabhängig erklärt, Moskau hatte das nicht anerkannt. Jahrelang wurde verhandelt. Dann reagierte Jelzin auf Unabhängigkeitsbestrebungen wie seine Vorgänger von der KPdSU: mit roher Gewalt. Es war der erste Krieg der Mächtigen in Moskau nach dem Ende der Sowjetunion. Und er war grausam. Der Krieg war aber nicht nur ein Verbrechen an den Tschetschenen, die teils wehrpflichtigen jungen Soldaten der russischen Armee hatten weder anständige Winterkleidung noch eine Ausbildung, um im Krieg zu überleben. Wie alle Soldaten in Russland waren sie komplett der Willkür ihrer Vorgesetzten ausgesetzt. Armeedienst in Russland war im wahrsten Sinne des Wortes lebensgefährlich – und ist es bis heute. Wer in der Armee war, ist hinterher schwer traumatisiert und hat oft ein gestörtes Verhältnis zur Gewalt.

Trotz aller Rückschläge machten die Reformer weiter, versuchten Russland auf den Weg zur Demokratie zu bringen, ihre Mitmenschen davon zu überzeugen, dass Reformen der einzige Weg sind. Sie waren wenige, aber unermüdlich. Im Herbst 1995 drängten sich mehr als 150 Menschen auf einem engen Flur im ersten Stock des »Hauses der Demokratie« in St. Petersburg. Es waren vor allem alte Frauen. Aus dem Zimmer Nummer 16 tönte eine Lautsprecherstimme: »Wer von euch liebt das Gesetz?«, fragte die Stimme. »Ich, ich, ich!«, antworteten die Frauen. »Und wer kennt das Gesetz?« Im Raum wurde es still. »Würdet ihr das Gesetz kennen, wüsstet ihr, wie ihr eure Söhne und Enkel vor der Armee schützt.« Im Zimmer Nummer 16 hielten die »Soldatenmütter St. Petersburg« damals regelmäßig kostenlose Beratungen für Wehrdienstverweigerer ab. An der Wand klebten Plakate mit dem Satz »Ne ubij«, »Du sollst nicht töten«. Auf einem kleinen Tisch brannte eine Kerze, dahinter hing das »Gebet einer Mutter«. Vorn stand Ella Poljakowa mit einem Mikrophon. Dreimal in der Woche klärte sie die Mütter, Großmütter und die wenigen Jungs, die selbst kommen konnten, darüber auf, dass Männer mit chronischen Krankheiten und Familienväter, die allein für den Lebensunterhalt ihrer Familie sorgen, laut russischer Verfassung nicht zum Dienst in der Armee eingezogen werden dürfen. Die meisten hörten das zum ersten Mal. »Wenn sich die Musterungskommissionen nicht an diese Gesetze halten, dann müsst ihr euch wehren!«, rief Ella Poljakowa in die Menge. Die Anwesenden brummten zustimmend. Poljakowa hatte das Hauptproblem der russischen Gesellschaft getroffen: Es herrschte immer noch Behördenwillkür, und die Bürger kannten ihre Rechte nicht und trauten sich nicht, dagegen vorzugehen. Da nützte auch die schönste Verfassung nichts. »Die Armee ist der Grund für den Totalitarismus in unserem Land«, rief Poljakowa. »Die einzige Möglichkeit, um den Weg für Demokratie freizumachen, sind Kriegsdienstverweigerung und Desertion.« Ella Poljakowa ist eine Pazifistin durch und durch. Ihr Kampf gegen die Armee begann 1991, als Gorbatschow in Vilnius Panzer gegen das Volk einsetzte.

1995 machten die Soldatenmütter international Schlagzeilen. Es war eine Aktion wie aus einer griechischen Tragödie. Frauen aus dem ganzen Land machten sich auf den Weg nach Tschetschenien, um ihre Söhne heimzuholen. Und selbstverständlich war Poljakowa vorn dabei. Ihr reichte es aber nicht, einfach nur junge Männer zu retten und die miesen Zustände zu kritisieren, sie wollte echte Veränderungen. Immer wieder forderte sie, die Armee abzuschaffen, machte die Militärs dafür verantwortlich, dass die Reformen nicht vorankamen. Und sie bekam den in Russland üblichen Ärger. Ihr Telefon wurde abgehört, Spitzel wurden in ihre Sprechstunden eingeschleust, immer wieder verschwanden Papiere und wichtige Unterlagen. Sechs Wochen vor der Sprechstunde im »Haus der Demokratie« in St. Petersburg wurde ihr Auto aufgebrochen und Filmmaterial geklaut, das sie in Tschetschenien aufgenommen hatte. »Das waren keine normalen Autoknacker«, sagte sie. Poljakowa hat versucht, für die Dumawahl im Dezember 1995 anzutreten. 100.000 Unterschriften wären nötig gewesen, sie hatte 200.000. Doch dann entdeckte die Behörde, dass 10.000 davon gefälscht waren. Ein Gericht untersagte ihr daraufhin die Kandidatur. »Das war die Armee! Die haben Angst vor mir.« Unliebsamen Kandidaten gefälschte Unterschriften unterzuschieben, ist auch 2024 noch eine wirkungsvolle Maßnahme, um Kritiker vom Politikbetrieb fernzuhalten. Der Sieger der Parlamentswahl 1995 war die Kommunistische Partei. Die stand bald für eine mutmaßlich stabile und mächtige Vergangenheit. Je schlechter die Lage wurde, desto attraktiver wurden diejenigen, die vorgaben, Stabilität zu repräsentieren. Diejenigen dagegen, die wie Poljakowa für Veränderungen, für eine lebenswerte Gesellschaft kämpften, gerieten immer weiter ins Abseits.

In den wesentlichen Teilen der Gesellschaft blieben Reformen aus. Das Bildungssystem versank wie fast alle Teile der Gesellschaft in Korruption. Die Wirtschaft lag in Trümmern, ein tragfähiges Sozialsystem gab es in Russland nicht. Renten und Beamtengehälter wurden nicht ausgezahlt. Taxifahrer verdienten Anfang der 90er Jahre mehr als Hochschulprofessoren. In nahezu allen Bereichen der Gesellschaft galt das Recht des Stärkeren. Straftaten blieben oft ungesühnt. Die große Mehrheit der Bevölkerung kämpfte ums Überleben. Ein paar wenige Oligarchen und Mafiosi teilten die Hinterlassenschaften der Sowjetunion unter sich auf, durchaus mit Gewalt. Auch gab es zu wenige Demokraten in den Institutionen und für einen Elitenwechsel kein Personal. Das entpuppte sich nach Putins Machtübernahme als eines der größten Hindernisse für Demokratie. Putin konnte an Seilschaften anknüpfen, die Demokratie komplett ablehnten und die alten Machtstrukturen zurück haben wollten.

Ein halbes Jahr **vor der** Präsidentschaftswahl im Juni 1996 war Jelzins Popularität auf dem Tiefpunkt. Demoskopen sagten ihm 5 % voraus. Vorn lag Kommunistenchef Gennadi Sjuganow. Jelzins Wahlkampfstab erwies sich als überfordert und schlug vor, es auf die sowjetische Art zu machen: Fabrikdirektoren, Schulleiter usw. sollten ihre Mitarbeiter instruieren, wer zu wählen ist – nicht gerade demokratisch. Angesichts der Gefahr eines Wahlsieges des Kommunisten wurden auf Jelzins Seite nun Wahlkampfstrategen aus den USA aktiv. Sie wollten Löhne auszahlen lassen und das als Verdienst Jelzins verkaufen. Jelzins Stab dementierte. Denn bei allem internationalen Freundschaftsgetue in den 90er Jahren: US-Strategen waren in Russland nichts, was man an die große Glocke hängen sollte. Zwei Tage vor der Stichwahl flog die Aktion auf. Zu spät, um die Wahlen noch zugunsten Sjuganows zu beeinflussen. Doch die Sache wirkte nach und war eine Steilvorlage, die Demokraten als Vaterlandsverräter zu brandmarken. Leute aus Jelzins damaligem Stab bereuen die Aktion bis heute. Jelzin wurde danach immer schwächer.

Ära Putin

So kam die Stunde des Geheimdienstes und von Wladimir Putin. Der war seit Juli 1998 Direktor des Inlandsgeheimdienstes, seit März 1999 sogar Sekretär des Nationalen Sicherheitsrates. Am 9. August ernannte Jelzin ihn zum Premierminister. Im August und September 1999 explodierten Bomben in mehreren Wohnhäusern, vor allem in Moskau. 350 Menschen starben, mehr als tausend wurden verletzt. Angst ging um. Die Behörden machten Tschetschenen verantwortlich. Zugleich verbreiteten sich Gerüchte, dass der Geheimdienst selbst hinter den Anschlägen stecke, um einen Vorwand für den erneuten Einmarsch in Tschetschenien zu haben. Tschetschenien war nach dem ersten Krieg nicht zur Ruhe gekommen. Entführungen und Morde waren an der Tagesordnung, Teile der muslimischen Bevölkerung radikalisierten sich. Bis heute sind die Anschläge nicht vollständig aufgeklärt. Damals gab es in Russland noch unabhängige Presse. Und so begannen Journalisten, zu dem Thema zu recherchieren. Doch Pressefreiheit und Rechtsstaatlichkeit waren nicht Teil von Putins Agenda. Als erstes wurde Juri Schtschekotschichin von der Zeitung *Nowaja Gazeta* vergiftet. Er hatte zu den Attentaten recherchiert. Er starb qualvoll: Seine Haut löste sich von seinem Körper. Die Ärzte sprachen von einem allergischen Schock, seine Freunde beteuerten, Schtschekotschichin habe keine Allergien gehabt. Auch seine Kollegin Anna Politkowskaja recherchierte zum Krieg in Tschetschenien. 2004 überlebte sie einen Giftanschlag, zwei Jahre später wurde sie vor ihrer Wohnungstür erschossen. Auch der ehemalige Geheimdienstmitarbeiter Alexander Litwinenko starb qualvoll an einer

Vergiftung mit Polonium. Auch er hatte an einem Buch über die Anschläge auf die Wohnhäuser geschrieben. Und schließlich erwischte es den Oligarchen und Putingegner Boris Beresowski in seinem Exil in London. Es sollte aussehen wie Selbstmord, ein deutscher Rechtsmediziner kam aber im Auftrag der Tochter zu einem anderen Ergebnis. Beresowski hatte einen Film über die Hochhausexplosionen finanziert. Der Zweite Tschetschenienkrieg war Putins erster Krieg. Und er wurde mit unglaublicher Härte geführt.

Als Jelzin 1999 am Ende seiner Amtszeit die Macht an Wladimir Putin übergab, fiel das Land in die Hände des Geheimdienstes. Putin machte bald klar, wie er das unabhängige Russland sieht: als geschrumpfte Sowjetunion. Symbolisch ändert er die Nationalhymne, weg von Patriotischen Lied des unabhängigen Russlands, zurück zur Hymne der Sowjetunion, immerhin mit einem anderen Text. Mit als erstes brachte er die großen unabhängigen Fernsehsender und die Oligarchen unter Kontrolle. Sein mächtigster Widersacher, der Milliardär Michail Chodorkowskij, landete zeitnah hinter Gittern. Das Signal war klar: Wer gegen mich ist, wird vernichtet. Noch gab es Entschlossene, die ein reformiertes Russland wollten. Doch Putin und seine Gefolgsleute zerstörten systematisch alles und jeden, der ihnen gefährlich werden konnte.

Mit Putin machte der Lebensstandard in Russland einen Sprung nach vorn. Die Straßen in den großen Städten wurden sauberer, der Verkehr gesitteter. In den Zentren sprossen Fastfoodketten, längst gab es russische Alternativen zu den amerikanischen Klopsbrötchen, und für saubere Toiletten musste man auch nicht mehr zu McDonald's gehen. Russland boomte, auch dank der Investoren, die ins Land kamen. Und dank der hohen Rohstoffpreise, die Geld in die Staatskassen spülten. Putin sorgte dafür, dass Gehälter und Pensionen gezahlt wurden, es gab eine Reserve, um Verhältnisse wie in den 90ern zu verhindern. Es bildete sich ein Mittelstand. Immer mehr Menschen konnten sich Urlaub im Ausland leisten. Von einer informellen Absprache zwischen der Gesellschaft und der Macht war die Rede. Du, Macht, sorgst für Wachstum und Sicherheit, wir, die Bevölkerung, mucken nicht auf, wenn du krumme Dinger drehst. Ein Mittelstand, so dachten viele, werde sich das Erreichte nicht wieder nehmen lassen. Dabei gab es frühe Zeichen, dass vieles davon Wunschdenken war.

2008 musste sich Wladimir Putin offiziell von der Macht zurückziehen, da nach der damaligen Verfassung jeder nur zwei Amtszeiten regieren durfte. Doch die Mächtigen ersannen einen Trick: Sein Freund Dmitri Medwedew wurde Präsident, Putin trat zurück und spielte die Rolle des Premierministers. Erneut glaubten viele, dass Russland reformfähig ist und Medwedew derjenige, der Reformen auf den Weg bringt. Doch auch das entpuppte sich als Wunschdenken. Kurz nach Medwedews Amtsantritt im Mai 2008 marschierte Russland in Georgien ein. Binnen weniger Tage standen russische Panzer wenige Kilometer vor der Hauptstadt Tiflis. In Skolkowo nahe Moskau initiierte Medwedew ein Hightechprojekt, eine Art russisches Silicon Valley, was bald in totaler Korruption versank und den Spitznamen »Skolko Vam« erhielt, »wieviel bekommen Sie?«. Die internationale wirtschaftliche Zusammenarbeit lief zwar weitgehend reibungslos, vertiefte sich sogar. Jede andere Kooperation, zum Beispiel im Bereich der Menschenrechte, blieb zäh. Und das, obwohl sich Russland in internationalen Dokumenten zum Aufbau von Demokratie und Rechtsstaatlichkeit verpflichtet hatte.

Als Putin dann vier Jahre später auch offiziell wieder an die Spitze des Staates zurückkehrte, begann er, das Land systematisch in Richtung Diktatur zu trimmen. Er ließ seine Gegner verprügeln oder gleich umbringen, 2015 den Reformer Boris Nemzow, 2024 den wohl beliebtesten Aktivisten Alexej Nawalnij, um nur die prominentesten zu nennen. Unter Putin verabschiedete die Duma Gesetze, die zivilgesellschaftliche Arbeit kriminalisierten. Konsequent ging er gegen die letzten freien Medien vor und errichtete einen Propagandaapparat, der historisch beispiellos ist. Putin pumpt Millionen in Cyberangriffe und die Schwächung des Diskurses in Demokratien, unterstützt radikale Parteien. Die Kirche tat sich mit rechtsextremen religiösen Fanatikern weltweit zusammen; wer von der Norm des Familienbilds abweicht, wird unterdrückt. Besonders trifft das Homosexuelle. Geändert wurde ein Gesetz zur häuslichen Gewalt, weltweit eines der drängendsten Themen. In Russland wurde häusliche Gewalt von einer Straftat zu einer Ordnungswidrigkeit degradiert. Reformen à la Putin.

2014 eroberten russische Soldaten im Handstreich die Krim, entfachten Krieg im Donbas. Es war ein Bruch mit dem politischen Westen, auch wenn das viele so nicht wahrhaben wollten und einige deutsche Unternehmer und Politiker immer noch an Reformen in Russland glaubten. »Krym nasch«, »die Krim ist unser«, war 2014 ein beliebter Trinkspruch auch bei Gegnern von Putin. Auf der Krim schloss McDonald's seine Filialen. Die Vertreter der deutschen Wirtschaft in Moskau beschwerten sich aggressiv über geschäftsschädigende Berichterstattung, als könne man Journalisten dazu bringen, die Realität zu ignorieren. Die russische Regierung und die ihr angeschlossenen Medien behaupteten, in der Ukraine einen Genozid an Russischsprachigen verhindern zu müssen. Die Lüge wurde zum Regelfall.

Putins Vermächtnis an die Welt

Um zu verstehen, wie gefestigt Putins Macht 2024 ist, muss man noch einmal einen Blick zurück auf den Beginn seiner Regentschaft werfen. Die frühen 2000er Jahre waren die Zeit, in der junge Menschen in Ländern, in denen der Umbruch irgendwo zwischen Autokratie und Mafia hängen geblieben war, Reformen forderten und sich organisierten. In Serbien demonstrierten sie 2000 den Kriegsverbrecher Slobodan Milošević weg, 2003 in Georgien den greisen Sowjet-Apparatschik Eduard Schewardnadse, 2004 in Kyjiw den aufsteigenden Mafioso Wiktor Janukowitsch. Sie forderten Reformen in allen Bereichen der Gesellschaft, Rechtsstaat, Pressefreiheit, soziale Sicherungen, ein Ende der Korruption. Auch die orientierungslose Jugend in Russland war enttäuscht von den seit der Unabhängigkeit ausbleibenden Reformen, desillusioniert, wenn es um ihre Zukunft ging, viele auf dem Sprung in den Westen. Für die Macht, die Putin aufbauen wollte, waren sie ein gefährliches Potenzial. Während einige junge Russen gebannt auf die Demokratiebewegungen im Ausland schauten, begannen russische Geheimdienstkreise, die Netzwerke für ihre Mafiageschäfte zu erneuern und in zukünftige Generationen zu überführen. Im Kern ging es darum, Protestpotenzial zu neutralisieren.

Es wird häufig übersehen, wie wichtig putintreue Jugendorganisationen beim Aufbau der Macht in den 2000er Jahren waren und wie entscheidend sie für die Zukunft Russlands sind. Ihre Mitglieder sind in den 90er Jahren aufgewachsen. Ihre Kindheit und Jugend waren geprägt vom Chaos, dem Zusammenbruch, dem täglichen Kampf ums Überleben. Begriffe wie Demokratie oder Liberalismus sind bei ihnen mit dieser Zeit verknüpft und negativ belegt. Für sie liegt die Ursache dafür nicht in der Sowjetunion, sondern bei den Demokraten und im Westen, von dem Putin sagt, er habe Russland demütigen wollen. Die Sowjetunion betrachten sie als ein legitimes Gebilde russischer Macht. Bereits zu Beginn seiner Amtszeit begann Putin, die orientierungslose Jugend einzusammeln und ihnen eine Perspektive jenseits von Alkoholismus oder Auswanderung anzubieten. 2005 schuf er mit den »Naschi«, den »Unsrigen«, eine ihm hörige nationalistische Jugendbewegung. Sie traten an, Russland wieder zu alter Größe zu führen und die »Feinde« – Demokraten, westliche Ausländer, Kritiker – zu bekämpfen. Bei den Naschi gab es Freizeitgestaltung, Netzwerke an den Hochschulen, in der Wirtschaft und der Politik. Und Selbstbewusstsein: Russland war etwas, worauf man stolz sein konnte, ohne etwas dazu beigetragen zu haben. Die Naschi waren ein Karrierenetzwerk, direkt verknüpft mit dem Schicksal von Wladimir Putin, und je größer das Netzwerk wurde und je weiter der einzelne hinein geriet, desto mehr hatte er zu verlieren. Und desto eher würde er dafür sorgen, dass Putin die Macht nicht verliert. Karriere erzeugt Dankbarkeit. Wer dankbar ist, ist loyal. Nach Jahren der Knechtschaft brach Russlands Jugend auf. Ihre Kritiker nannten die Naschi deshalb »Putinjugend« oder »Naschisten«.

Ihr Wissen über Politik, Geschichte und andere Länder ist in großen Teilen gefährlicher Blödsinn. Ihr Blick auf den »Großen Vaterländischen Krieg«, wie sie den Zweiten Weltkrieg glorifizierend nennen, stammt aus dem Reich der Heldenmärchen, in denen Russland und die Sowjetunion grundsätzlich auf der Seite des Guten standen. Der Hitler-Stalin-Pakt, eines der wesentlichen Dokumente, die den Zweiten Weltkrieg ausgelöst haben, ist ihnen weitgehend unbekannt. Die Verbrechen der Stalinzeit werden ignoriert bzw. als unvermeidliche Nebenwirkungen einer glanzvollen Epoche unter einem starken Führer betrachtet. Diese Menschen glauben, dass Journalisten, Politiker usw. von den USA gesteuert werden und Agenten sind. Die Naschi waren von Anfang an in ihrer Mehrheit stromlinienförmig und karriereorientiert, konservativ, nationalistisch, teils rassistisch. Sie verbrannten Bücher missliebiger Autoren, griffen Demokraten an, provozierten auch im Ausland Ausschreitungen.

Auf ihrem Höhepunkt hatten die Naschi 100.000 Mitglieder. 2013 wurde die Organisation aufgelöst. Ihre Mitglieder sind heute Putins Leute im Maschinenraum des Staates, an den Schaltstellen in den Schulen, Behörden und der Wirtschaft, in der Politik. Sie haben Kinder, eventuell bereits Enkelkinder. Und sie geben ihre nationalistischen und antiliberalen Ansichten weiter an die nächsten Generationen. Sie sorgen dafür, dass gerade junge Menschen nur noch äußerst schwer mit Argumenten und Fakten zu erreichen sind.

Der gefährlichste Auswuchs Putin'scher Jugendarbeit ist die »Junarmija«. Nach Angaben der Nachrichtenagentur TASS hat die Jugendarmee im Mai 2024 1,6 Millionen Kinder und Jugendliche unter Waffen. Die Junarmija ist beim Kriegsministerium angesiedelt. »Um junge Menschen dazu zu bringen, Russland mit der Waffe in der Hand zu verteidigen, müssen die Bereitschaft und der Wille zum Dienst bereits in der Kindheit und Jugend geweckt werden«, sagte der damalige Kriegsminister Sergej Schoigu bei der Gründung. Um das zu erreichen, rekrutiert die Junarmija ihre Mitglieder unter anderem in Waisenhäusern und wird dabei von den Beauftragten für Kinderrechte unterstützt. Kinder von Armeeangehörigen sind gehalten, mitzumachen. Junarmisten sind überwiegend gehirngewaschen und voller Hass, Angst und Selbstüberschätzung. Ihnen wird eingebläut, dass Russland angegriffen wird und dass sie auserwählt sind, das Vaterland zu retten, wie es die Helden im Zweiten Weltkrieg getan haben. Die orthodoxe Kirche verbreitet, dass diejenigen, die für die russische Sache sterben, ins Paradies kommen. Die ersten sind bereits mit Umweg über die Ukraine auf dem Weg dahin.

Diese Generationen sind Putins gehirngewaschenes und brandgefährliches Vermächtnis an die Welt. Diese jungen Menschen möchten keine Reformen oder Fortschritt. Sie sind willfährige Werkzeuge eines Regimes, das Krieg und Zerstörung will und das jeden Tag belegt. Mit geschickter Jugendarbeit hat das Regime vorgesorgt, dass das auch nach einem Abgang Putins und seiner Helfer weiter geht.

Rückblickend lässt sich feststellen, dass Russland jede Art von Reformen bekämpft. Putin knüpft an reaktionären Behauptungen von der Überlegenheit des russischen Volkes, der Siegernation und der »großen Rus« an. Liberalismus und Demokratie wurden systematisch negativ belegt, der Westen zum Feind aufgebaut. Die Milliarden an EU-Steuergeldern, die in den 90er Jahren dabei helfen sollten, Russland von der Sowjetunion weg zu bringen, Reformen zu finanzieren, die den Menschen ein selbstbestimmtes Leben in Frieden ermöglichen, waren vergeblich. Sichtbarstes Beispiel ist die Änderung der Verfassung mit dem Ziel, dass Putin nahezu unbegrenzt regieren kann. Es gibt in nahezu allen wesentlichen Bereichen der Gesellschaft kein Recht mehr, das den Namen verdient. Alle Annahmen, dass die Bevölkerung ihre Freiheit nicht aufgeben und Rückschritte nicht mitmachen würde, erweisen sich als Trugschluss. Alle Annahmen, dass der Anfang der 2000er Jahre entstandene bürgerliche Mittelstand für seinen Wohlstand und seine Freiheiten auf die Straße geht, sind falsch. Der Geist der 90er und 2000er ging fest davon aus, dass, ist erst die Wirtschaft umgestellt und ein gewisser Wohlstand erreicht, die Gesellschaft von ganz allein folgt und Freiheit und Demokratie fordert. Ein Trugschluss mit fatalen Folgen. Wirtschaft ist nur ein Teil dessen, was eine Gesellschaft ausmacht.

Mehr als 30 Jahre nach dem Ende der Sowjetunion gibt es in Russland kein Bewusstsein dafür, dass die Bevölkerung die Summe jedes Einzelnen ist, dass jeder Einzelne Teil des Gemeinwesens ist und als solcher gemeinsam mit anderen gestalten kann. Und so blieben breitere Proteste gegen den Großeinmarsch in die Ukraine aus. Die nahezu apathische Reaktion der russischen Gesellschaft nach dem 24. Februar 2022, nach den Massakern und Zerstörungen zeigt, dass es in Russland nur in seltenen Einzelfällen individuelles Verantwortungsgefühl für kollektives Handeln gibt. Deshalb ist es äußerst unwahrscheinlich, dass aus der Bevölkerung Forderungen nach Reformen kommen und dass Reformen von einer breiten Mehrheit unterstützt werden. Es scheint den Menschen egal zu sein. Das Projekt Reformen ist gescheitert. Auch, weil der größte Teil der Bevölkerung sich nicht dafür begeistern konnte und die Mafiosi um Putin gewählt hat. 2024 haben die reaktionären Kräfte, die Anfang der 90er noch von den Demonstranten in Moskau und Boris Jelzin zurückgedrängt wurden, mit Pauken und Trompeten gesiegt. Die Menschenrechtsorganisation Memorial wurde 2022 aufgelöst. Diejenigen, die das Erbe Andrej Sacharows hüten, haben das Land verlassen. Nachbarstaaten fürchten wieder den Einmarsch russischer Truppen.

Putin ist mittlerweile ein skrupelloser Clanchef, dem Menschenleben egal sind. Er verheizt tausende Soldaten in den Schlachten in der Ukraine. Seine Soldaten zerstören ohne Skrupel Städte und Landstriche, bringen Menschen um. Gewalt und Brutalität haben sich in einem Ausmaß Bahn gebrochen, das für viele immer noch unvorstellbar ist. Putin und seine Clique haben Russland in den aktuell mit Abstand gefährlichsten Staat der Welt verwandelt. Und sie nutzen jede Schwäche ihrer Gegner aus. Immer noch gibt es Menschen, die das ignorieren wollen, selbst in verantwortungsvollen politischen Positionen. Sie sollten sich klarmachen: Putins Gegner sind wir. Es geht also nicht darum, ob *wir* Krieg führen wollen. Russland hat uns längst zur Kriegspartei gemacht und das auch so erklärt. Nach fast 25 Jahren Putin – 12 Jahren, in denen das Land systematisch in eine Geheimdienstdiktatur umgebaut wurde, und mehr als 10 Jahren Angriffskrieg gegen die Ukraine – müssen wir schützen, was geschützt werden kann, sonst wird es angegriffen und zerstört. Das beginnt mit der Ukraine, geht weiter über Länder im Kaukasus und endet bei uns und unserer Demokratie. Wir haben keine Wahl und schon lange keine Zeit mehr.

Die Eröffnung von McDonald's im Januar 1990 war ein Fest, für das die gelernten Sowjetbürger Schlange standen, es war eine Verheißung auf den Anschluss an die freie Welt, egal, ob man diese Brötchen mochte oder nicht. Am 10. März 2022, zwei Wochen nachdem russische Truppen ihren Vernichtungsfeldzug gegen die Ukraine starteten, schickte der Geschäftsführer von McDonald's eine E-Mail an die Mitarbeiter. Er beklagte darin das »unsägliche Leid«, das unschuldigen Menschen in der Ukraine zugefügt werde. Deshalb habe man beschlossen, »alle unsere Restaurants in Russland vorübergehend zu schließen und unser Geschäft in diesem Markt einzustellen.« 62.000 Mitarbeiter verloren ihre Jobs. Andere westliche Ketten hatten zu dem Zeitpunkt bereits das Land verlassen. Die Schließung ist ein Symbol für den Wahnsinn der Putin'schen Politik. Es war die ultimative Botschaft. 35 Jahre nach der Studententagung mit dem provokanten Titel ist McDonald's in Moskau so sehr Vergangenheit wie die Reformbestrebungen in Russland.

Woke und Hillbillies – die uneinigen Staaten von Amerika

Arthur Landwehr

»You break it, you own it«, steht gern mal in amerikanischen Souvenirläden, »zerbrichst du es, gehört es dir«. Natürlich nicht kostenlos, sondern der volle Preis ohne jeden Rabatt wird fällig. »Biden Owns the Israel-Palestine Conflict Now« titelte das *Foreign Policy Magazine* schon wenige Wochen nach dem Überfall der Hamas auf Israel und dem anschließenden massiven Angriff Israels auf Gaza, »jetzt gehört der Israel-Palästina-Konflikt Joe Biden«. Und wie auch immer der Konflikt ausgehe, die Rechnung gehe nach Washington. Anlass für diese Einschätzung war Joe Bidens Satz: »Es wird kein Zurück zum Status quo geben, so wie er am 6. Oktober war«. Ob der Präsident verstanden habe, fragt das Magazin, dass er damit die USA mit den Kriegszielen Israels verknüpft hat und man von ihm erwarten werde, eine führende Rolle bei der Neuorientierung des Nahost-Konflikts zu spielen, wenn der Krieg vorbei ist? Oder glaube er tatsächlich, dass er die Verantwortung für den Wiederaufbau Gazas und die Sicherung des Friedens an irgendeine regionale Gruppe delegieren könne? Er muss die Verantwortung für die Zeit danach selbst nicht mehr tragen. Die Dauer des Krieges und der Wille des amerikanischen Volkes haben dafür gesorgt, dass er diese an seinen Vorgänger und Nachfolger Donald Trump vererbt.

Der Krieg im Gazastreifen steht auf mehrfache Weise stellvertretend für ein Dilemma, mit dem amerikanische Regierungen immer wieder kämpfen: In dem Augenblick, in dem Konflikte, gesellschaftliche oder humanitäre Krisen den Charakter des Regionalen übersteigen, blickt die Welt nach Washington. Auch, wenn man sich dort nicht engagieren will. Der Anspruch, die »einzige verbliebenen Weltmacht« zu sein, katapultiert die USA geradezu automatisch in eine Führungsrolle. Das bedeutet auch, einen guten Teil der Kosten zu übernehmen.

Von den Entwicklungen, die das Weiße Haus im Jahr 2024 in den Krisenmodus versetzten und deren Auswirkungen sich über die Präsidentschaftswahl hinaus in das Jahr 2025 hineinziehen werden, seien hier nur ein paar ausgewählte Beispiele genannt. Manche treiben auch andere Nationen und Gesellschaften um, andere sind sehr spezifisch für die USA. Der Nahost-Konflikt mit dem nach dem Hamas-Überfall im Oktober 2023 begonnenen Krieg im Gazastreifen ist ein Beispiel für die erste Gruppe, ebenso der seit Februar 2022 andauernde russische Angriffskrieg gegen die Ukraine. Langfristig ebenso gefährlich ist der andauernde Konflikt mit China, auch wenn er unter anderen Vorzeichen steht. Chinas wirtschaftlichen, technologischen und geostrategischen Expansionsdrang sowie dessen systematische Aufrüstung versteht die US-Regierung als drohende strategische Krise. Auch wenn die Partner und Alliierten der USA teilweise sehr unterschiedliche Interessen verfolgen und sehr unterschiedlich von den Folgen des Konfliktes betroffen sind, kommt der Takt doch aus Washington: Die Entscheidung, wie weit Interventionen gehen, hängt vor allem am Weißen Haus.

Global anzugehen ist die drohende Klimakrise, und doch hat sie in Nordamerika einen anderen politischen Stellenwert als anderswo. Es beginnt damit, dass die Konfliktlinie bereits bei der Frage verläuft, ob es sich überhaupt um eine nennenswerte Krise handelt. Wird nicht die von der Biden-Regierung verordnete Therapie zu einer viel schlimmeren Krise führen, die vor allem Wohlstandsverlust bedeutet? Nachfolger Donald Trump hat dazu eine klare Haltung und sorgt dafür, dass die USA ein wechselhafter und damit unzuverlässiger Partner sind. Ähnlich unabhängig vom Rest der Welt auf das eigene Land fokussiert wird die Diskussion darüber geführt, wie man auf die drastisch gestiegenen Lebenshaltungskosten reagieren solle, die die US-Bevölkerung trotz gesunkener Inflationsrate mehr beunruhigen und verärgern als jedes andere Problem: Welches Ziel hat Vorrang, soll es um kurzfristige Wohlstandssicherung oder um langfristige Stabilität gehen? Ganz oben auf der Liste der Streitthemen bei der Wahl im November 2024, unmittelbar nach Wirtschaftsentwicklung und Inflation, standen überdies illegale Einwanderung und die Situation an der Grenze zu Mexiko. Die Dimension der Flüchtlingszahlen überfordert das Grenzmanagement der USA ebenso wie das Europas und wird in der öffentlichen Diskussion ebenfalls unter dem Begriff »Krise« geführt.

Kulturkampf um das »wahre Amerika« im Spiegel globaler Krisen

Die genannten Themenfelder sind perfekte Beispiele dafür, wie der amerikanische Umgang mit einer globalen Krise zu dramatischen innenpolitischen Konflikten führen kann, die über Regierungskrisen hinaus zu einer Gefahr für das demokratische Gefüge der USA insgesamt werden, das ganze Land lähmen und zu einem desaströsten Stau politischer Entscheidungen führen. Die tieferen Ursachen für die Rückwirkungen internationaler Krisen auf die Innenpolitik liegen in einem Grundkonflikt, mit dem die Vereinigten Staaten zu kämpfen haben und der den politischen und praktischen Umgang mit den virulenten Krisen prägt: ein politischer Kulturkampf um die Werte des »wahren Amerikas«. Dieser Kulturkampf führt zu einer gesamtgesellschaftlichen Krise und Sprachlosigkeit. Dabei ist er kein neues Phänomen: Kulturkampf hat die amerikanische Politik immer wieder begleitet, ganz im Sinne Barack Obamas, der einmal sagte: »Donald Trump ist nicht die Ursache unserer Probleme, er ist das Symptom.« Dessen Popularität und seine Wahl zum Präsidenten 2016 und 2024 sind Symptome dafür, dass sich die Vereinigten Staaten als Nation in eine Identitätskrise manövriert haben, an der die Demokratie und die verbindenden Elemente zu zerbrechen drohen. Dieser Kampf spiegelte sich im Wahlkampf 2024, erneut mit Donald Trump als Vertreter der populistisch-republikanischen Seite und mit Kamala Harris für die mit ihr nach links gerückten Demokraten.

Der Graben in diesem Kulturkampf verläuft zwischen den prosperierenden, agilen und divers orientierten urbanen Milieus entlang der Küsten und den traditionellen Milieus der arbeitenden Mittelschicht im Kernland. Letztere blicken auf Jahre des wirtschaftlichen Abstiegs zurück und erleben gleichzeitig einen massiven Statusverlust, insbesondere die Weißen. Sie fühlen sich von einem enger werdenden Meinungskorridor bevormundet und von der etablierten Politik sowie selbsternannten Eliten in Wirtschaft und Medien nicht mehr angemessen repräsentiert und wahrgenommen. Dies sind die Wählergruppen, auf die Donald Trump als Präsident zählen konnte und auf die er als erneuter Präsidentschaftskandidat 2024 wieder erfolgreich baute. Diese für viele Jahre klassische Klientel der Demokraten – als derjenigen Partei, die sich um die Interessen der arbeitenden Mittelschicht kümmerte – findet sich dort heute nicht mehr wieder. Sie erlebten Joe Biden als Sachwalter der Linken in der Partei, die mehr Staat und finanzielle Umverteilung über Sozialprogramme verlangt. Seine Nachfolgerin als Kandidatin der Demokraten, Kamala Harris, verstärkte diesen Eindruck noch, da sie die Tendenz der Partei fortsetzte, sich insbesondere mit sogenannten »unterrepräsentierten Gruppen« zu beschäftigen und die Themen Rassismus und Gender in den Mittelpunkt ihrer Politik zu stellen. Mit dieser Fokussierung höhlten die Demokraten, so der Vorwurf, traditionelle Werte aus, stellten die zentralen Vorstellungen von Religion, Familie, individueller Freiheit und Eigenverantwortung infrage und hätten damit für Entfremdung gesorgt. Auf der anderen Seite stehen die Republikaner, die ebenfalls mit der Entfremdung ihrer bisher verlässlichen Klientel kämpfen, der fiskalkonservativen, auf sparsamen Staat und freie Marktwirtschaft konzentrierten Wählerschaft. Stattdessen hat sich die republikanische Partei unter Donald Trump zu einer populistischen, auf ihn als Person zugeschnittenen Bewegung verändert, die den vermeintlich Abgehängten und Vergessenen jenseits der Küsten eine Stimme und neues Gewicht gab.

Der Blick auf die Krisen, mit denen sich Amerika in diesen Tagen plagt und für deren Lösung um Strategien und verzweifelte Kompromisse gerungen wird, muss daher ein mehrdimensionaler sein. Äußere Krisen stapeln sich in mehreren Schichten von geostrategischen Fragen. Sie verweben sich zudem mit inneren Konflikten und spiegeln sich im innenpolitischen Kulturkampf um das Wertegebäude des Landes und in einem brutalen Machtkampf im Kongress wider.

Nur noch zwei Prozent der Amerikaner waren im Frühsommer 2024 der Meinung, dass das politische und wirtschaftliche System der Vereinigten Staaten so bleiben könne und solle, wie es ist. Dies hat eine Umfrage der *New York Times* zusammen mit dem *Philadelphia Inquirer* und dem Siena College ergeben (NYT, 13.5.2024). Auf der anderen Seite glaubten zu dem Zeitpunkt 69 Prozent, dass dieses System drastisch verändert werden müsse. Immerhin 14 Prozent der Amerikaner verlangten seine völlige Zerstörung, um es von der Basis her neu aufzubauen, und stellten damit die gesamte Plattform des gesellschaftlichen Zusammenlebens infrage.

Die USA sind in eine tiefe gesellschaftliche Krisensituation geraten, in der sich die Menschen nicht mehr vertrauen und anscheinend die Zuversicht verloren haben, eine gemeinsame Zukunft mit gemeinsamen Werten und Zielen aufbauen zu können – oder sogar den Willen. Politisches Verhalten und politische Kommunikation erinnern an verfeindete Stämme. Mitglieder jeder Gruppe werden in Kategorien wie »gut« oder »böse«, »für uns« oder »gegen uns« eingeordnet. In einer Untersuchung des Pew Research Centers, wie überzeugte Demokraten und Republikaner übereinander sprechen und welche Eigenschaften oder Tugenden sie einander zuweisen, wird dies sehr deutlich: Fast zwei Drittel der Republikaner nennen Demoraten »faul«. Ebenso viele Demokraten nutzen für Republikaner die Begriffe »unmoralisch«, »unehrlich« und »verbohrt« – und umgekehrt. Nicht zuletzt hält jeweils die Hälfte der Anhänger beider Parteien die der anderen für »dumm«. Beide Lager sind fest davon überzeugt, dass es die jeweils andere Gruppe darauf anlegt, die amerikanische Gesellschaft, Demokratie und Freiheit zu zerstören, die zentralen Werte der Nation mit Füßen zu treten.

Bei der Definition dieser Werte zeigt sich dann die Trennungslinie. Die liberalen und urbanen Milieus in den großen Städten entlang der Küste nehmen für sich in Anspruch, die amerikanische Gesellschaft auf einen zukunftsorientierten Weg zu führen und die Versäumnisse der Vergangenheit zu überwinden. Dazu gehört die Forderung nach einer gerechteren Gesellschaft, die Menschen unterschiedlicher Identität schützt und sie aus der Opferrolle in die Gleichberechtigung führt. Identitätspolitik, wie sie vorzugsweise in akademischen Milieus gepflegt und vor allem vom linken Flügel der Demokraten vertreten wird, beschäftigt sich mit der Sichtbarmachung und Gleichstellung unterschiedlicher Identitäten, die vor allem durch Race, Gender, sexuelle Orientierung und ethnische Zugehörigkeit definiert werden. Sie bekämpft jede Form von Rassismus, sei er akut oder systemisch, und beschränkt sich dabei nicht auf Hautfarbe oder Ethnizität. Dabei werden bisher als überprivilegiert geltende Gruppen wie »weiße Männer« nahezu automatisch, quasi per Definition, in die Täterrolle einsortiert, in der sie den Anspruch auf traditionelle Privilegien verlieren. Sie verlangt ein stärkeres Engagement des Staates, der durch Sozialprogramme und schützende Gesetze eingreifen solle.

Auf der anderen Seite stehen diejenigen, die an den »traditionellen Werten« festhalten und daran das Wohl der amerikanischen Nation knüpfen. Zu ihnen gehört vor allem die arbeitende Mittelschicht außerhalb der Städte und im Kernland. Anders als es das politische Narrativ nach dem Trump-Sieg 2016 glauben machen wollte, gehören zu dieser Gruppe keineswegs vor allem schlecht ausgebildete ältere weiße Männer vom Land. Sehr viele Akademiker, Unternehmer, erfolgreiche und gutverdienende Professionals bekennen sich ebenso zu ihr wie Arbeiter und enttäuschte Gewerkschafter. Ihre Verortung als Teil einer nicht-urbanen Mittelschicht verbindet sie ebenso wie ihre Selbsterfahrung, von der etablierten Politik nicht wahrgenommen und von selbsternannten urbanen Eliten unterdrückt zu werden. Sie beschweren sich, als »Hillbillys« (Hinterwäldler) verunglimpft zu werden, nur weil sie an eine traditionelle, manche sagen für sich »gottgegebene« Ordnung glauben. Das unterstreicht ein wichtiges Phänomen, das die USA noch immer stark von Auseinandersetzungen in Europa unterscheidet: Wenn man den gesellschaftlichen Diskurs der USA betrachtet, muss man den weiterhin massiven Einfluss der Religion berücksichtigen. Dabei geht es nicht allein um die lauten und einflussreichen politisch aktiven Evangelikalen, deren Gruppen bestens organisiert und vernetzt sind. Entscheidende Stimmen bei Wahlen auf allen Ebenen können Millionen fromme, in ihren Kirchengemeinden wurzelnde Menschen liefern oder verweigern. Für sie waren, sind und bleiben ihre Religion und die Lehren der Bibel Richtschnur für das tägliche Leben. Religion und Bibel bilden das Wertegebäude, nach dem sie ihr Leben führen. Dazu gehört beispielsweise die Überzeugung, dass biologisches Geschlecht allein entscheidend und von Gott so geschaffen wurde, nicht »gefühltes«, und dass eine Familie aus Mann, Frau und Kindern besteht. Identitätspolitik aber löse die gültigen Bindungen der Gesellschaft auf und zerstöre damit das gemeinsame Dach von Freiheit, Demokratie und Patriotismus, unter dem eine so diverse Gesellschaft wie die der USA existieren kann. Vertreter solcher Werte fühlen sich von einer unheiligen Allianz aus Politik, Wirtschaft und insbesondere Medien missachtet und in ihrer Lebenswirklichkeit ignoriert. Die wollten ihnen, so sagen sie, wichtige und durch die Verfassung gesicherte Freiheiten nehmen, sei es Waffenbesitz oder das Recht auf freie Meinungsäußerung. Wer sich nicht dem Sprach- und Meinungskorridor der »woken« Diktatur unterwerfe, werde als »rassistisch« abgestempelt und damit der gesellschaftlichen Todesstrafe ausgesetzt. Sie bestehen auf eine zurückgenommene Rolle des Staates, wehren sich gegen staatliche Einmischung, die die Eigenverantwortung des Einzelnen als uramerikanisches Prinzip untergrabe. Sie wehren sich gegen Quotenregelungen für Minderheiten, weil damit ihre Chancen und die ihrer Kinder auf Wohlstand verringert werden. »Anti-Weißer Rassismus« ist dafür ein Stichwort, und die Entscheidung des Supreme Court, die Praxis, bei der Zulassung zu Universitäten Race als Kriterium zu nutzen, für verfassungswidrig zu erklären, wurde entsprechend begeistert aufgenommen. Sie lehnen in der Konsequenz auch neue Sozialprogramme ab, die sie »Umverteilung« nennen, bei denen Geld von den hart arbeitenden Menschen an die nicht arbeitenden umgeleitet werde. Hinter dieser Haltung steht – neben der Abstiegserfahrung der nicht-urbanen Mittelschicht in den vergangenen Jahrzehnten der Globalisierung – auch die Angst vor Statusverlust. Gerade diese überwiegend weiße Mittelschicht galt in der Vergangenheit als Maßstab dafür, was es heißt, »Amerikaner« zu sein. Sie repräsentierte damit auch das, was Einwanderer für ihre eigene Zukunft und Identität in der neuen Heimat anstrebten. Das ist nicht mehr der Fall, im Gegenteil. Ihre Außenwahrnehmung und -darstellung als rassistische Hinterwäldler bedroht ihren gesellschaftlichen Status und stürzt sie in eine Krise, für die der Trump-Populismus Hilfe versprach und verspricht. Trump erleben sie als verlässlichen Schutzpatron, der zu dem steht, was er verspricht, und gaben ihm deshalb wieder ihre Stimme.

Im beschriebenen unversöhnlichen Gegenüberstehen dieser Gruppen manifestieren sich nur sehr oberflächlich unterschiedliche Einschätzungen in Sachthemen. Was sich manifestiert, ist eine tiefe Identitätskrise der amerikanischen Gesellschaft, die keinen Kompromiss, geschweige denn Konsens darüber erreichen kann, welche Werte und gesellschaftlichen Vorstellungen zukünftig das leitende Prinzip der Nation sein sollen. Es geht nicht mehr darum, was ich will, sondern wer ich bin. Das führt zu Sprachlosigkeit, unüberbrückbaren Konflikten bis in den privaten Bereich. Mehr als jeder zehnte Amerikaner, so hat es eine Studie gezeigt, hat bereits eine romantische Beziehung wegen der politischen Haltung des Partners oder der Partnerin beendet.

Eine so in ihrer Identität zerrissene Gesellschaft ist anfällig für scheinbar einfache, populistische Lösungen. Weil sich diese Mischung aus Angst, Ärger und Enttäuschung in Wählerstimmen und politischen Einfluss ummünzen lässt, ist es zu der erwähnten Handlungsunfähigkeit des Kongresses gekommen. Insbesondere der sogenannte »Freedom Caucus«, der rechte Flügel der Republikaner im Repräsentantenhaus, hat es verstanden, während der Amtszeit Joe Bidens die eigene Fraktion zu erpressen und daran zu hindern, mit dem demokratisch geführten Weißen Haus nach Lösungen zu suchen und Kompromisse zu schließen. Das wiederum hat den Präsidenten daran gehindert, zeitnah und pragmatisch auf die großen Krisen zu reagieren.

Krisenmanager wider Willen

Dabei sind die Amerikaner krisenmüde, so wie sie seit vielen Jahren kriegsmüde sind. »We are not the world's 911«, hatte George W. Bush im Wahlkampf 2000 gesagt, »wir sind nicht die Notrufnummer der Welt«. In Wahrheit sind sie es weiterhin, und in den 24 Jahren seit Bushs Wahl zum Präsidenten häufen sich die Kriege mit amerikanischen Interessen und amerikanischem Engagement: Rund 20 Jahre hat man in Afghanistan gekämpft, Tausende Soldaten verloren und Hunderte Milliarden Dollar ausgegeben, ohne spürbar etwas zu erreichen. Der Krieg im Irak dauerte lang und war teuer, im Bürgerkrieg Syriens ist kein Ende in Sicht und auch der internationale Kampf gegen den »Islamischen Staat« geht unter Washingtons Führung weiter. Dann die Wirtschaftskrise, bei der viele ihre Häuser und Jobs verloren haben, die Pandemie mit dem Beinahe-Zusammenbruch der Lieferketten und der Wirtschaftssysteme, anschließend Inflation und neue Angst, in einen persönlichen ökonomischen Abstiegsstrudel zu geraten. Auch der sich dysfunktional präsentierende Kongress, der die Zerrissenheit der Nation über ihren zukünftigen Weg spiegelt und eine Rückkehr zur gemeinsamen Lösung von Problemen verhindert, tut sein Übriges zu dieser Wahrnehmung. Eigentlich sollen ja die Abgeordneten die Sorgen und Nöte ihrer Wählerschaft kennen und im politisch-parlamentarischen Prozess für Abhilfe sorgen. Sie sollen das Land auf Kurs halten, Gefahren abwenden, Wohlstand und Sicherheit der Menschen gewährleisten. Dass ihre gewählten Vertreter diese Aufgaben zumindest im Ansatz erfüllen, glaubt nur noch 13 Prozent der amerikanischen Bevölkerung (YouGov/Economist, 17.6.2024). 69 Prozent sind der Meinung, dass sie als Volksvertreter versagen.

Was damit gemeint ist, kann am aktuellen Beispiel des seit Oktober 2023 andauernden Krieges zwischen Israel und der Terrororganisation Hamas verdeutlicht werden. Der Krieg wurde vor allem im palästinensischen Gazastreifen geführt und war bei Redaktionsschluss dieses Buches noch nicht beendet. Israels definierte von Anfang an als Ziel, die Hamas endgültig zu vernichten, und hat dieses Ziel auf die im Süden Libanons agierende und ebenfalls mit dem Iran verbundene Hisbollah ausgedehnt. Aus amerikanischer Perspektive stellte sich, zumindest an der Oberfläche, die Frage, ob und in welcher Form sich die USA an die Seite Israels stellen würden, in welchem Umfang sie beispielsweise Waffen liefern würden. Denn Israel ist abhängig von Waffenlieferungen und finanzieller Unterstützung durch die USA. Für Amerika ist Israel im Gegenzug von nicht ersetzbarer geostrategischer Bedeutung in der Region. Da der amerikanische Präsident, der Demokrat Joe Biden, für finanzielle und militärische Unterstützung im Wort stand, die Mittel dafür aber vom Kongress mit seiner republikanischen Mehrheit freigegeben werden mussten, wurde er erpressbar. Hinzu kam, dass der politische Prozess für diese Mittel zeitlich zusammenfiel mit der Diskussion um ein anderes für den Präsidenten wichtiges Projekt: Geld für neue Waffenlieferungen an die Ukraine. Die Ukrainehilfe aber blockierte der Rechtsaußen-Flügel der Republikaner, der bereits erwähnte Freedom Caucus. Und das auch dann noch, als Biden beides zu einem Paket schnürte, in das er zusätzlich zentrale Anliegen des Freedom Causus integrierte: die Sicherung der Südgrenze und eine Verschärfung des Einwanderungsgesetzes. Spätestens da wurde klar, dass es den Getreuen Trumps nicht um pragmatische Lösungen ging: Sie wollten die Handlungsfähigkeit der Biden-Regierung untergraben und mit dem so erzeugten Chaos die eigenen Wahlchancen erhöhen. Es ging auch um die Erpressung der eigenen Parteiführung, von der man politische Zugeständnisse verlangte. Die Blockade dauerte mehrere Monate und hatte auch außenpolitisch massive Implikationen. Die Lage der ukrainischen Armee wurde wegen der fehlenden Waffen und Munition immer dramatischer. Russland konnte bereits Landgewinne verzeichnen. Die Situation verschärfte sich dadurch, dass die europäischen Alliierten ebenfalls zögerten, ihre Waffenlieferungen fortzusetzen. Man wollte die amerikanische Führung nicht überholen und damit den vereinbarten Gleichschritt verlassen. Die Blockade des Kongresses drohte sich noch Monate hinzuziehen, als der Sprecher des Repräsentantenhauses, der Republikaner Mike Johnson andeutete, mit dem Weißen Haus einen Kompromiss auszuhandeln. Ziel sei es, der Verantwortung im Ukrainekrieg doch noch gerecht zu werden und langfristigen geostrategischen Schaden für die USA zu verhindern. Sofort drohte der Freedom Caucus damit, Johnson aus dem Amt zu jagen, so wie man es erst wenige Monate zuvor mit dessen Vorgänger Kevin McCarthy gemacht und damit für politischen Stillstand bis nahe heran an eine Finanz- und Staatskrise gesorgt hatte. Am Ende war es ein Zusammenspiel mehrerer Faktoren, das die USA an einer innen- und außenpolitischen Staatskrise noch einmal vorbeimanövrierte: Ausgerechnet Donald Trump gab den Deal für seine Parteigänger im Kongress frei, und eine große Zahl demokratischer Abgeordneter stimmte für Johnson und verhinderte damit seine Abwahl.

Eine andere innenpolitische Krise im Zusammenhang mit dem Krieg in Gaza braute sich da bereits zusammen: Präsident Biden musste früh erkennen, dass ein einseitiges Beharren auf der Allianz mit Israel nicht nur einer pragmatischen Lösung des Krieges Steine in den Weg legen kann, sondern auch von der demokratischen Wählerschaft immer weniger unterstützt wurde. Aus der Allianz erwuchs neben der bedingungslosen Solidarität mit Israel nach dem Hamas-Überfall nämlich auch die Schwierigkeit, sich öffentlich gegen die massive Art der Kriegführung Israels zu stellen und Israels Ministerpräsidenten Netanjahu zu zügeln. Denn als klar wurde, mit welcher Massivität das israelische Militär die Stellungen und das Tunnelsystem der Hamas im Gazastreifen angriff, dass dabei Zehntausende Zivilisten getötet wurden und eine Hungersnot und humanitäre Katastrophe ungekannten Ausmaßes drohte, richtete sich die einsetzende Empörung auch gegen den amerikanischen Präsidenten. Die Stimmung in der amerikanischen Bevölkerung kippte mit der Dauer des Krieges und bewegte sich aus dem sicher geglaubten Korridor der Solidarität mit Israel gegen eine arabische Terrororganisation heraus. Stattdessen drängte im Frühsommer 2024 eine deutliche Mehrheit von 64 Prozent der Amerikaner auf einen Waffenstillstand (YouGov/Economist, 5.–7.5.2024). Vor allem bei Bidens eigener demokratischer Partei war dieser Anteil in der gleichen Umfrage mit 81 Prozent noch weitaus höher. Diese Stimmung bedeutete natürlich Anforderungen potenzieller Wähler an seine Israelpolitik. Netanjahu nahm darauf aber keinerlei Rücksicht, trotz der Abhängigkeit. Biden und Außenminister Antony Blinken wirkten in ihren diplomatischen Anstrengungen immer wieder wie hilflose Bittsteller. Das untergrub ihre Autorität in der amerikanischen Bevölkerung und übertrug sich im Wahlkampf auf die neue demokratische Kandidatin Kamala Harris.

Dieser Autoritätsverlust erinnert an frühere Erfahrungen, seien es die Vietnam-Proteste aus den 1960er Jahren, die massive Kritik am Irakkrieg 2003 oder die immer wiederkehrende Auseinandersetzung um Einwanderungspolitik, von der noch zu sprechen sein wird. Die Proteste begannen wieder an den Universitäten: Im Frühsommer 2024 besetzten Pro-Palästina-Demonstranten mehrere Hochschulen in New York, Washington, Los Angeles und anderen Städten der USA. Die Proteste richteten sich auch gegen die Israelpolitik der amerikanischen Regierung. Die konkrete Forderung bestand aber meistens darin, dass die Hochschulen und ihre meist milliardenschweren Stiftungen Investitionen in Israel oder bei Unternehmen mit Bezug zum Krieg gegen die Hamas kündigen. Gleichzeitig beschwerten sich jüdische Studierende, dass ihnen auf dem Universitätsgelände antisemitischer Hass und Drohungen begegneten. Sie könnten sich nicht mehr frei auf dem Campus bewegen. Unter starkem öffentlichen und politischen Druck entschieden sich mehrere Universitäten, Protestlager und besetzte Gebäude von der Polizei räumen zu lassen.

Die Proteste gegen die Israelpolitik der US-Regierung und den Umgang Israels mit den Palästinensern begannen nicht zufällig an den Universitäten und waren auch kein isoliertes Ereignis. Schon oft waren die Hochschulen ein entscheidender Ausgangspunkt für den politischen Kulturkampf in den USA. Sie verstehen sich als Horte von Meinungsfreiheit und Streiter für Gerechtigkeit. Eines der bestimmenden Felder für diesen Anspruch stellt die bereits erwähnte Identitätspolitik dar, das Identifizieren von unterrepräsentierten und in der Entfaltung ihrer Identität gehinderten Gruppen und das Streiten für deren Rechte. Gleichberechtigung aller Formen sexueller Orientierung gehört dazu, der Kampf, dass die unterschiedlichsten Gruppen aus der LGBTQ+ Community sichtbar und in ihrer Identität anerkannt und gefördert werden. Dazu gehört weiter, Frauen und Menschen unterschiedlicher Ethnien – oder noch fokussierter: Menschen, die mehreren diskriminierten Gruppen angehören, beispielsweise lesbische schwarze Frauen (»Intersektionalität«) – in ihrer Identität und als Gruppe anzuerkennen. In der Konsequenz führte diese Sicht dazu, dass die Gesellschaft in »Unterdrückte« und »Unterdrücker« aufgeteilt wird. Und diejenigen, die keiner diskriminierten Gruppe angehören, allen voran heterosexuelle weiße Männer, werden zu denen gezählt, die die Strukturen der Unterdrückung tragen. Traditionelle Wertvorstellungen werden delegitimiert, wer sie vertritt, gilt automatisch als verdächtig. Professoren an Hochschulen oder Journalisten verloren in den vergangenen Jahren ihre Jobs, weil sie es wagten, die Sinnhaftigkeit dieser Weltsicht infrage zu stellen. Die Anschuldigung, ein »toxisches Umfeld« zu schaffen, reichte oftmals aus, Karrieren und private Beziehungen zu zerstören.

In diesem Kontext erklärt sich die einseitige Solidarisierung an den Hochschulen mit der Sache der Palästinenser: Die Palästinenser stehen für die Gruppe der nicht-weißen Unterdrückten, während Israel und amerikanische Juden die Unterdrücker sind, die sich auf den militärischen Schutz der US-Regierung verlassen können. Zur Logik der Solidarität zwischen sogenannten unterrepräsentierten Identitäten gehörten dann Plakate mit Aufschriften wie »Trans-Menschen für die Freiheit Palästinas« oder »Schwule und Lesben für die Palästinenser« – obwohl im Gazastreifen Homosexualität mit Gefängnis bestraft wird und auf der Westbank offen homosexuelle Menschen mit gewalttätigen Angriffen rechnen müssen.

Die Proteste im studentisch-urbanen Milieu, über die in linksliberalen Medien mit Sympathie berichtet wird, werden im ländlich-traditionellen Umfeld vorwiegend abgelehnt. Das hat weniger mit einer klaren Positionierung für die Kriegsziele und das Vorgehen Israels zu tun als vielmehr mit der Ablehnung einer »links-woken Verunglimpfung des wahren Amerika«. Zumindest während die Proteste andauerten und sich Polizei und Demonstranten Kämpfe auf dem Campus lieferten, profitierten vor allem republikanische Wahlkämpfer von der Situation. Sie konnten die innerparteilich zerstrittenen Demokraten politisch vorführen und gleichzeitig Geschlossenheit zeigen. Mehr als drei Viertel der Republikaner lehnten die Proteste an den Hochschulen ab, ganze acht Prozent gaben Sympathie zu Protokoll. Donald Trump versprach denn auch im Wahlkampf, protestierende Palästinenser ohne amerikanische Staatangehörigkit zu deportieren. Seine Kernwählerschaft, die seit langem gegen »woke Meinungsdiktatur« kämpft, fühlte sich ein weiteres Mal bestätigt und verteidigt. Zu ihr gesellten sich, obwohl ideologisch nicht verbunden, eine ganze Reihe amerikanischer Juden, die sich durch die pro-palästinensische Stimmung an den Universitäten und bei der Linken in der demokratischen Partei nicht mehr geschützt und antisemitischen Angriffen ausgesetzt fühlten.

Gleichzeitig verlor Joe Biden wegen seiner Unterstützung Israels den Rückhalt arabisch-stämmiger und muslimischer Amerikaner, auf deren Stimmen die Demokraten fast immer zählen konnten und die Kamala Harris vor allem im Swing-State Michigan dringend benötigt hätte. Auch Afroamerikaner, die dem Ruf nach Antirassismus nahestanden, solidarisierten sich mit den Palästinensern und gegen die Biden-Regierung. So lavierten das Weiße Haus und das Außenministerium zwischen Unterstützung Israels im Kampf gegen Terrorismus und einer Reaktion auf Proteste im eigenen Land hin und her. Die Folge war eine Vertrauenskrise der amerikanischen Regierung. Selbst eigene Anhänger zweifelten an deren Fähigkeit, internationale Krisen zu managen und vor allem für Sicherheit im eigenen Land zu sorgen.

Amerikaner messen ihre Führung am Umgang mit Krisen

Dies fügte sich in ein Bild ein, das die Republikaner schon bald nach dem Einzug Bidens ins Weiße Haus zu malen begonnen hatten und das sich in breiten Schichten der Bevölkerung gesetzt hatte: Joe Biden und seine Vizepräsidentin Kamala Harris haben Krisen nicht im Griff, steuern nicht, sondern werden gesteuert. Der angeblich mächtigste Mann der Welt ist nicht in der Lage, das amerikanische Volk vor Bedrohung zu schützen und für Sicherheit zu sorgen. Jeder Gouverneur wird in der amerikanischen Öffentlichkeit daran gemessen, wie er im Falle einer Katastrophe reagiert und seine Führungsqualitäten unter Beweis stellt. Zerstört ein Hurrikan Küstenstädte und macht Hunderte obdachlos, rufen Gouverneure den Notstand aus, setzen die Nationalgarde in Bewegung, sorgen für erste Hilfe und organisieren den Wiederaufbau. Der damalige Bürgermeister von New York, Rudi Giuliani, galt als das verlässliche Vertrauensgesicht der verunsicherten New Yorker nach dem Terrorangriff am 11. September 2001. Anders Joe Biden: Selbst Demokraten bescheinigten ihm wenig schmeichelhafte Performancenoten und seiner Vizepräsidentin gleich mit. Deshalb verfing Donald Trumps unwahrer Vorwurf im Wahlkampf, für die Opfer des Hurrikans »Helene« vorgesehene Hilfen seien von der Biden-Regierung an illegale Einwanderer umgeleitet worden. Die sicherheitspolitische Realität der vier Jahre Biden-Regierung stellte sich nämlich aus der Sicht vieler Amerikaner als eine Reihe von Katastrophen dar:

2021, im ersten Jahr, entschied Biden, die amerikanischen Truppen bedingungslos aus Afghanistan abzuziehen. Er zog den Termin kurzfristig vor und überraschte damit die Alliierten, so dass das Ende des längsten Krieges in der amerikanischen Geschichte sowohl für die USA als auch die beteiligten NATO-Partner chaotisch begann. So gelang es nicht, die Truppen der Taliban daran zu hindern, innerhalb weniger Tage Kabul zu besetzen und Angst und Schrecken bei denjenigen Afghanen zu verbreiten, die mit den USA und den anderen Partnern zusammengearbeitet hatten und die auf Ausreise und Asyl gehofft hatten. Aus Chaos wurde Panik und in der Berichterstattung wurde immer wieder der Vergleich zu den demütigenden Szenen beim Abzug der letzten Amerikaner aus Saigon im Jahr 1975 gezogen. Ebenso demütigend und einer Supermacht unwürdig empfanden die Amerikaner nun diese Flucht aus Afghanistan, bei der man, wie damals in Vietnam, viele der treuen einheimischen Mitarbeiter schmählich im Stich ließ.

2022 folgte der Angriff Russlands auf das Partnerland Ukraine, ohne dass die USA dies verhindern konnten. Im Gegenteil, selbst massive Wirtschaftssanktionen zeigten praktisch keine Wirkung. Für Länder wie Deutschland wurden sie sogar zu einem Bumerang, der Energiepreise in die Höhe schießen ließ und die Inflation anheizte. Der erklärte wichtigste Gegner der USA und Konkurrent um die führende Nation in der Welt, China, weigerte sich, Russland wegen des Krieges zu isolieren. 77 Prozent Zustimmung zu einer UN-Resolution gegen den Angriffskrieg im März 2022 klingt nach einem Solidaritätserfolg, erwies sich aber als nicht ausreichend, Russland so vom Welthandel abzuschneiden, dass das Land wirtschaftlich in die Knie gezwungen werden konnte. Weit über 100 Milliarden Dollar haben die USA inzwischen an militärischer und humanitärer Hilfe für die Ukraine geleistet, ein Sieg der Ukraine aber ist noch lange nicht in Sicht. »Wäre ich Präsident, hätte Putin das nicht gewagt«, hatte Bidens Vorgänger Donald Trump immer wieder behauptet, auch, dass er innerhalb kürzester Zeit einen Waffenstillstand vermitteln könnte. Das erreichen zu können, wird er nach dem Wahlsieg beweisen müssen, aber in der Öffentlichkeit, erst recht im Wahlkampf, tat die Behauptung allein ihre Wirkung. So wie beim Abzug aus Afghanistan machte sich der Eindruck breit, die USA hätten Respekt in der Welt eingebüßt. Länder wie Indien, Brasilien, Südafrika und andere ließen sich nicht mehr in eine gemeinsame Front eingruppieren, verweigerten ohne jeden Skrupel die Gefolgschaft und machten unmissverständlich klar, dass sie längst Alternativen für Allianzen und Partnerschaften in der Welt haben. Drohungen aus Washington hatten ihren Schrecken verloren.

Diese Beobachtung führt zurück zum Krieg im Gazastreifen. Auch Israel ließ die USA, wie beschrieben, einfach auflaufen. Regierungschef Netanjahu scherte sich nicht um die Forderungen nach Waffenstillstand und humanitärer Rücksicht und musste kaum mit Konsequenzen rechnen. Ein kurzfristiger Halt für Waffenlieferungen, die aber bald wieder anliefen, war alles. So stand Biden als Bittsteller und als nicht durchsetzungsfähig da. Eine wesentliche Facette trug der Iran bei, der zum ersten Mal in der Geschichte Israel direkt angriff. Zwar sollen die USA dafür gesorgt haben, dass nach gegenseitigen Angriffen eine größere eine Eskalation verhindert wurde. Aber die Tatsache, dass der Iran keine Angst mehr hat, Israel selbst, und nicht nur über seine Stellvertreter anzugreifen, unterstreicht in den Augen vieler Amerikaner den Respektverlust der USA unter der Biden-Regierung. Dabei halten über 90 Prozent der Bevölkerung nationale Sicherheit für sehr wichtig, das Thema stand im Vorfeld der Präsidentschaftswahlen auf Platz fünf der wahlentscheidenden Fragen.

Illegale Einwanderung als größte Bedrohung der inneren Sicherheit

Zum Eindruck, dass die Regierung die Kontrolle verloren hat, passt Platz zwei dieser Sorgenliste, ein Thema, das von einer Mehrheit der Amerikaner als dramatische Krise empfunden wird: illegale Einwanderung. Im Jahr 2023 kamen rund 2,5 Millionen Menschen über die Grenze zu Mexiko, um in den USA Asyl zu beantragen. Viele von ihnen hatten die Grenze illegal überquert, waren durch den Rio Grande geschwommen und gewatet, hatten die hohen Zäune überklettert oder andere Wege durch die Wüste gefunden. Nicht wenige wurden von sogenannten »Coyotes«, Menschenschmugglern, für viel Geld und unter schlimmsten Bedingungen in die USA geschleust. Und immer wieder kommen Menschen auf diesem gefährlichen Weg durch die Wüste, den Fluss oder über den Zaun ums Leben. Doch anders als noch vor einigen Jahrzehnten, als Millionen von Menschen nach dem Grenzübertritt illegal und in ständiger Angst vor Entdeckung im Land lebten, stellt sich heute die überwiegende Mehrheit der Grenzpolizei, um Asyl zu beantragen, sofern sie nicht vorher aufgegriffen werden. Das kann ein paar Tage Auffanglager bedeuten, bevor die Daten aufgenommen und die Asylgründe dokumentiert sind. Dann aber werden die Immigranten mit einem Gerichtstermin in der Tasche entlassen, bei dem ihr Asylantrag geprüft wird. »Catch and Release« wird dieser Vorgang im politischen Diskurs verächtlich genannt, »fangen und wieder laufenlassen«. »Kapitulation« nennen das Bidens Gegner. Verantwortlich machen sie Vizepräsidentin Kamala Harris, deren Aufgabengebiet das Thema »Beseitigung der Fluchtursachen« war. Im Wahlkampf wurden die Republikaner nicht müde, Harris als »Border Czar« zu bezeichnen, »Zarin der Grenze«, alleinverantwortlich für die entgleitende Kontrolle. Dagegen stellte Donald Trump das Versprechen von sicheren Grenzen und massenhafter Deportation illegaler Einwanderer.

Die Migrationskrise an der Südgrenze der USA ist ein Puzzlestück einer weltweiten Auseinandersetzung mit der Frage, ob jeder Mensch das Recht hat, seinen Wohnort in der Welt frei zu wählen, oder ob Staaten dieses Recht für ihr Land und ihr Territorium beschränken dürfen. Wer vertritt, dass Staaten Migration beschränken dürfen, muss auch klären, wie man das durchsetzen kann. Wer für eine unbeschränkte Migration eintritt, muss sich gegenüber denjenigen rechtfertigen, die dadurch ihre eigenen Rechte, ihren Status, gesellschaftliche Werte und ihre Lebensweise bedroht sehen. Da dies aber zumindest in Demokratien auch eine Frage von Ideologie, unterschiedlichen Vorstellungen von Menschenrechten ist, führt es unweigerlich zu politischer Auseinandersetzung. Gestritten wird darüber, ob die Zukunft in einer diverseren oder homogeneren Gesellschaft gesucht werden soll. Die Erfahrung zeigt, dass der Streit in dieser Frage bestenfalls zu Kompromissen führt, meist aber werden Entscheidungen auf die lange Bank geschoben oder bleiben vage. Das wiederum sorgt für schlechtes Management der Migration und in der Folge für weitere Krisensituationen.

Worin hier eigentlich die »Krise« besteht, wird ebenfalls sehr unterschiedlich definiert, je nach Art der Betroffenheit, Perspektive oder politischen Interessen. Die Krise kann sich für die einen pragmatisch darstellen: in der Zahl der eintreffenden Menschen, für die mehr Unterkünfte, Verpflegung, soziale Betreuung und vieles mehr bereitgestellt werden müssen, als vorhanden sind. Für andere hat die Krise vor allem eine humanitäre Dimension: Krieg, Elend und Verfolgung, vor denen Menschen fliehen, und ihre Situation auf der Flucht. Die nächste Perspektive sieht die Krise in einer Bedrohung der eigenen Lebensweise, Werte und Identität durch zu viele Menschen, die anderen Ethnien, anderen Religionen oder Wertesystemen angehören. Angst spielt immer eine große Rolle, Angst um die eigene Sicherheit, Angst vor Kriminalität, vor Konkurrenz um den eigenen Arbeitsplatz oder um Ressourcen – von ärztlicher Versorgung bis zu Plätzen in Kitas und Schulen. Wer also über »die Migrationskrise« spricht und dafür politische Lösungen finden will und muss, hat es mit keiner klar definierten Aufgabe zu tun. Vielmehr geht es darum, stark unterschiedliche Vorstellungen von Krise zusammenzuführen und bei der Bewältigung die jeweils zugrundeliegenden Interessen zu berücksichtigen.

So wie im Umgang mit Krisen der nationalen Sicherheit empfand eine Mehrheit der Amerikaner die Regierung in der Migrationspolitik als getrieben, chaotisch und wenig souverän. Um das einzuordnen, ist es notwendig, die Entwicklung während der Trump- und Biden-Jahre zu analysieren und zu vergleichen. Donald Trump hatte von Beginn an eine sehr restriktive Einwanderungspolitik betrieben. Für Staatsangehörige mehrerer muslimischer Länder hatte er gleich zu Beginn seiner Amtszeit ein Einreiseverbot verhängt. Gleichzeitig sorgte er dafür, dass viel weniger Menschen einen Asylantrag stellen konnten, um auf diesem Weg in die USA zu gelangen. Auch mussten nach einer präsidialen Verordnung mehrere Tausend Asylsuchende in Mexiko auf ihr Verfahren warten. Gemäß einer weiteren Verordnung konnte nur noch einen Asylantrag in den USA stellen, wer bereits in einem Durchgangsland einen Antrag gestellt hatte. Allein das Wissen um diese Politik und Trumps Ankündigung, eine Mauer an der Grenze zu Mexiko zu bauen, sorgten dafür, dass sich weniger Menschen auf den Weg von Süd- und Mittelamerika durch Mexiko in Richtung USA machten als zuvor. Die Zahl der von der Grenzpolizei aufgegriffenen Menschen sank noch einmal gegenüber den bereits relativ niedrigen Zahlen während der Obama-Präsidentschaft. Nach Beginn der Corona-Pandemie erließ Trump dann eine Verordnung mit dem Namen »Title 42«, die das Betreten der USA ohne vorherige Genehmigung verbot. In der Folge nahmen die Behörden praktisch keine Asylanträge mehr an und schickten aufgegriffene Flüchtlinge zurück nach Mexiko.

Obwohl Biden »Title 24« nach seiner Amtseinführung noch einige Monate in Kraft ließ, verdreifachte sich die Zahl der illegalen Einwanderer, die von der Polizei aufgegriffen wurden, im ersten Jahr seiner Präsidentschaft, 2021, auf mehr als 1,6 Millionen. 2022 stieg deren Zahl auf über 2 Millionen und fand im Dezember 2023 ihren Höhepunkt. Vizepräsidentin Kamala Harris hatte vom Präsidenten die Verantwortung für das Thema Einwanderung bekommen, agierte aber ungeschickt und politisch unklug. Auch hier entstand der Eindruck von Chaos, mangelnder Struktur und Unprofessionalität. Gezielt verstärkten republikanische Gouverneure der Grenzstaaten wie Greg Abbot, Gouverneur von Texas, diesen Eindruck von Chaos und Planlosigkeit. So schickte Abbot über 50.000 Asylsuchende in Bussen in demokratisch regierte Großstädte wie Chicago und New York, wo die Behörden mit dem plötzlichen Massenbedarf an Nahrung und Unterkunft überfordert waren. Darüber hinaus gelang es den Republikanern, die Situation als ideologisch beabsichtigte Tatenlosigkeit darzustellen: Die Demokraten, traditionell stark bei Menschen mit Migrationshintergrund, würden schlicht zukünftige Wähler einsammeln wollen. Auch stellten sie das Thema Kriminalität durch Einwanderer in den Mittelpunkt. Joe Biden stand somit als Gefahr für die nationale Sicherheit da. Im Sommer 2024 erklärten 83 Prozent der Amerikaner das Thema Einwanderung für wichtig, aber nur 29 Prozent waren mit Bidens Einwanderungspolitik einverstanden. Unter Demokraten fand er immerhin 59 Prozent Zustimmung, unter Republikanern allerdings nur ganze 4 Prozent.

Je mehr das Thema illegale Einwanderung als Krise kommuniziert wurde, desto erratischer Bidens Reaktionen. Im Oktober 2023 kündigte er an, in Texas auf 32 Kilometern eine neue Mauer zu Mexiko bauen zu lassen und warf damit die Politik über Bord, mit der er angetreten war: »Nicht ein Fuß neue Mauer«, hatte er nach seinem Wahlsieg erklärt und Donald Trumps Programm der Grenzbefestigung beendet. Nun nahm er es wieder auf. Im April 2024 schnürte er ein Programm für drastische Höchstgrenzen bei der Einwanderung zusammen mit Waffenlieferungen für die Ukraine und Israel zu einem Paket. Wie bereits geschildert, lehnten die Republikaner im Repräsentantenhaus dieses Paket ab, obwohl die vorgeschlagenen Maßnahmen an der Grenze weitgehend ihren Forderungen entsprachen. Das alles schleppte Kamala Harris im Präsidentschaftswahlkampf als Angriffsfläche mit sich.

Angetreten war Joe Biden 2021 mit einem anderen Plan. Ihm war klar, dass die Lage an der Grenze eine immer wiederkehrende Krisensituation ist, die man nur bedingt steuern kann. Wie viele Menschen ankommen, ist nur wenig vorhersehbar. Den Einfluss von Jahreszeiten kann man berücksichtigen, Naturkatastrophen beispielsweise nicht. So führte das schwere Erdbeben in Haiti mit zeitlicher Verzögerung zu einer regelrechten Welle an Asylsuchenden aus Haiti. Außerdem werden krisenhafte und damit chaotisch wirkende Situationen oft aus politischen Gründen herbeigeführt oder als solche dargestellt. Biden wollte deshalb von Anfang an ein neu gestaltetes Einwanderungsrecht, das die Zufälligkeit der Situation in den Grenzregionen überwindet und den Zustrom von Migranten zumindest so weit wie möglich steuert und planbar macht. Ihm schwebte eine Mischung aus verstärkter Grenzsicherung und mehr legalen Einwanderungsmöglichkeiten vor. Dazu sollte die Möglichkeit gehören, Asyl- und andere Einwanderungsanträge bereits im Heimatland zu stellen. Prüfungstermine sollten über Apps vereinbart werden können und anderes mehr. Alles in allem schien es sich um Pläne für ein kluges und effektives Einwanderungsmanagement zu handeln. Aber nur ein paar Verfahrensdetails wurden verwirklicht. Biden wusste, dass er für sein Vorhaben eine ganze Reihe neuer Gesetze benötigen würde, die mit der republikanischen Mehrheit im Repräsentantenhaus keine Mehrheit finden würden. Von der anderen Seite übte der linke Flügel seiner Partei Druck aus und pochte auf eine liberalere Einwanderungspolitik und damit durchlässigere Grenzen.

Parallel versuchte Vizepräsidentin Kamala Harris, die Ursachen von Armutsmigration zu bekämpfen. Sie reiste in mittel- und südamerikanische Länder, sprach mit US-amerikanischen Unternehmen über Investitionen und die Schaffung von Arbeitsplätzen in diesen Ländern. Viel Erfolg hatte das nicht, vor allem dauert es Jahre, bis solche Programme spürbare Veränderungen bewirken. Weil sie aber nach Bidens Regierungsübernahme mit einer leichteren Einreise als unter Donald Trump rechneten, machten sich Tausende auf den

Weg, um in den USA nach einem besseren Leben für sich und ihre Kinder zu suchen. So schien die Realität an der Grenze zu beweisen, dass Kamala Harris eine ineffektive Strategie gewählt und Donald Trump erfolgreicher war. Zudem missachtete Harris wichtige Spielregeln der politischen Kommunikation, fuhr etwa nicht an die Grenze, um mit der Polizei zu sprechen und sich über den Alltag von Migranten, Helfern und Einwohnern der Grenzregion zu unterhalten. So fehlten medienwirksame Bilder, die transportiert hätten, dass sie sich kümmert, dass sie Empathie für die Sorgen der Menschen und ihre unterschiedlichen Perspektiven hatte. Stattdessen wirkte sie und mit ihr der Präsident planlos, ihrer Aufgabe nicht gewachsen und unfähig, das amerikanische Volk zu schützen. Damit schließt sich der Kreis: Die gestapelten und ineinander verwobenen Krisen überlagernde Grundsorge griff, nämlich ob der amerikanische Staat und ihrer jeweiligen Regierung noch den Respekt in der Welt besitzt, den es braucht, um amerikanische Interessen durchzusetzen.

Wirtschaftskrisen führen zu politischen Wendepunkten

Am meisten sorgen sich Amerikaner derzeit um den Zustand der Wirtschaft, das zeigen Umfragen kontinuierlich. Dazu zählt auch die Inflationskrise und deren Auswirkungen auf das eigene Leben. »Es regt mich auf, wenn ich die Meldungen aus dem Weißen Haus lese, dass unsere Wirtschaftslage gut sei«, zitiert die *New York Times* den 32-jährigen Systemingenieur Jacob Sprague aus Nevada (NYT, 13.3.2024). »Das klingt wirklich verrückt, weil ich höhere Steuern abführe, mehr für Lebensmittel, meine Wohnung und Benzin bezahle. Das fühlt sich nicht gut an«. Er gehört zu denen, die eine drastische Veränderung des politischen und wirtschaftlichen Systems der USA verlangen und am ehesten Donald Trump die Kraft zutrauen, das Land aufzurütteln und durchzuschütteln. Spragues Haltung ist typisch für viele Amerikaner, wie auch eigene Gespräche immer wieder bestätigen. Es gibt eine drastische Diskrepanz zwischen der objektiven Wirtschaftsentwicklung in den Vereinigten Staaten und der Bewertung der eigenen wirtschaftlichen Situation. Im Frühsommer 2024 hatte sich die US-Wirtschaft weitgehend aus der Pandemiedelle von 2020/21 befreit. Das Wachstum konnte im ersten Quartal 2024 mit 1,6 Prozent zwar nicht an die 3,3 Prozent des letzten Quartals 2023 anknüpfen, aber die Gefahr einer Rezession war gebannt. Die Arbeitslosigkeit blieb historisch niedrig, dazu steigende Löhne und eine Inflationsrate, die sich wieder einem normalen Niveau näherte, so dass mit sinkenden Zinsen zu rechnen war. Die gefühlte Lage aber zeigte das Gegenteil: Mehr als die Hälfte der Amerikaner hatte im Mai 2024 den Eindruck, dass die Wirtschaftslage sich verschlechtere, 42 Prozent gaben an, dass ihre eigene finanzielle Situation schlechter sei als im Jahr zuvor. Entscheidender Punkt war die »gefühlte Inflation«, in der sich die Preissteigerungen von drei Jahren addierten und vor allem bei den Kernausgaben für Wohnen, Lebensmittel und Benzin Mehrkosten von teilweise über 30 Prozent zu verkraften waren.

Noch stärker als in Europa war die Inflation in den USA auf die gewaltige Geldschwemme während und nach der Corona-Pandemie zurückzuführen. Diese schuf eine Nachfrage für Konsumgüter, auf die man während des Lockdowns verzichten musste und die man sich nun durch das gesparte Geld und die staatlichen Subventionen leisten konnte. Verschärft wurde diese Lage durch unterbrochene Lieferketten, was zu Engpässen bei zentralen Bauteilen für viele Konsumgüter und damit zu zusätzlich steigenden Preisen führte. Die gestiegenen Energiepreise nach dem Überfall Russlands auf die Ukraine potenzierten das noch. Alles dies schien 2024 zwar objektiv gemeistert, gefühlt aber befand man sich noch mittendrin.

Es ist kein Zufall, dass unter Präsident Joe Biden über dem zentralen Kamin im Oval Office des Weißen Hauses ein Bild von Franklin D. Roosevelt hängt. Biden hatte von Anfang an deutlich gemacht, dass Roosevelt, der die Vereinigten Staaten mit dem »New Deal« aus der Großen Depression der 1930er Jahre geführt hatte, Inspiration für seine Amtsführung sein sollte. Nach dem Börsencrash 1929 standen die USA damals im Zentrum einer Weltwirtschaftskrise. Auf deren Höhepunkt war ein Viertel der Amerikaner arbeitslos, die Armut war teils dramatisch und fehlende soziale Absicherung dehnte das Elend aus und machte es sichtbar. Die sogenannten »Hunger Lines«, lange Schlangen von Bedürftigen vor den Suppenküchen von Hilfsorganisationen, wurden zum Sinnbild dieser zur Gesellschaftskrise ausgewachsenen Wirtschaftskrise. Franklin D. Roosevelt steuerte mit einem staatlichen Investitionsprogramm von zuvor ungekanntem Ausmaß dagegen. Alles, um Arbeitsplätze zu schaffen und die Menschen aus der Sozialhilfe zu holen.

Ein ähnliches Programm, einen neuen »New Deal«, hatte Joe Biden nach seiner Wahl zum Präsidenten versprochen. Es galt, die ökonomischen Folgen der Pandemie abzufedern und gleichzeitig die veraltete Infrastruktur der USA fit für die Zukunft zu machen. Es gelang ihm, in langen Verhandlungen mit den beiden Kammern des Kongresses zwei parteiübergreifende Finanzpakete zu schnüren. Mit dem »Infrastructure Investment and Jobs Act« stehen 1,2 Billionen, also 1.200 Milliarden Dollar, zur Verfügung, von denen fast ein Zehntel genutzt werden soll, um marode Straßen, Brücken und andere Bauwerke zu sanieren.

Das Infrastrukturpaket gehört zu den wenigen großen politischen Projekten, die parteiübergreifend eine Mehrheit im Kongress gewinnen konnte. Ein wichtiger Grund dürfte gewesen sein, dass über Jahrzehnte die amerikanische Infrastruktur ungenügend gepflegt und weiterentwickelt wurde. Drei Bereiche stechen besonders hervor: Da ist das Stromnetz, das in verschiedenen Teilen des Landes regelmäßig zusammenbricht. Mobiles Internet kann nur in den Städten auf ein verlässliches Netz zurückgreifen, während ländliche Gebiete von moderner Kommunikation abgeschnitten sind – und damit von Wirtschaftszweigen, die auf digitale Services angewiesen sind. Schließlich sorgen marode Straßen und unsicher gewordene Brücken für massiven Ärger. Ursachen für diesen Reformstau findet man zum einen darin, dass die amerikanische Wirtschaft traditionell auf kurzfristige Erfolge und Gewinn ausgerichtet ist. Investitionen in Infrastruktur müssen aber langfristig ausgerichtet sein und so zögert man, dort Geld einzusetzen. Zu diesem Komplex gehört auch, dass private Investitionen gegenüber staatlichem Eigentum der Netze bevorzugt werden. Besonders krass werden die Missstände deutlich, wenn in Kalifornien und anderen Gebieten bei hohen Temperaturen immer wieder der Strom ausfällt, weil Klimaanlagen die Netze überlasten. Ein anderes Beispiel, das sich tief ins Gedächtnis eingegraben hat, ist die texanische Kältekrise im Februar 2021: Bei Minusgraden waren Millionen Menschen ohne Strom und damit ohne Heizung, sogar mehrere Kältetote waren zu beklagen. Und am Ende flatterten trotzdem Stromrechnungen der privaten Netzbetreiber in einer Höhe ins Haus, die selbst von Mittelschichtshaushalten kaum zu begleichen waren. Als dann noch bekannt wurde, dass sich der texanische Senator und frühere Präsidentschaftsbewerber Ted Cruz mit der Familie ins warme Mexiko abgesetzt hatte, platzte vielen der Kragen.

Diese Episode war die medienwirksame Spitze des Eisbergs vernachlässigter politischer Verantwortung. Sie hat aber breite wirtschaftliche und damit gesellschaftliche Folgen, die zur Krisensituation der USA beigetragen haben. Die Deindustrialisierung des ländlichen Raums und die Konzentration von Unternehmen auf die urbanen Regionen hat auch mit verlässlichem Zugang zu Netzen oder Transportwegen zu tun. Die Spaltung der Gesellschaft – das Gefühl zuerst abgehängt, dann als provinziell verspottet und schließlich vergessen zu werden – hängt damit unmittelbar zusammen.

Das tägliche Ärgernis maroder Infrastruktur ist vielen Amerikanern der Beweis dafür, dass ihr politisches System nicht mehr funktioniert, dass Politiker die Lebenswirklichkeit des Volkes aus dem Blick verloren haben und in Washington vor allem ihre eigenen Interessen verfolgen. Damit sprechen sie den anderen zentralen Grund für den Reformstau bei der Infrastruktur des Landes an: die politische Spaltung, die zu der Sprachlosigkeit im Kongress und anderen politischen Institutionen geführt hat. Bei den Themen des Kulturkampfes, sei es Religion, Gender, Abtreibung oder Waffenbesitz, erscheint eine harte Haltung des eigenen Lagers richtig. Aber nicht, wenn es um Maßnahmen für einen funktionierenden Alltag geht. Die Wut der Bürger über die Blockade richtet sich gegen beide Parteien, bedroht übergreifend die Wiederwahl von Abgeordneten. Um hier Druck aus dem Kessel zu lassen gab es auch bei den Republikanern die Bereitschaft, zusammenzuarbeiten und über den parteipolitischen Schatten zu springen. Immerhin kann man sich mit genehmigten Infrastrukturprojekten gegenüber den Wählern auch selbst schmücken. So konnte Joe Biden die Gunst der Stunde nutzen und gestaltete ein Finanzierungspaket, das seiner eigenen Agenda nützte.

Auffällig ist nämlich, dass bereits in diesem Paket mit rund 180 Milliarden Dollar eine erkennbar hohe Summe in Projekte investiert werden soll, mit denen die USA die Voraussetzungen für eine technisch unterstützte Klimapolitik schaffen wollen. Das Geld steht zudem für öffentlichen Nahverkehr, beispielsweise den Ausbau des Schienennetzes, für die Modernisierung des Stromnetzes, um Strom aus erneuerbaren Energien über weite Strecken zu transportieren, für Ladestationen für Elektroautos und vieles mehr zur Verfügung. Für Biden stand nämlich fest, dass die drohende Klimakrise langfristig zu massiven Disruptionen der Volkswirtschaft führen würde, die das Potenzial haben, alle bisherige Krisen in den Schatten zu stellen. Deshalb war sein Ansatz, die bestehende Krise so anzugehen, dass zukünftige Krisen im Zusammenhang mit dem Klimawandel weniger wahrscheinlich werden und gleichzeitig langfristig attraktive Arbeitsplätze und Wirtschaftswachstum für die USA geschaffen werden. Diesen Ansatz konnte er durch ein weiteres Paket unterfüttern, den »Inflation Reduction Act«. Ausgestattet mit über 800 Milliarden Dollar unter anderem für Sozialprogramme im Gesundheitswesen, stehen auch hier insgesamt 369 Millionen Dollar für Energieprojekte und Maßnahmen gegen den Klimawandel zur Verfügung. Auf den Umgang der Biden-Regierung mit der drohenden Klimakrise wird noch zurückzukommen sein, hier aber zeigt sich sein Ansatz, dafür aktive Wirtschaftspolitik einzusetzen.

Der »New Deal« Roosevelts ging genauso wie Bidens Infrastrukturprojekte zur Wirtschaftsförderung davon aus, dass der Staat mit öffentlichen Geldern die Wirtschaft ankurbeln und für Wachstum sorgen kann. Um einen spürbaren Effekt zu erreichen, müssen große Summen investiert werden, die nur durch Kredite finanziert werden können. In der Theorie zahlen diese Schulden sich durch Wachstum und die damit steigenden Steuereinnahmen von selbst zurück. Was aber, wenn das prognostizierte Wachstum ausbleibt oder die Schulden schneller steigen, als Einnahmen aus Wirtschaftswachstum das ausgleichen können? Die USA standen vor genau dieser Situation. Rund 4 Billionen Dollar hatten Trump mit dem »Cares Act« und Biden mit dem »American Rescue Plan« über direkte Hilfen, Steuererleichterungen und Infrastrukturinvestitionen gesteckt, um die Folgen der Covid-Krise für die Bevölkerung sowie kleinere und mittlere Unternehmen abzufedern. Zusammen mit den beiden neuen Finanzpaketen Bidens waren das 6 Billionen kreditfinanzierte Subventionen, die für Wirtschaftsförderung durch Nachfrage sorgten. Hinzu kamen mehrere Billionen Dollar an Schuldverschreibungen, die die Notenbank während der Pandemie aufkaufte, um Unternehmen mit Liquidität zu versorgen.

Dies hatte Folgen. Es begann mit einer in historischem Tempo steigenden Inflationsrate, die einen Teil der Ausgaben gleich wieder zunichtemachte. Folglich sah sich die Federal Reserve gezwungen, die Zinsen anzuheben, um den Nachfragedruck zu reduzieren. Das gelang, würgte aber, wie durchaus beabsichtigt, auch das Wachstum ab. Die Steuereinnahmen stiegen also nicht im prognostizierten Maß. Gleichzeitig konnten sich das Weiße Haus und die beiden Parteien im Kongress nicht auf Steuererhöhungen einigen, um die aufgelaufenen Schulden zu bezahlen. Im Gegenteil, man konnte sich in der geschilderten Situation der gegenseitigen Blockade bestenfalls noch auf neue Ausgaben verständigen, ohne eine Gegenfinanzierung zu verabreden. Einige Zahlen verdeutlichen das Gefahrenpotenzial dieser Politik für eine neue Schulden- und Finanzkrise, die die große Rezession von 2008 in den Schatten stellen könnte: In den 1990er Jahren lag die Verschuldung der USA bei unter 50 Prozent des Bruttoinlandprodukts, heute ist sie – je nach Berechnungsmethode – auf 100 bis 120 Prozent gestiegen. Dafür sind Zinsen fällig, die so stark gestiegen sind, dass die USA heute mehr als 870 Milliarden Dollar Zinsen pro Jahr zahlen. Das ist das Eineinhalbfache des deutschen Bundeshaushalts. Erstmals seit den 1930er Jahren geben die USA damit mehr Geld für den Schuldendienst aus als für Verteidigung.

Eine hohe Verschuldung ist kein Problem, solange es Investoren gibt, die bereit sind, Kredite zur Verfügung zu stellen. Anders als für kleinere Länder gibt es da für die USA noch keinen Mangel. Amerikanische Schuldverschreibungen gelten weiter als sichere Papiere für Staatsfonds genauso wie weltweite Pensionsfonds, Banken und private Investoren. Die Nachfrage ist ausreichend, den Kapitalbedarf zu decken. Wie schnell aber ein unerwartetes Ereignis zu einer solchen Schieflage führen kann, dass eine neue Finanzkrise mit weltweiten Auswirkungen entsteht, hat die Hypothekenkrise von 2007 und 2008 gezeigt. Damals drohte das gesamte Finanzsystem zu implodieren und konnte nur mit schuldenfinanzierten Subventionen und Krediten gerettet werden, die bis heute nicht getilgt sind.

Seit mehreren Jahrzehnten stützen die USA ihre Wirtschaft mit Staatsausgaben, um für Wachstum zu sorgen, das Leistungsniveau zu erhalten und Wohlstand zu sichern. Zur Wirksamkeit einer ausgabengestützten Wirtschaftspolitik gehören aber zwei sich abwechselnde Phasen. Auf eine Phase der Staatsausgaben muss in der Theorie zwingend eine Phase der Konsolidierung folgen. Konsolidierung wird aber nicht mehr angestrebt. Damit wird eine strukturelle Krise der US-Wirtschaft zugedeckt, der so entstehende innere Druck kann eines Tages zur Explosion führen. Die US-Regierung hat sich angesichts der sich überlagernden und miteinander verknüpften wirtschaftlichen, politischen und militärischen Krisen für diesen Weg als den Weg der innenpolitischen Machbarkeit entschieden. Unklar ist, ob das auch der Weg des geringeren Risikos für eine ungleich größere Krisensituation ist.

Mit der Klimakrise Wahlen gewinnen und verlieren

Risikoabwägung steht für die Vereinigten Staaten auch im Mittelpunkt der global drohenden Klimakrise. Abhängig vom jeweiligen Präsidenten, den Machtverhältnissen im Kongress und den wirtschaftlichen Interessen verschiedener Bundesstaaten, verschieben sich die Prioritäten – und damit der politische Umgang mit der Generationenaufgabe. Klimawandel landet auf der Sorgen-Hitliste der Amerikaner im Mittelfeld (Economist/YouGov, Mai 2024). Fragt man anders, nämlich ob ein Thema den Befragten persönlich wichtig ist, sacken Klima und Umwelt nach unten durch. Zwar halten 70 Prozent der Amerikaner das Klima für ein »wichtiges Thema«, aber damit rangiert es weit hinter den Megathemen Wirtschaft und Inflation, Einwanderung oder Gesundheitssystem, aber auch Nationaler Sicherheit, Außenpolitik, Kriminalität, Recht auf Waffenbesitz oder Abtreibung.

Wer Wahlen gewinnen will, muss also die Prioritäten der eigenen Zielgruppe genau kennen, um daraus das eigene politische Programm abzuleiten. Man muss sich gut überlegen, auf welchen Feldern man den Kampf sucht. Beim Thema Klima- und Umweltschutz zeigt sich der auffälligste Unterschied in der Prioritätensetzung zwischen Anhängern der Demokraten und der Republikaner. Wer auf eine republikanische Klientel zielt, erreicht mit diesem Thema nicht einmal die Hälfte der Anhänger. Aber auch andere demographische Unterschiede wirken sich auf die politische Priorisierung aus. So erreicht man mit Klima- und Umweltschutz zwar überdurchschnittlich viele junge Menschen, aber unterdurchschnittlich viele über 45-Jährige, die aber die wichtigste Wählergruppe darstellen. Deutlich mehr Schwarze und Hispanics als Weiße interessieren sich für den Klimawandel, und je höher das Einkommen, desto geringer das Interesse. Das bedeutet nicht, dass diejenigen mit wenig Interesse den Klimawandel leugnen würden, er steht nur nicht so weit oben auf der Liste ihrer politischen Interessen. Wer Wahlen gewinnen will, muss die genannten Gruppen hinsichtlich ihrer Größe und ihres Einflusses im Blick behalten und auch ihre Erreichbarkeit berücksichtigen. Der Themenkomplex Klima und Umwelt engt den Kreis potenzieller Wähler drastisch ein. Auch in den USA gibt es nach wie vor Menschen, die den Klimawandel für einen von den Medien produzierten Hype halten, der politische Interessen verfolgt. Den in Statistiken dargestellten globalen Temperaturanstieg halten sie für eine normale Schwankung, wie es sie seit Bestehen der Erde gibt. Die Mehrheit der Klimaforscher geht jedoch davon aus, dass der Temperaturanstieg und seine Folgen für die Lebensbedingungen auf der Erde durch menschliches Handeln verursacht werden. Auch bei der Mehrheit in der amerikanischen Politik gelten Industrialisierung und der massenhafte Verbrauch fossiler Rohstoffe zur Energiegewinnung als Ursachen für Klimawandel, und sie erkennen durchaus an, dass die Folgen drastisch sein können.

Man weiß inzwischen, dass der Meeresspiegel im Süden der USA sehr viel schneller steigt als in anderen Teilen der Welt. In manchen Städten entlang des Golfs von Mexiko ist er seit 2010 um bis zu 15 cm angestiegen. Mit enormem finanziellem Aufwand müssen Dämme erhöht, Abwassersysteme flutsicher gemacht werden. Das Ausmaß der jährlichen Überschwemmungen steigt und Wetterforscher befürchten mehr und zerstörerische Wirbelstürme für die Küsten im Süden der USA. Tausende Menschen in Florida, Kalifornien und im Mittleren Westen haben in den letzten Jahren auch ohne Schadensfall ihre Hausversicherung verloren, weil die Versicherer wegen Klimarisiken die Policen gekündigt haben. Inzwischen wird, sehr unamerikanisch, der Ruf nach einer staatlichen Elementarschadenversicherung laut. Die könnte eines Tages für bestimmte Regionen überlebenswichtig werden, da sonst die Immobilienpreise in den betroffenen Gebieten drastisch fallen dürften. Damit verlören nicht nur Menschen ihre finanzielle Sicherheit: Ganze regionale Wirtschaftszonen würden die Steuereinnahmen wegbrechen und ihre Anziehungskraft für Fachkräfte verlieren. Aber auch solche krisenhaften Folgen lösen in der amerikanischen Politik nicht unbedingt den Impuls aus, die menschengemachten Ursachen des Klimawandels zu bekämpfen.

Für den in anderen Ländern verfolgten Ansatz, durch eine gezielte Verringerung des CO_2-Ausstoßes mithilfe national und international vereinbarter Obergrenzen und Verzicht auf fossile Energie den Anstieg der globalen

Durchschnittstemperatur zu verlangsamen oder gar zu stoppen, ist in den USA dafür kein Konsens zu finden. Es ist bezeichnend, dass eine der ersten Amtshandlungen Donald Trumps nach seiner Amtseinführung 2017 war, aus dem Pariser Klimaabkommen auszusteigen, während Joe Biden 2021 gleich wieder beitrat. Für seine zweite Amtszeit verspricht Trump seiner Wählerschaft das Motto »Drill, Baby, drill!« Amerikas Energiebedarf werde durch fossile Energie gedeckt, behauptete er, die reichlich vorhandenen Gas- und Ölvorräte im amerikanischen Boden werde er dafür freigeben, Gasgewinnung durch Fracking weiter erleichtern, den Bau von Pipelines fördern. Auch liege in fossiler Energie ein Exportgeschäft für die USA. Damit zielte er auf die Wähler in den Bundesstaaten, in denen Arbeitsplätze und Wohlstand von der Förderung fossiler Brennstoffe oder allgemein von günstiger Energie abhängen (Metallverarbeitung, Automobilwirtschaft, Chemie usw.). Bidens Ansatz war von Anfang an ein entgegengesetzter, nämlich eine staatlich geförderte Transformation der Energiewirtschaft, um damit in Technologiesektoren der Zukunft mit Produkten der Zukunft die Arbeitsplätze der Zukunft zu schaffen.

Einig sind sich Republikaner und Demokraten mit dem überwiegenden Teil der amerikanischen Bevölkerung aber darin, dass eine Klimawende niemals auf Kosten von Wohlstand in Angriff genommen werden darf. Die in Deutschland von manchen Gruppen und Autoren propagierte Deindustrialisierung oder der Wechsel zu einem weniger kapitalistischen System sind für Amerikaner ein »Non-Starter«, etwas, worüber man überhaupt nicht diskutieren muss. Der Satz: »Wir haben sehr viel Geld damit verdient, dem Klima zu schaden, jetzt werden wir sehr viel Geld damit verdienen, es wieder in Ordnung zu bringen«, ist zu einem geflügelten Wort geworden und leitete auch Joe Bidens Milliarden-Investitionen in klimafreundliche Technologie. Hersteller von klimafreundlichen Technologien für Energiegewinnung oder in der Automobilindustrie profitierten von massiven Steuererleichterungen, während der Präsident mithilfe der Umweltbehörde Schritt für Schritt die Grenzwerte für Kohlendioxid und andere Schadstoffe in der Luft verschärfte. Biden reihte sich damit in eine seit Jahrzehnten vor allem von Kalifornien betriebenen Strategie ein, staatliche Grenzwerte vorzugeben, ohne Vorgaben darüber zu machen, wie diese zu erreichen sind. Der Vorteil dieser Strategie ist, dass Hersteller kreativ nach Lösungen forschen müssen und gleichzeitig ein Wettbewerb dieser Lösungsansätze auf dem Markt entsteht. Das heißt nicht, dass die Biden-Regierung bei der klimafreundlichen Transformation der amerikanischen Wirtschaft und Industrie keine Technologiepräferenzen hätte. Wie erwähnt wird gezielt Geld für den Ausbau des Ladestellen-Netzes für Elektrofahrzeuge zur Verfügung gestellt, weil man die Elektrifizierung des Individualverkehrs für einen Schlüssel zum Erfolg hält. Unklar ist, an welchen der Projekte der wiedergewählte Präsident Donald Trump festhalten wird. Da etliche davon in republikanisch dominierten Bezirken angesiedelt wurden, geht man davon aus, dass Trump sie erhalten wird, um die Abgeordneten der Republikaner zu stützen.

Ein zentrales Element der Klimainvestitionen Joe Bidens war überdies die Kopplung an nationale Interessen und geostrategische Ziele. Subventionen sollten nur der amerikanischen Industrie zugutekommen, und auch ihr nur dann, wenn sie im eigenen Land produziert und damit neue Arbeitsplätze in den USA schafft. Eine Förderung importierter klimafreundlicher Produkte sollte es nicht geben. Der »Build America, Buy America Act«, Teil des Infrastrukturgesetzes vom November 2021, legte fest: »Kein Geld einer bundesstaatlichen Förderung darf zur Verfügung gestellt werden, sofern nicht der gesamte Bedarf an Eisen, Stahl, gefertigten Produkten und Baumaterialien eines Projektes in den USA hergestellt wurden«. Im Klimaprogramm gibt es vergleichbare Vorschriften, die den Import von Produkten praktisch ausschließen, wenn man in den Genuss von Zuschüssen oder Steuergutschriften kommen will. So müssen beispielsweise Elektrofahrzeuge in den USA montiert und ihre Batterien zu 50 Prozent in den USA hergestellt worden sein, damit Käufer einen staatlichen Zuschuss bekommen. Außerdem müssen die Hersteller nachweisen, dass 40 Prozent der kritischen Rohstoffe wie Lithium für Batterien aus den USA oder einem Partnerland mit Freihandelsabkommen stammen, bis 2027 steigt diese Quote auf 80 Prozent. Komponenten aus China, Russland und anderen »bedenklichen Ländern« sind ganz ausgeschlossen. Vergleichbare Regelungen gibt es für Solaranlagen und andere treibhausgasrelevante Technologien. »Präsident Bidens Agenda, mit der in Amerika investiert wird, war Katalysator für einen Boom in der Herstellung und Einrichtung von sauberer Energiegewinnung«, lobte sich das Weiße Haus Anfang 2024. In Europa aber lösten die Regelungen massive Sorgen aus. Die Hersteller hochwertiger und mit China konkurrenzfähiger Solaranlagen oder Komponenten für die Energiewirtschaft sahen sich plötzlich vom amerikanischen Markt ausgeschlossen. Gegen die subventionierten amerikanischen Mitbewerber hatten sie als Exporteure keine Chance mehr. Etliche verlegten deshalb zumindest Teile ihrer Produktion in die USA, um in den Genuss der Subventionen zu kommen. Für die deutsche Automobilindustrie waren selbst in den USA gefertigte Elektrofahrzeuge nicht verkäuflich, solange größere Teile ihrer Batterien aus China stammten. Auf die Staaten der Europäischen Union übte das enormen Druck aus, ebenfalls Subventionen zu planen, um die eigene Wirtschaft zu stützen und damit Produktion und Arbeitsplätze in Europa zu erhalten.

Biden ging bei der Gestaltung seiner Klimapolitik nach nationalen Interessen und geostrategischen Zielen sogar noch einen Schritt weiter. Billige Importe chinesischer Solaranlagen und der zunehmende Marktanteil chinesischer Elektrofahrzeuge in den USA brachten Biden dazu, die Einfuhrzölle auf chinesische Waren drastisch zu erhöhen. So werden seit Mai 2024 100 Prozent Zoll auf Elektrofahrzeuge aus China fällig, 25 Prozent auf Halbleiter, Batterien und deren Bauteile sowie seltene Erden. Bei Solarmodulen stieg der Zoll auf 50 Prozent, um die US-Industrie vor der günstiger anbietenden Konkurrenz aus China zu schützen. Dass sich damit der klimafreundliche Umbau in den USA verlangsamte und verteuerte, nahm Biden bewusst in Kauf. Gleichzeitig verärgerte Biden damit erneut die europäischen Partner, die nun damit rechnen müssen, dass ihre Wirtschaft stärker mit billigen chinesischen Produkten konkurrieren muss, für die es in den USA keinen Absatzmarkt mehr gibt. Die langfristige Transformation der amerikanischen Industrie, der Erhalt und die Schaffung amerikanischer Arbeitsplätzen sowie das Aufhalten der technologischen und wirtschaftlichen Entwicklung Chinas hatten für Biden aber Priorität. Trump will diese Strategie auf alle Produkte ausweiten, Klimarelevanz soll dabei keine Rolle spielen.

Auch an dieser Stelle zeigen sich Aufgabe und Strategie amerikanischen Krisenmanagements in Zeiten der Polykrise. Die drohende Klimakrise ist für die USA eben kein Problem, das man für sich allein angehen und bekämpfen kann. Diese ist, wie jede der anderen Krisen auch, verwoben mit anderen, aktuell oder drohend, im eigenen Land oder global, politisch oder geostrategisch. Und als solche geht man sie an und behält auch in der Krisenbewältigung das Prinzip »America First« konsequent bei.

Viele Dirigenten, wenig Melodie – für ein stärkeres Europa

Benjamin Zeeb

Wer über Krisen spricht, kommt nicht umhin, sich auch mit denen zu beschäftigen, die sie lösen sollen. In Europa beginnen häufig schon hier die Probleme. Wer ist eigentlich »zuständig«? Und verfügen diese Zuständigen überhaupt über die notwendigen Mittel, um die Krise zu beantworten?

Erst wenn eine Herausforderung zur Überforderung wird, ergibt es überhaupt Sinn, von einer Krise zu sprechen. Es ist wichtig, diesen Unterschied zwischen Krise und einfacherer Herausforderung deutlich zu machen. Keiner Regierung, keinem Staat, keiner Organisation, keinem Unternehmen dieser Welt mangelt es an Problemen. Herausforderungen abzuarbeiten, ist unromantisches Tagesgeschäft, dem alltäglich nachgegangen wird – mal besser, mal schlechter, mal effizienter und mal weniger effizient. Überforderung hängt nur bedingt mit der Größe der Herausforderung zusammen. Größe allein macht keine Krise. Selbst existenzielle Probleme werden nicht krisenhaft, solange das Instrumentarium zur Verfügung steht, sie effektiv zu beantworten. Was die Krise zur Krise macht, ist gerade ihre Unlösbarkeit im vorgefundenen Handlungsrahmen. Krisen stellen uns deshalb per Definition immer vor die Entscheidung, entweder den vorgefundenen Rahmen zu ändern oder die Krise in Kauf zu nehmen.

Die Abwägung, entweder umfassende Reformen vorzunehmen, den Handlungsrahmen also zu verändern, oder mit den Folgen einer ungelösten Krise zu leben, hängt natürlich sehr wohl von der Größe der Krise und den zu erwartenden Schäden ab. Kleinkrisen schwelen bisweilen jahrzehntelang vor sich hin. Jeder, der einmal von den inzwischen institutionalisierten Fahrplanänderungen der deutschen Bahn, langsamem Internet im ländlichen Raum oder auch nur kontinuierlich schlechtem Service im Flughafencafé betroffen war, kennt das: Kleinkrisen sind Teil des Alltags vieler Organisationen. Man überlebt das, nimmt es kopfschüttelnd hin, ahnt vielleicht, dass sich im Hintergrund der kleinen Krise Größeres verbirgt. Spannend wird es, wenn die Krise ein Ausmaß annimmt, das die Organisation selbst in ihrer Existenz bedroht, gleichzeitig aber der zur Lösung notwendige Wandel nicht realisierbar erscheint.

Und damit sind wir bei der Europäischen Union. Die EU erlebt gerade auf fatale Weise, was passiert, wenn eine ganze Reihe existenzieller Krisen dauerhaft ungelöst bleiben, vertagt oder verdrängt werden: Krisen verstetigen sich und müssen mangels adäquater Lösungsinstrumente hingenommen werden. Klima, Krieg, autoritäre Mitgliedsstaaten, KI, Desinformation, Euro, Flucht und Migration, Technologie-Rückstand, Demografie, ökonomische Ungleichheit: Die Liste der unbearbeiteten und unbearbeitbaren, teils notdürftig geflickten, oft aber nur aufgeschobenen Probleme wächst von Jahr zu Jahr. Jede dieser Herausforderungen ist augenscheinlich groß genug, dass sie sich im nationalen Kontext zur Krise auswächst. Entsprechend schnell wandern die Blicke der Einzelstaaten hoffnungsvoll nach Brüssel.

Doch so banal die Beschreibung von Krisen als Treibern eines notwendigen Wandels erscheinen mag, so wenig geläufig scheint sie doch Europas politischen Entscheidungsträgern. Zwar ist man sich einig, dass die wirklich großen Herausforderungen allesamt einer gemeinsamen europäischen Lösung bedürfen. Dennoch ist man nicht bereit, das dafür notwendige Instrumentarium zu schaffen. Der Grund liegt auf der Hand: Lösungskompetenz in der Krise ist synonym mit politischer Macht. Zuständigkeit bedeutet Entscheidungshoheit, wobei gilt: Je größer die zur Lösung der Krise notwendigen Ressourcen, desto größer die Macht einer Institution. Das vielbeschworene Wort von der Souveränität, das insbesondere Frankreichs Präsident Macron im Zusammenhang mit Europa gerne im Munde führt, bedeutet letztlich nichts anderes als die Fähigkeit, alle aufkommenden Herausforderungen eigenständig bearbeiten zu können – inklusive des Zugriffs auf die Machtmittel, die dafür nötig sind. Anders gesagt: Souveränität bedeutet für eine politische Organisation, in einem Rahmen zu agieren, der zumindest theoretisch alle auftretenden Probleme einer Lösung zuführen kann. Europäische Souveränität allein löst keine europäische Herausforderung. Sie ermöglicht auch keine Alleingänge oder das Außenvorlassen von Partnern, sie entlässt nicht aus allen Abhängigkeiten und genauso wenig entlässt sie die Handelnden aus der Verantwortung, gute Entscheidungen zu treffen und geschickt zu agieren. Aber sie ist eine Vorbedingung der selbstbestimmten Krisenlösung, vor allem dann, wenn zur Lösung alle relevanten und dem Kontinent zur Verfügung stehenden Machtressourcen mobilisiert werden müssen.

Wie im Folgenden noch näher erläutert werden soll, ist dies in zunehmendem Maße erforderlich. Europas Krisen sind zu groß geworden für seine Mitgliedstaaten. Nur wenn das ganze Gewicht der drittgrößten globalen Wirtschaft mit ihren 450 Millionen Bürgern gebündelt werden kann, lassen sie sich noch sinnvoll bearbeiten. Das ist den Mitgliedstaaten natürlich bewusst: Deshalb sind sie der EU ursprünglich beigetreten. In der aktuellen Konfiguration der EU jedoch, in der politische Macht, demokratisch legitimiert durch die von Grenzen getrennten nationalen Wähler, nach wie vor hauptsächlich von nationale Regierungen ausgeübt wird, ist diese Bündelung von Ressourcen ein Ding der Unmöglichkeit. In der EU ist politische Macht, anders als oft dargestellt, nicht verteilt oder nur an unterschiedlichen Stellen lokalisiert. Sie evaporiert schlicht wirkungslos. Die Handlungen der Mitglieder fügen sich eben nicht zu einer gemeinsamen Lösung zusammen. Angesichts der Erkenntnis seiner Unwirksamkeit wird oft schon auf Ebene der Mitgliedstaaten jegliches Handeln schlicht unterlassen. Man hört dann einen Satz, der sich unbegrenzt variieren lässt und der gerne mit »Wie sollen denn wir Deutschen ...« beginnt.

Wie sollen denn wir Deutschen den Klimawandel lösen, wenn China ein Vielfaches unserer Emissionen verursacht? Wie sollen denn wir Deutschen gegen große Plattformen wie Google konkurrieren, wenn hierzulande nur ein Bruchteil des Investitionskapitals zur Verfügung steht und Regulierungen uns von vornherein ausbremsen? Wie sollen denn wir Deutschen alle Flüchtlinge dieser Welt aufnehmen? Da ist etwas dran.

Unter diesen Bedingen aber verstetigen sich nicht nur Kleinkrisen, sondern auch existenzielle Krisen. Natürlich wissen die europäischen Entscheidungsträger, dass die Lösung der Klimakrise konzertiertes Handeln erfordert, dass zur Abwehr externer Bedrohungen ein starkes, effizient geführtes Militär und abgestimmte Außenpolitik notwendig sind. Selbstverständlich würde niemand behaupten, dass ein Kontinent, der zu den großen technologischen Innovationen der letzten Jahrzehnte nur einen geringen Beitrag geleistet hat, für die nächsten Jahrzehnte gut aufgestellt ist. Jeder sieht die Verwundbarkeit der Gemeinschaftswährung. Offensichtlich auch die Gefahr, die entstünde, wenn auch nur ein weiterer gewichtiger Mitgliedstaat in die Hände von Autokraten fiele. Niemand wird ernstlich behaupten, dass eine Migrationspolitik ihren Namen verdient, die auf Bestechung nordafrikanischer Despoten beruht und das kontinuierliche Ertrinken tausender Menschen in »unserem Meer« in Kauf nimmt. Dass Industrienationen mit winzigen Geburtenraten über kurz oder lang nicht nur die Kinder, sondern auch die Hände und Köpfe ausgehen, die zur Aufrechterhaltung der Wirtschaftsleistung nötig sind, kann jeder an der einzigen Statistik ablesen, die tatsächlich belastbar in der Lage ist, die Zukunft vorherzusagen: der demografischen Entwicklung. Wenige sind stolz auf die Abhängigkeit von Handelspartnern, die den Schritt in Diktatur und Willkür längst vollzogen haben. Auch dass sich Wohlstand und kritische Infrastruktur, die zur gesellschaftlichen Teilhabe notwendig sind, zunehmend in einigen wenigen Regionen der Union konzentrieren und immer größere Teile der Bevölkerung den Anschluss und den Glauben an eine gute Zukunft verlieren, ist der Politik nicht entgangen. Offensichtlich auch die Schäden, die aus einer Flut von Lügen und gezielter strategischer Desinformation entstehen, die unsere Bürger über Plattformen erreicht, die wir nicht kontrollieren, und die von Akteuren gesteuert wird, die sich die Polarisierung und Schwächung unserer demokratischen Gesellschaften zum Ziel gemacht haben. Wir wissen um diese Probleme, wir wollen auch, allein wir können nicht.

Aus der Unfähigkeit zur Krisenlösung ergibt sich für die Demokratien über kurz oder lang noch ein weiteres Problem. Die Dauerkrise kratzt an ihrer Legitimation. Wen kann man denn noch wählen, wenn alle Parteien und Regierungen gleichermaßen ohnmächtig sind, die großen Probleme unserer Zeit zu lösen? Und macht das Wählen dann überhaupt noch Sinn? Kollektive Machtlosigkeit führt zu kollektiver Unzufriedenheit und zu Zweifeln an der Demokratie. Nie war das Misstrauen gegenüber den Institutionen der Demokratie größer, was sich in Deutschland auch in sinkenden Mitgliederzahlen der einstmals mächtigen Parteien und Verbände widerspiegelt.

Für Europas Regierungschefs ergibt sich aus all dem ein Dilemma. Ein Staat, der nicht in der Lage ist, die Probleme seiner Bürger zu lösen, verliert seine Daseinsberechtigung. Ein Staat aber, der die Kompetenz zur Krisenlösung abgibt, verliert seine Souveränität, mag sie auch nur noch auf Papier bestanden haben. Besonders problematisch erweist sich das bei den zwei vornehmsten Aufgaben jedes Staates: beim Geld und bei der Verteidigung. Darum soll es hier also gehen. Nicht darum, wie wir alle unsere Krisen lösen – das wäre nicht nur vermessen, sondern erfordert neben technokratischem Geschick Interessenabwägungen und Richtungsentscheidungen, die in demokratischen Gesellschaften wiederum deliberative Prozesse, Mehrheiten und legitime Verfahren erfordern. Es soll darum gehen, wie Europa überhaupt in eine Position gebracht werden kann, in der sich existenzielle Krisen wieder innerhalb des verfügbaren Handlungsrahmens befinden, sprich: wenigstens theoretisch gelöst werden können.

Geteilte Souveränität – eine Erfolgsgeschichte

Um zu verstehen, wie Europa in eine Situation geraten konnte, in der sich allerorts Herausforderungen zu Krisen auftürmen, muss man verstehen und anerkennen, wo wir herkommen und was das Einigungsprojekt geleistet hat und nach wie vor leistet. Unter französischer Führung und beflügelt vom demütigen Eifer zweier Generationen deutscher Kriegsverlierer entstand nach 1945 ein System der geteilten Souveränität und Ressourcenallokation, das sich in den kommenden Jahrzehnten zu einer historischen Erfolgsgeschichte entwickeln sollte.

Die Krise, die es zu beantworten galt, war der Krieg. Dass nach Jahrhunderten des Kampfs um Vorherrschaft auf dem europäischen Kontinent ein neuer Weg gegangen werden musste, schien offensichtlich. Selbst Winston Churchill, der als Brite eine ganz eigene Einstellung zum Kontinent pflegte, und das Empire selbstredend nicht als Teil dieser Lösung, sondern als autonomen Akteur auf der Weltbühne begriff, machte sich für das neue Projekt stark. In seiner oft zitierten Rede in Zürich 1946 nannte er auch die zwei Staaten, die als einzige zu seinem Gelingen beitragen konnten:

> » Wir müssen eine Art Vereinigte Staaten von Europa errichten. Nur auf diese Weise werden Hunderte von Millionen hart arbeitender Menschen in die Lage versetzt, jene

einfachen Freuden und Hoffnungen wiederzuerhalten, die das Leben lebenswert machen (...). Ich sage Ihnen jetzt etwas, das Sie erstaunen wird. Der erste Schritt zu einer Neuschöpfung der europäischen Völkerfamilie muss eine Partnerschaft zwischen Frankreich und Deutschland sein. Nur so kann Frankreich seine moralische und kulturelle Führerrolle in Europa wiedererlangen.

Dass es so weit nicht kam, lag dann vor allem an Frankreich selbst. Dessen Nationalversammlung lehnte 1952 die Ratifizierung der Europäischen Verteidigungsgemeinschaft ab. Damit war die Teilung der europäischen Souveränität in der wichtigen Frage der Verteidigung gescheitert und ein Weg vorgezeichnet, der die spätere EU mehr als Konföderation denn als politische Union erscheinen lassen sollte.

Glücklicherweise erwies sich dieses Versäumnis, die europäische Verteidigung auf eigene Füße zu stellen, zunächst nicht als existenzielles Problem. Die Steuerung des Teils der Welt, der in den kommenden Jahrzehnten »der Westen« genannt wurde, übernahmen nun vornehmlich die USA. Wirtschaftlich angekurbelt durch die großzügigen Anfangsinvestitionen des Marshall-Plans und stabilisiert durch die freundlichen Handelsbedingungen des Bretton-Woods-Systems, erlebte Europa einen raschen Wiederaufstieg. Um die Verteidigung gegen den großen systemischen Rivalen im »Osten« kümmerte sich seit 1949 die neugegründete NATO.

Amerika erwies sich als wohltätiger Hegemon. Natürlich erschienen die USA in ihrer eigenen gesellschaftlichen Zerrissenheit den Europäern oftmals befremdlich. Auch ihre kulturelle Dominanz wurde von den intellektuellen Eliten in Kontinentaleuropa nur zähneknirschend toleriert. Europa aber entwickelte sich als Juniorpartner im Windschatten der USA zur wirtschaftlichen Weltmacht. Natürlich gab es Herausforderungen, aber durch eine geschickte Einbindung sozialdemokratischer Prinzipien in ein größeres globales Projekt der Liberalisierung und Demokratisierung gelang es den Europäern immer wieder aufs Neue, den sozialen Frieden zu wahren, den Wohlstand und die Gesundheit ihrer Bürger zu steigern, technologische und industrielle Fortschritte zu machen und die Teilhabe unterrepräsentierter Teile der Gesellschaft kontinuierlich auszubauen. Europa war ein Ort des Fortschritts.

Krisen blieben temporäre Entscheidungen. Man konnte sie lösen oder war dankenswerterweise nicht zuständig, andere sah man auch schlicht nicht. Das Ozonloch begann sich nach klugem regulatorischen Eingriff wieder zu schließen. Die Warnungen des Club of Rome zur Überbevölkerung lösten sich durch den Einsatz fortschrittlicher Agrartechnologie auf und wurden später angesichts fallender Geburtenraten im Zuge der Urbanisierung weiter Teile der Welt zunächst hinfällig. Die Preisschocks und die Inflation der 70er Jahre und das Ende des Goldstandards erwiesen sich nur vorübergehend als echte Probleme. Die Arbeitslosigkeit der 90er ging vorüber und wurde, anders als etwa in den USA, durch einen starken Sozialstaat abgefangen. Dem Zusammenbruch der Sowjetunion und den nachfolgenden Konflikten folgten die EU-Osterweiterung und die Einbindung der ehemaligen Kontrahenten in das europäische Projekt.

Die Integrität der europäischen Außengrenzen, insbesondere Richtung Osten, sicherte die NATO und vor allem die übermächtige Kampfkraft der USA. Unter diesem Schirm konnte man es sich leisten, die eigenen Anstrengungen zur Verteidigung zunehmend zurückzufahren, besonders nach Ende des Kalten Krieges. Die daraus entstehende Friedensdividende erlaubte weitere Investitionen in Gesundheit, sozialen Frieden und ökonomische Entwicklung. Für den Krieg gegen den Terror war man ebenso wenig zuständig wie für den zunehmenden Absturz Russlands in die Diktatur oder den wachsenden Einfluss Chinas auf der Weltbühne. Dafür gab es die USA. Interessant wurden diese Themen nur dann, wenn die Amerikaner Fehler machten und Anlass gaben, über das Scheitern ihrer grandios anmutenden Ambitionen zu spotten.

Anderes, wie etwa der Klimawandel oder die Verwerfungen, die im Zuge von Globalisierung und Urbanisierung und der daraus resultierenden Spaltung des Kontinents in Gewinnerregionen und Verliererregionen zunahmen, blieb hingegen über Jahrzehnte unerkannt und erlangte so auf gänzlich andere Art und Weise lange keinen echten Krisenstatus.

Das alles soll ausdrücklich nicht bedeuten, dass es kein Krisenempfinden gab. Inflation, Waldsterben, Kalter Krieg und eine Vielzahl anderer Sorgen und Herausforderungen hingen oft bleischwer über den Diskursen der Nachkriegszeit. Bis heute gelten vielen Historikern etwa die 1970er Jahre als das

Krisenjahrzehnt schlechthin. Es besteht aber ein Unterschied zwischen einer Situation wie heute, in der Entscheidungsträger tatsächlich handlungsunfähig sind, und einer wie in den 70ern, als zum Beispiel ein in seiner letzten Amtsperiode als britischer Premierminister häufig betrunkener Ted Heath ein Land, das temporär von seiner primären Energiequelle abgeschnitten wird, von seiner Sekretärin regieren lässt, schlechte Deals mit Gewerkschaften verhandelt und dabei noch vergisst, sich um Nordirland zu kümmern. Zweifelsohne können hausgemachte Krisen, inkompetente Führung und temporäre Schocks zu schweren Verwerfungen führen. Das heißt aber nicht, dass der Handlungsrahmen der zuständigen Institutionen prinzipiell so weit eingeschränkt war, dass eine Problemlösung von vornherein ausgeschlossen war. Die Lösung der Krisen der 70er erforderte eine veränderte Politik, die selbstverständlich auch Kosten verursachte und echte ökonomische wie gesellschaftliche Veränderungen nach sich zog. Dieser Politikwechsel gelang jedoch innerhalb des bestehenden Rahmens und erforderte keine grundsätzlichen Änderungen in Europas institutionellem Design.

Gleichzeitig entwickelte sich die EU überall dort, wo man ihr tatsächlich Souveränität und alleinige Handlungsmacht zugestanden hatte, zu einer echten globalen Macht, zu einer Regulierungsinstanz, deren Einfluss weit über Europas Grenzen hinaus wirkte. Durch die Kontrolle eines der größten Absatzmärkte der Welt setzte Europa Standards, deren Gültigkeit sich auch auf den außereuropäischen Handel auswirkten. Der Einfluss bei globalen Arbeitsbedingungen, der Anwendung ökologischer Prinzipien, Handelsregeln, technischer Normen, bei Abgasen, Zöllen und vielem mehr lässt sich schwer überschätzen und betrifft heute häufig auch Europas sicherheitspolitischen Seniorpartner, die USA. Der prominenteste Versuch, sich dem Normierungsrahmen der EU zu entziehen – der Brexit des Vereinigten Königreichs –, erwies sich als katastrophaler Fehler, der die institutionelle Festigkeit der EU eindrucksvoll unter Beweis stellte. Als gelungener Stresstest zeigte der Brexit, dass der Kontinent, wenn er sein gesamtes Gewicht in die Waagschale legt und sich gegenüber Versuchen, die einzelnen Mitgliedstaaten zu spalten, unangreifbar macht, durchaus in der Lage ist, seine Interessen umfassend durchzusetzen.

Wichtiger noch: Europa hatte sein vornehmstes Versprechen erfüllt und, wie es schien, den Krieg auf dem Kontinent für alle Zeit unmöglich gemacht. Zum ersten Mal in der langen Geschichte der europäischen Staaten waren drei Generationen in Folge von den Schrecken der Front, von unnötigem Sterben und Töten verschont geblieben. So stolz man in Europas Hauptstädten auf diese Errungenschaft ist, so naiv wäre es zu glauben, dass wir nicht wieder in denselben Zustand des gegenseitigen Mordens zurückfallen können, sollte das Projekt der Einigung misslingen. Frieden – das wird uns heute tagtäglich aufs Neue vor Augen geführt – ist kein Merkmal einer irgendwie gereiften Menschheit oder die Frucht einer unumkehrbaren positiven kulturellen Entwicklung. Frieden ist eine systematische zivilisatorische Errungenschaft und sein Erhalt hängt vom kontinuierlichen Erfolg derselben Institutionen ab, die ihn gebracht haben. Es wäre naiv zu glauben, man könne in alte Muster verfallen, ohne die alten Lasten des institutionalisierten nationalen Konflikts wieder tragen zu müssen.

Es ist mit gutem Recht, dass sich die EU diese Erfolge und insbesondere die Lösung von Europas Urkrise, die durch eine grundlegende Veränderung der politischen Organisation des Kontinents nach 1945 erreicht wurde, bis heute gerne auf die Fahne schreibt. Mit dem Anbruch des zweiten Jahrzehnts des 21. Jahrhunderts jedoch und insbesondere als Folge des Ausbruchs der globalen Finanzkrise änderte sich die Situation dramatisch. Unerkanntes war plötzlich sichtbar geworden, gleichzeitig wuchsen zahlreiche Herausforderungen dem Handlungsrahmen der Nationalstaaten über den Kopf. Als Folge einer veränderten globalen Lage, fanden sich Europa und die EU plötzlich nicht mehr nur betroffen von neuen Verwerfungen, sondern in zunehmendem Maße auch zuständig für deren Lösung.

Neue Welt

Seit sich Deutschland infolge des russischen Angriffs auf die Ukraine außenpolitisch neu orientierte, ist die »Zeitenwende« zu einem stehenden Begriff geworden. Aber so wichtig die Kanzlerrede, die ihn geprägt hat, auch gewesen sein mag: Die tatsächliche Zeitenwende hatte sich zu diesem Zeitpunkt längst vollzogen.

Der eigentliche Systembruch, der Europa aus seiner komfortablen Lange in eine neue Welt katapultierte, war die globale Finanzkrise, die ab 2007 weltweit die großen Banken und ab 2010 auch mehrere Mitgliedstaaten der EU in die Knie zwang. Während die USA schnell ein schlagkräftiges Rettungspaket schnürten, überließen es die Europäer den einzelnen Nationalstaaten, ihre jeweils heimischen Finanzsektoren zu retten. Die Fiktion von nationaler Souveränität setzte sich gegen rationale Abwägungen durch. Die Lösung einer gesamteuropäischen Krise, deren europäische Dimension allein schon durch die Existenz der Gemeinschaftswährung für jeden Beobachter offen zu Tage treten musste, wurde stückweise einzelnen Ländern überlassen. Dass diese damit überfordert werden mussten, war zwangsläufig.

Europas Staaten waren zu Zwergen geschrumpft in einer Welt, in der sich die Gewichte verschoben hatten. Frankreichs Wirtschaft zum Beispiel stellte noch 1980 fast sieben Prozent der globalen Wirtschaftsleistung dar. 2021 waren es gerade noch etwas mehr als drei Prozent. Angesichts der ungeheuren Summen, die international agierende Großbanken tagtäglich verschieben und im Krisenfall eben auch verlieren können, reichte das Gewicht der französischen Staatskasse nicht zur souveränen Krisenbewältigung aus. Noch dramatischer stellte sich die Lage in Italien, Portugal, Irland und Griechenland dar.

Plötzlich war das geeinte Europa gefordert. Nach einigen Anfangsschwierigkeiten fand es durchaus in einen Modus der kollektiven, wenngleich chaotischen Krisenlösung. Es ist diese in der Finanzkrise erprobte Form von weitgehend informell koordinierten, mitternächtlicher Rettungstaten, die auch in der Folge – während der Flüchtlingskrise, der Coronakrise und im Angesicht des russischen Überfalls auf die Ukraine – wieder zur Anwendung kommen sollte. Abhängig von der Einstimmigkeit aller Mitgliedstaaten und erkauft durch teure Kompromisse und die kreative Auslegung des gemeinschaftlichen Besitzstandes der EU (*acquis communautaire*), gelang es, zumindest einige offene Wunden vorübergehend zu verbinden. Auch wenn pessimistische Stimmen und die globalen Finanzmärkte immer wieder das Ende der EU kommen sahen, Europa überlebte. Aber vieles blieb ungelöst und jederzeit drohte die Gefahr, dass eines der Mitglieder das Pflaster wieder abreißen könnte.

Langfristig am folgenreichsten jedoch sollte sich für Europa der relative Abstieg der USA auswirken. In Zeiten, als jene Nachkriegsordnung erdacht und eingeführt wurde, die Europa viele komfortable Jahrzehnte bescheren sollte, standen die USA für weit mehr als die Hälfte der globalen Wirtschaftskraft. Im Jahr 2009 waren es nur noch rund 20 Prozent. Solange der Kalte Krieg andauerte, hatte Amerika eine starke Motivation, an den Institutionen und Regeln der Nachkriegsordnung festzuhalten. Ab 1990 stellte sich zunehmend die Frage, wer denn die größten Gewinner dieses Systems und der davon ermöglichten Globalisierung seien – und ob die USA tatsächlich davon profitierten, weiterhin als globaler Garant für Sicherheit und die regelbasierte Ordnung aufzutreten. Zunächst aber hielten die globalen Institutionen und Amerika blieb während des sogenannten unipolaren Moments nach dem Fall der Sowjetunion seiner Rolle vorerst treu. Chinas Beitritt zur Welthandelsorganisation und Pläne für ein europäisch-amerikanisches Handelsabkommen erweckten den Eindruck, als ließe sich die amerikanische Ordnung in eine echte globale Ordnung überführen, die von einer breiten Koalition von Staaten gemeinsam getragen würde. Dazu beigetragen, dass sich der amerikanische Rückzug von der Weltbühne verzögerte, hat sicherlich auch der »Krieg gegen den Terror«, der nach den Anschlägen des 11. Septembers 2001 einem System, das eigentlich darauf ausgerichtet war, Russland in Schach zu halten, zu einer Art Nachspielzeit verhalf.

Mit Barack Obama jedoch, dessen ökonomischer Populismus und Fokussierung nach innen oft unterschätzt wird, begannen sich die Vorzeichen zu ändern. Donald Trump eskalierte diesen Trend auf wenig diplomatische Art und Weise und stellte neben den amerikanischen Sicherheitsgarantien nun auch die ökonomische Positionierung der USA innerhalb der Weltwirtschaft infrage. Joe Biden entdeckte zu Europas Glück zwar im Kontext des russischen Überfalls auf die Ukraine den alten kalten Krieger in sich, in ihrer Orientierung auf Amerikas Interessen deckte sich seine Wirtschaftspolitik jedoch weitgehend mit den von Donald Trump vertretenen Ideen und Gedankenfetzen.

Keine Frage, die EU hat sich in den ersten anderthalb Jahrzehnten seit dem Ende der Nachkriegsordnung – im Zeitraum also zwischen tatsächlicher und postulierter Zeitenwende – als erstaunlich widerstandsfähig und flexibel erwiesen. Aber es offenbarten sich auch die Konstruktionsfehler einer Union, die nun dauerhaft in die Verantwortung gestellt wurde. Würde man versuchen, einem Außenstehenden, beispielsweise einem Amerikaner, die EU zu erklären, müsste man einräumen, dass der Kontinent, der in etwa die wirtschaftliche Größe der USA hat und wesentlich bevölkerungsreicher ist, letztlich von einem Organ geleitet wird, das ein Amerikaner als Senat bezeichnen würde. Dieser »Senat« (der Europäische Rat) setzt sich allerdings nicht aus Senatoren, sondern aus den Gouverneuren der Bundesstaaten zusammen, die in erster Linie durch ihren Eid an die regionalen Wähler zu Hause gebunden sind. Und diese »Gouverneure« (unsere europäischen Staats- und Regierungschefs) müssen die meisten bedeutenden Entscheidungen einstimmig treffen. Natürlich gibt es auch ein Europaparlament, aber es hat weder das Recht, Gesetze einzubringen, noch verfügt es über die Haushaltsmittel der Union.

Das Gesamtwerk ist lächerlich unterfinanziert. Die nationale Sicherheit wird größtenteils einem externen Partner überlassen (die USA), der sich bislang noch aus Tradition und gutem Willen zur Verfügung stellt, solange die eigenen Interessen mit dem Ziel der Verteidigung Europas übereinstimmen. Gleichzeitig leben alle Mitgliedsstaaten weiterhin in einer Souveränitätsfiktion: Sie betreiben ihre eigene Außenpolitik, Industriepolitik, Energiepolitik und getrennte Gesundheits- und Sozialversicherungssysteme. Es gibt keine ausreichende Finanzmarktregulierung. Der unvollendete Binnenmarkt erschwert grenzübergreifende Tätigkeiten aller Art. Es mangelt an Wagniskapital: Große Teile des Kapitals liegen vergleichsweise unproduktiv herum. Die einzigen Felder, die durch und durch zentralisiert sind und eine beeindruckende Wirkung haben, sind Handel und Verbraucherschutz.

Diese Konfiguration hat gleich mehrere Schwachstellen, die es externen Konkurrenten sowie heimischen Populisten ermöglichen, die Integrität der EU infrage zu stellen. So fand sich die EU seit 2007 in zunehmenden Maße mit entscheidenden Schlüsselmomente konfrontiert, in denen die Institution nur durch das Eingreifen von einzelnen Personen gerettet werden konnte, die bereit waren, ihr Mandat zu überschreiten und die Regeln zu beugen oder zu brechen. Was wäre geschehen, wenn Angela Merkel Griechenland der Gnade russischer und chinesischer Interessen überlassen hätte? Was, wenn Finanzminister Olaf Scholz und sein französischer Amtskollege Bruno Le Maire nicht die Kraft gefunden hätten, mit der Einführung von Corona-Bonds für einen historischen »Hamilton-Moment« zu sorgen – also für einen ersten Schritt auf dem Weg zu einem europäischen Bundesstaat? Was, wenn EZB-Chef Mario Draghi nicht erklärt hätte, »alles zu tun, was nötig ist«, um den Euro zu retten?

Paradoxerweise ist der Fortbestand der EU, eines Konstrukts, das sich weitgehend auf Gesetze und Regulierung beschränkt, davon abhängig geworden, dass diese Regeln kontinuierlich gebrochen oder gebogen werden. Es ist nur eine Frage der Zeit, bis sich niemand mehr bereitfindet, das Überobligatorische zu tun, um die nächste existenzielle Herausforderung zu beantworten.

Haben wir den Schuss gehört?

Veränderungen gehen langsam vonstatten. Bis es irgendwann sehr schnell geht. Bei allen graduellen Prozessen, die im Hintergrund wirken und die Welt Tag für Tag ein wenig ändern, sind es doch einzelne entscheidende Momente, die politische Realitäten schlagartig neu ordnen, die Krisen plötzlich zu Katastrophen werden lassen. Oder aber plötzlich den neuen Handlungsrahmen begründen, der eine Krisenlösung ermöglicht.

So sehr sich die Anzeichen verfestigen, dass wir auf einen solchen Moment zusteuern: Europas Eliten scheinen den Ernst der Lage nicht erkannt zu haben. Während die Einschläge näher kommen, sich die unlösbaren Krisen vor uns auftürmen wie ein Stapel unbezahlter Rechnungen auf dem Schreibtisch des insolventen Geschäftsführers, schwankt eine Generation europafreundlicher Entscheidungsträger zwischen naivem Glauben an die Stabilität der Gegebenheiten und fatalistischer Resignation.

Dabei hat Europa schon einmal leidvoll erlebt, was passieren kann, wenn notwendige Reformen nicht rechtzeitig ergriffen werden und eine alte Ordnung schlagartig versagt. Als der österreichische Kronprinz Franz Ferdinand 1914 in Sarajewo ermordet wurde, katapultierte ein einziger Schuss die Welt in die Katastrophe. Das alte Europa »schlafwandelte« in ein kollektives industrialisiertes Morden, das wiederum erst die noch größeren Schrecken im weiteren Verlauf des 20. Jahrhunderts ermöglichte. Die Umstände, unter denen es zu dem Mord kam, sind wahrscheinlich eines der bestuntersuchten historischen Kapitel überhaupt. Ein Aspekt bleibt dabei oft vergessen: Der Schuss, der Franz Ferdinand traf, war keineswegs der erste seiner Art. Die ersten 13 Jahre des 20. Jahrhunderts warten mit einer beeindruckenden Sammlung von politischen Morden auf, die nur selten in Zusammenhang mit jenem verhängnisvollen Tag in Sarajewo gestellt werden. 1900 erwischte es den König von Italien, 1901 den Präsidenten der USA, 1903 waren der König und die Königin sowie der Premierminister von Serbien an der Reihe, 1907 der König von Bulgarien, 1908 der König von Portugal, 1911 der Premierminister von Russland, 1912 der von Spanien und schließlich, als letzter Schuss vor dem eigentlich fatalen, traf es 1913 den König von Griechenland.

Diese Reihung von Attentaten in Zusammenhang mit dem großen Systemversagen des Ersten Weltkriegs in einen Zusammenhang zu stellen, mag man als oberflächliche Assoziation ohne großen analytischen Tiefgang abtun. Oder man kann sie als eine Art ungenaue Messung begreifen, die die Instabilität des politischen Systems vielleicht nicht vorhersagte, aber zumindest andeutete: Schüsse, die nicht Europas Herz trafen, aber ihrem Ziel doch immer näher kamen.

Solche Schüsse vor den Bug der EU hat Europa seit 2007 zur Genüge erlebt. Nicht nur in der Finanzkrise, auch während Covid, während der letzten polnischen Parlamentswahlen, deren positiver Ausgang den unwiederbringlichen Abstieg des politisch wohl drittstärksten Mitglieds in Autokratie und Willkür gerade noch abwendete, und in der Frage der Ukrainehilfen stand die Union im Feuer. Bislang ist es ihr jedes Mal gelungen, den Systembruch abzuwenden. Wird das, gesetzt man lässt die Dinge weiterlaufen wie bisher, auch in Zukunft der Fall sein?

Politische, ökonomische und kulturelle Trends sprechen dagegen. Und mehr noch: Wir müssen davon ausgehen, dass mit jedem Jahr, das wir zögern, die Bedingungen ungünstiger werden, das europäische Haus neu aufzustellen.

Der europäischen Wirtschaft stehen große Veränderungen bevor. Am einfachsten lässt sich das an den mangelnden Investitionen ablesen, die heutzutage in der heimischen Industrie getätigt werden. Freilich, bestehende Infrastruktur wird weiter genutzt. Fabriken, Kraftwerke, Bahnstrecken und andere große Investitionen können oft noch Jahrzehnte, nachdem sie bezahlt wurden, weiter betrieben werden. Um aber für die nächsten Jahrzehnte konkurrenzfähig zu bleiben, reicht die bloße Instandhaltung nicht aus. Die Effekte auf Wirtschaftskraft und Arbeitsmarkt finden dabei zeitverzögert statt. Aber neue Investitionen fließen schon heute vermehrt aus Europa in andere Weltregionen.

Dazu droht ein Handelskonflikt mit den USA, die im Zuge ihrer veränderten Rolle in der Welt nicht nur darauf abzielen ihr sicherheitspolitischen Engagement zu reduzieren, sondern auch ihre Abhängigkeit von günstigen und qualitativ hochwertigen Importen, die die heimische Produktion ausbremsen. Joe Bidens massive Investitionen in die US-Infrastruktur, den Halbleiter-Sektor sowie in grüne Energie begünstigen ganz offen amerikanische Hersteller. Auch der Ruf des Wahlsiegers Donald Trump nach höheren Einfuhrzöllen könnte parteiübergreifende Zustimmung finden. Gerade für Deutschland, das ca. 40 % seines Bruttoinlandsprodukts durch Exporte bestreitet (in den USA liegt dieser Anteil eher um 10 %), entstünde daraus ein Problem, insbesondere in Zeiten, in denen der zweite große Absatzmarkt in China ebenso selbstbewusst wie erratisch auftritt.

Solange der europäische Binnenmarkt nicht vollendet wird und die Europäer keine Antwort darauf finden, dass sowohl die USA als auch China ihre Volkswirtschaften mit massiven Staatsausgaben stützen und ankurbeln, sieht es düster aus für die europäische Industrie. Jeder, der einmal versucht hat, ein Unternehmen oder eine Organisation über europäische Staatsgrenzen hinweg zu betreiben, versteht, dass es nach wie vor die unterschiedlichen Staaten und ihre Bürokratien sind, die teils sehr unterschiedliche Regelwerke durchsetzen. Das erschwert die massiven Investitionen in Energieversorgung und Mobilität, in die Ausbildung und Eingliederung von Zuwanderern sowie in neue Technologien, die nötig sind.

In der Verteidigung steht es nicht viel besser. Als Deutschland im Zuge des Ukrainekrieges die Notwendigkeit erkannte, seine Luftwaffe zu modernisieren, kaufte Berlin amerikanische Jets. Dies wurde unter anderem mit dem Argument begründet, dass sich die nukleare Teilhabe der Bundesrepublik auf die Partnerschaft mit den USA stützte. Gleichzeitig konnte aber der große europäische Lieferant Airbus ohnehin noch keine Jets der neuesten Generation liefern. So profitiert ein Luftfahrtunternehmen von zentraler Wichtigkeit für die »europäische Souveränität« nur sehr begrenzt von der postulierten Zeitenwende.

Auch die politische Entwicklung lässt Zweifel aufkommen, dass ein Durchlavieren mittelfristig von Erfolg gekrönt sein kann. Allenthalben erstarken die Enden des politischen Spektrums. Die Rufe der Rattenfänger und Populisten werden lauter, während ein Strom von Lügen und Desinformation europaweit die politischen Diskurse verzerrt. Auch kulturell zeigen sich Risse. Der Abstieg der Sozialdemokratie und der politischen Linken als ernsthafte progressive Kräfte schwächt die Reformbemühungen. Nach einem kurzen Moment der Einheit und der intellektuellen Führerschaft infolge der Finanzkrise und der Klimakrise, hat sich Europas Linke auf Abwege begeben. Inspiriert von einer Generation amerikanischer Aktivisten, die in dieser Stärke und Anzahl in Europa gar nicht existiert (weder »Millennials« noch »Zoomer« sind in Europa relativ zu den USA zahlenmäßig relevante Generationen), hat sich die Linke in Grabenkämpfe und kultur-ideologisch semantische Konflikte zurückgezogen, die einen Großteil ihrer Energien binden. Inhaltlich mag man ihren Forderungen durchaus etwas abgewinnen, doch aus strategischer Perspektive entfällt eine essentiell wichtige treibende Kraft nahezu vollständig, wenn es um die Lösung existenzieller Probleme geht. Ein Blick auf die verminderte Relevanz von Fridays for Future infolge des Israel-Hamas-Konflikts zeigt schnell, wie unter den Bedingungen einer moralisch-kulturellen Wende strategisch relevante Masse zugunsten ideologischer Reinheit aufgegeben werden kann. Durch die öffentliche Intervention in die Debatte um einen Konflikt, der nur wenig mit den strategischen Interessen der Organisation zu tun hat, setzte Greta Thunberg den Zusammenhalt einer ohnehin schon sehr breiten Koalition aufs Spiel. Die reformerische Kraft dieser ebenso bewunderten wie offen bekämpften Koalition aus Bürgern, die aktiv die Eindämmung des Klimawandel forderten, verpuffte so innerhalb weniger Wochen. Und während noch vor wenigen Jahren tausende Aktivisten für die Regulierung von Banken und gegen Einkommensungleichheit auf die Straßen gingen, streiten sie sich heute einige wenige Aufrechte in den Redaktionen des Landes um gerechtere Rechtschreibung.

Andernorts wird faschistisches Gedankengut salonfähig. Rechter Humor findet Anklang, auch weil man ihm Anlass gibt, die Unterschiede zwischen progressivem Eifer und weithin gefühlter Realität spöttisch auszunutzen. Derweil verwahrlosen viele ländlichen Regionen Europas immer weiter, die Investitionsgewinne der größten Vermögen entkoppeln sich mehr und mehr von den erarbeiteten Einkommen, das Klima wird wärmer und die Faschisten stehen nicht mehr nur an den Außengrenzen der EU bereit zum Schlag gegen die Demokratie.

All dies vergrößert die vielerorts empfundene, aber selten artikulierte Hilflosigkeit, die sich aus der Politik auch in die Gesellschaft übertragen hat. Was lässt sich innerhalb einer Demokratie denn sinnvoll diskutieren, wenn zur Lösung der wirklich relevanten, existenziellen Probleme gar keine Handlungsfreiheit besteht? Kurz, es muss sich etwas ändern, damit sich wirksames politisches Handeln wieder auf die Themen richten kann, die Europas Fortbestand und Wohlergehen tatsächlich maßgeblich beeinflussen, damit realistische Lösungsoptionen wieder Gegenstand der gesellschaftlichen Aushandlung werden können.

Drei Schritte

Der Kern der Probleme der EU liegt in einer nicht getroffenen Entscheidung. Die europäische Einigung ist als Prozess und nicht als Ereignis konzipiert. Damit scheint sie dazu bestimmt, ewig einen graduellen Fortschritt zu suchen und nie einen Punkt der Vollendung zu erreichen. Folglich befindet sie sich in einem unruhigen Schwebezustand zwischen Union und Konföderation.

Langfristig kann das nicht gut gehen. Früher oder später muss die EU sich entscheiden. Der Schwebezustand wird sich in die eine oder andere Richtung stabilisieren: entweder in Richtung einer Rückkehr zu Nationalstaaten, die zwar auf dem Papier souverän sind, deren geringes Gewicht ihnen aber nur sehr eingeschränkte Handlungsfähigkeit erlaubt. Solche Staaten werden Einfluss wohl eher im innereuropäischen Konflikt, denn in der Ausweitung europäischer Kraft nach außen suchen. Mit dem Nationalismus würde früher oder später auch der Krieg zurückkehren. Oder aber, das ist die andere Richtung, es kommt zu einer größeren Bündelung politischer Macht im Herzen Europas bei gleichzeitiger Weiterentwicklung der europäischen Institutionen sowie deren demokratischer Absicherung.

Drei parallel unternommene Schritte könnten dazu führen, dass sich Europa stabilisiert und die EU zu einem ebenso zuständigen wie handlungsfähigen Akteur in der Bewältigung von Europas Krisen werden kann.

Erstens ist die Verteidigung der Union ungenügend abgesichert. Solange die USA noch die Aufgabe übernehmen, die Ostflanke der EU militärisch zu sichern und die gewachsenen imperialistischen Ambitionen Russlands abzuwehren, kann Europa es sich leisten, mit der inzwischen bekannten Behäbigkeit und Ineffizienz vorzugehen. Wie aber zahlreiche historische Beispiele von Vietnam bis Afghanistan zeigen, kann ein amerikanischer Rückzug sehr rapide vonstattengehen und große Löcher in die Abwehrbereitschaft ehemaliger Partner reißen. Mit Blick auf die industrielle Kapazität und politische Organisation wird es viel Zeit brauchen, eine eigenständige europäische Verteidigung Richtung Osten aufzubauen. Dabei geht es nicht nur ums Geld. 2024 wollen die EU-Mitgliedsstaaten 350 Milliarden Euro für ihre Verteidigung ausgeben, etwa ein Drittel des amerikanischen Budgets. Das wäre wahrscheinlich ausreichend, wenn sich mit dem betriebenen Aufwand auch ein Drittel der amerikanischen Kapazitäten erwerben ließe. Bedauerlicherweise aber ist, wie so vieles in Europa, auch die Verteidigungsindustrie nach nationalstaatlichen Kriterien organisiert. Jedes Land kauft am liebsten heimisch produzierte Güter, was nicht nur zu Problemen bei der Kompatibilität des Materials führt, sondern auch Skalierungseffekte ungenutzt lässt. Hinzu kommen unnötige Dopplungen in Forschung und Entwicklung sowie Konkurrenz um Zulieferer und Rohstoffe. Obwohl Europa den innereuropäischen Konflikt unmöglich machen soll, zielt die nationalstaatliche Rüstungspolitik nach wie vor darauf, genau diese Konflikte zumindest theoretisch wieder führen zu können. Die resultierenden Ineffizienzen, die in manchen Staaten bis hin zu einer sehr weitgehenden Einschränkung in der Operationsfähigkeit reichen, werden mit Blick auf wirtschaftliche Überlegungen in Kauf genommen.

Gleichzeitig fehlt eine einheitliche europäische Militärdoktrin und Kommandostruktur. Versuche, einzelne europäische Bataillone aufzubauen, werden in ihrem bescheidenen Anspruch der herrschenden geopolitischen Lage nicht gerecht. In einer Union, die sich als Interessen- und Wertegemeinschaft versteht, sollte die Verteidigung Sache der Union sein. Das erfordert aber eine handlungsfähige Exekutive, an die der Oberbefehl über die Streitkräfte im Konfliktfall übertragen werden kann und die auf der Basis gemeinsam beschlossener Prinzipien über den Einsatz militärischer Mittel bestimmt. Infolge einer solchen Reform müsste auch die Finanzierung der europäischen Verteidigung gemeinschaftlich erfolgen.

Die zweite notwendige Reform betrifft die Art und Weise, wie innerhalb der EU Entscheidungen getroffen werden. Will die EU nach außen wie innen wirklich handlungsfähig werden und sich in die Lage versetzen, Krisen nachhaltig zu lösen, muss sie das Prinzip der Einstimmigkeit aufgeben. Die Gründe dafür lassen sich anschaulich an historischen Beispielen aufzeigen. In der europäischen Geschichte haben sich im Laufe der Jahrhunderte zwei verschiedene Arten von staatlichen Unionen herausgebildet: zum einen schwache Unionen, die es nicht vermochten, die Ressourcen ihrer Mitgliedsstaaten im Sinne des Allgemeinwohls zu bündeln, und die letztlich aufgrund äußerer Bedrohungen und innerer Konflikte zerfielen; zum anderen echte politische Unionen, die in der Lage waren, die wesentlichen Elemente souveräner Staatlichkeit, nämlich Verteidigung und Staatsschuld, erfolgreich zu vereinen.

Ein Beispiel für die erstgenannte Kategorie ist die Union zwischen Polen und Litauen sowie das Heilige Römische Reich Deutscher Nation. Beide Gebilde waren durch ständige interne Streitigkeiten gelähmt und wurden durch das Eingreifen fremder Mächte in ihre inneren Angelegenheiten zusätzlich geschwächt. So untergruben im 18. Jahrhundert Russland, Österreich und Preußen die polnische Souveränität durch wiederholte Interventionen. Dabei nutzten sie insbesondere die Spaltung des polnischen Parlaments und das sogenannte »Liberum Veto«, mit dem – ähnlich dem heutigen Vetorecht in der EU – Entscheidungen blockiert werden konnten. Dadurch wurde der Staat unfähig, sich gegen interne Machtgruppen zu behaupten, und schließlich auch anfällig für Angriffe von außen.

Einen anderen Verlauf nahm die Entwicklung der schottisch-englischen Union von 1707. Diese Union ermöglichte es den ehemals erbitterten Feinden, ihre Kräfte auf der Insel zu vereinen und sie effektiver gegen äußere Mächte einzusetzen. Der »Act of Union« garantierte Schottland eine großzügige Vertretung im Parlament von Westminster sowie die Beibehaltung seines Rechts- und Bildungssystems. Wie die gegenwärtige politische Situation deutlich zeigt, war es nie das Ziel dieses Projekts, alle Bereiche des täglichen Lebens zu harmonisieren; beide Partner behielten ihre eigenen Bräuche, Traditionen und nationalen Identitäten bei. Zugleich gaben die Schotten aber ihre eigene Außen- und Sicherheitspolitik auf. Dies ermöglichte es dem neu entstandenen Staat Großbritannien, sich auf der Weltbühne weitaus effektiver zu behaupten, als es sein demografisches und wirtschaftliches Gewicht vermuten ließe.

Eine ähnliche Entwicklung führte im späten 18. Jahrhundert zur Gründung der Amerikanischen Union. Die Bande, die die ehemaligen Kolonien zusammenhielten, waren so schwach, dass viele Amerikaner befürchteten, die Vereinigten Staaten könnten wieder auseinanderfallen. Doch es kam anders: 1789 verabschiedeten die Amerikaner eine neue Verfassung, die nach britischem Vorbild die Staatsfinanzen, die Schulden aller Mitgliedsstaaten und die Außenpolitik konsolidierte. Damit war der Grundstein für das mächtigste Land der Welt gelegt.

Damit souveräne Staaten aber ihr Vetorecht aufgeben, müssen die Kompetenzen, die auf die EU übertragen werden sollen, demokratisch legitimiert werden. Das ist der dritte Schritt. Eine Kommissionspräsidentin, die zugleich als Oberbefehlshaberin der europäischen Streitkräfte auftritt, bedarf der direkten demokratischen Legitimation. Eine stärkere Zentralisierung wird also zusätzliche demokratische Absicherung und Kontrolle erfordern, zum Beispiel durch die direkte Wahl des Kommissionspräsidenten durch alle Unionsbürger sowie dadurch, dass das Europäische Parlament das Recht zur Gesetzesinitiative erhält.

Wichtiger als die gleichzeitige Durchsetzung in allen EU-Mitgliedsstaaten ist es dabei, dass diese Demokratisierung gleichzeitig mit der Aufwertung der EU zu einer echten politischen Kraft erfolgt. Eine bloße Symbolfigur mit echter demokratischer Legitimation kann nur zu Enttäuschung bei den Bürgern führen.

So groß die Herausforderung auch sein mag, die Weiterentwicklung der EU zu einer echten politischen Union ist unsere einzige Chance, uns wieder in die Lage zu versetzen, Europas Krisen zu lösen.

Ausgebremst und festgefahren – überbürokratisiertes Deutschland

Paul Reifferscheid

Christian Jöst führt eine bemerkenswerte Statistik. Der mittelständische Unternehmer aus dem beschaulichen Ort Wald-Michelbach im Odenwald versucht, den bürokratischen Aufwand neuer Gesetze und Verordnungen in seinem Betrieb zu erfassen. »Also ich habe im letzten Jahr bestimmt 30-mal die Frage beantwortet, ob ich Kinder beschäftige oder Zwangsarbeiter. Am Anfang habe ich gedacht, die veräppeln mich, aber die meinen das ernst. Ich habe im letzten Jahr 33 Manntage damit verwendet – ich und zwei Assistentinnen –, diese Fragebögen auszufüllen«, erzählt der Geschäftsführer, der zugleich Vizepräsident der Industrie- und Handelskammer Darmstadt ist.

Die angesprochenen Fragebögen sind die jüngste Bürokratiewelle, der über die deutsche Wirtschaft schwappt. Ursache sind verschiedene Gesetze und Verordnungen der EU, des Bundes und der Länder wie das »Lieferkettengesetz« oder »Environmental Social Governance (ESG)«. Dahinter steht der Plan, die Wirtschaft in Europa und somit auch Deutschland nachhaltig und ethisch korrekt auszurichten. Unternehmen sollen beispielsweise möglichst wenig Schadstoffe ausstoßen (Environmental), sie selbst und ihre Zulieferer sollen keine Kinder ausbeuten (Social) und einen möglichst hohen Anteil von Frauen in den Führungsgremien aufweisen (Governance). Nahezu alle großen und ein erheblicher Anteil der kleinen und mittleren Unternehmen müssen inzwischen eine Unmenge an Daten zu CO_2-Ausstoß in der Produktion, der Nachhaltigkeit ihrer Produkte und Dienstleistungen und hunderten weiterer Kriterien sammeln, aufbereiten und auf Anfrage zur Verfügung stellen.

Christian Jöst stellt in seinem Familienunternehmen mit mehreren hundert Mitarbeitern Schleifmittel und Werkzeuge her. Die Maschinen und Werkstoffe aus dem Odenwald werden weltweit eingesetzt: in der Automobilindustrie oder bei der Herstellung von Weltraumraketen. Die Jöst GmbH ist ein sogenannter »Hidden Champion«, ein mittelständisches Unternehmen, das meist nur Fachleute kennen, aber in seinem Bereich Marktführer ist. Solche Unternehmen sind das Rückgrat des wirtschaftlichen Erfolgs in Deutschland. Jöst ist stolz darauf, dass er das Thema Nachhaltigkeit in seinem Unternehmen seit Jahren vorantreibt. Das hat ihm bei seinen Kunden weltweit ein gutes Image eingebracht. Das Ziel, die Wirtschaft nachhaltig und möglichst klimaneutral zu gestalten, unterstützt der Unternehmer nachdrücklich: »Ich glaube, dass die meisten Unternehmer erkannt haben, dass du ohne nachhaltiges Wirtschaften langfristig keinen Erfolg haben wirst.« Nur über den bürokratischen Weg dorthin kann er sich trotz seines lebensfrohen Naturells nachhaltig ärgern. Denn: »Wir Deutschen haben immer den Drang, Sachen nochmal genauer zu machen als der ganze Rest.«

Spitzenstellung – in der Bürokratie

Der Satz klingt wie ein böses Omen, man hört ihn immer wieder in Gesprächen mit Handwerkern, Freiberuflern, Unternehmern und vielen Bürgern. Denn auf keinem Gebiet verteidigen die Deutschen ihre Spitzenstellung so hartnäckig wie in der Bürokratie. Es gibt unzählige Geschichten über den Irrsinn, der sich bei der Umsetzung gut gemeinter Gesetze und Verordnungen abspielt. Ganz vorne mit dabei ist der Datenschutz, genauer gesagt die »Datenschutz-Grundverordnung (DSGVO)«. Mit Einführung der DSGVO muss jeder Unternehmer und Handwerker seinen Kunden in einer Datenschutzerklärung aufzeigen, welche Daten er über sie erhebt und wie diese verarbeitet werden. Das Gesetz gilt in der gesamten Europäischen Union – auf dem Papier.

»Ich habe gefühlt von jedem Menschen auf der Welt einen Brief bekommen, wie er mit meinen Daten umgeht«, erzählt Christian Jöst. »Aber das waren alles Deutsche. Wir liefern europaweit und unsere Lieferanten sitzen in europäischen Nachbarländern. Raten Sie mal, wie viele der 500 Mails und Briefe mit Datenschutzerklärungen aus dem Ausland kamen – genau eine.« Aber in Deutschland sah sich sogar der Getränkelieferant, der dem Unternehmen wöchentlich ein paar Kästen Sprudel liefert, gezwungen, eine sechsseitige, eng bedruckte Datenschutzerklärung zu verschicken. »Stellen Sie sich diesen

Irrsinn vor. Und multiplizieren Sie das mal mit all den anderen Vorschriften und Regelungen.« Jöst schüttelt den Kopf.

Bürokratie in Deutschland schafft Arbeitsplätze – und es werden von Jahr zu Jahr mehr. So hat inzwischen fast jeder mittelständische Automobilzulieferer eine eigene Abteilung, die Fragebögen ausfüllt. Jedes Mal, wenn man sich bei einem Autohersteller um einen Auftrag bewirbt, verlangt dieser einen Berg von Informationen. Alle großen Unternehmen sind dazu gesetzlich verpflichtet. Bis ins kleinste Detail müssen Daten über Emissionen, interne Verhaltensregeln und die finanzielle Situation des Unternehmens in umfangreichen Fragebögen festgehalten werden. Meist sind mehrere Mitarbeiter bis zu drei Monate mit diesem bürokratischen Prozess beschäftigt. Und bei der nächsten Bewerbung geht die Arbeit wieder von vorne los, denn es gibt hunderte verschiedener Fragebögen.

Der Manager eines dieser Autozulieferer, der seinen Namen nicht nennen möchte, findet den Umbau der Wirtschaft hin zur Klimaneutralität richtig. Schließlich will auch er seinen Kindern eine lebenswerte Welt hinterlassen. Doch auch ihn plagen immer wieder Zweifel an der ausufernden Bürokratie in Deutschland. Schließlich stehe sein Unternehmen im Wettbewerb mit Konkurrenten aus anderen EU-Ländern und auch aus Asien. »Wenn dort die gemeldeten Daten nicht streng oder gar nicht kontrolliert werden«, befürchtet er, »ist das für uns ein Wettbewerbsnachteil. Denn dann müssen sich die Konkurrenten in Osteuropa oder Asien nicht an die Regeln halten.«

Alle wollen Bürokratie abbauen. Keine Regierungserklärung, kein Vortrag vor Wirtschaftsverbänden, ohne dass Politiker und Beamte aller Parteien vollmundig versprechen, Vorschriften vereinfachen oder gar abschaffen zu wollen. Doch bei keinem politischen Ziel sind alle Bundes- und Landesregierungen in den letzten Jahren so sehr gescheitert wie beim Bürokratieabbau. So ist die Zahl der Gesetze auf Bundesebene seit 2010 um über 100 von 1.668 auf 1.797 gestiegen, hinzu kommen die sogenannten Rechtsverordnungen, deren Zahl von 2.655 auf 2.866 kletterte (Zahlen von Mai 2024). Unzählige Kommissionen und Ausschüsse haben nur einen Effekt: Die Gesamtzahl der Vorschriften ist in den vergangenen drei Jahren relativ stabil geblieben. Bürokratieabbau sieht anders aus.

Dabei ist das Problem vielerorts erkannt. So urteilt der ehemalige Chef der Bundesagentur für Arbeit, Frank-Jürgen Weise: »Die Jobcenter sind von der Bürokratie wie gelähmt. Das System ist völlig intransparent, es ist nicht mehr steuerbar.« Die Kritik von Weise, der die Nürnberger Behörde von 2004 bis 2017 leitete, richtet sich vor allem gegen die Unterstützung mit dem sogenannten Bürgergeld. Mehr als 40 Milliarden Euro schütten die Jobcenter dafür jährlich aus. Empfänger sind Menschen, die sonst unterhalb des Existenzminimums leben würden: weil sie arbeitslos sind, ihre Arbeit für das Existenzminimum nicht ausreicht oder weil sie zum Beispiel wegen der Übernahme von Care-Arbeit, aus gesundheitlichen Gründen oder wegen einer Weiterbildung nicht arbeiten können. Es sind aber auch schätzungsweise mehrere Hunderttausend Frauen und Männer darunter, die nach Ansicht des ehemaligen Chefs der Bundesagentur schlicht nicht arbeiten wollen – und damit durchkommen.

Solche Kritik macht Schlagzeilen und erhitzt die Gemüter an den Stammtischen. Oft sind es aber auch schlichte wirtschaftliche Erwägungen, die Empfänger staatlicher Leistungen davon abhalten, eine Arbeit aufzunehmen. Ein Beispiel, das eines der führenden deutschen Wirtschaftsforschungsinstitute, das ifo-Institut, 2024 veröffentlicht hat: Ein Ehepaar lebt mit zwei Kindern in München. Der Mann arbeitet Vollzeit, die Frau kümmert sich um die Kinder und trägt mit einem Minijob zum Haushaltseinkommen bei. Im Monat verdient das Paar 3.500 Euro brutto. Ginge es nach der Bundesregierung und vielen Experten, würde die Frau mehr arbeiten, wenn nur die Kinderbetreuung gesichert wäre. Ökonomisch macht das aber keinen Sinn. Der Grund: Das Paar bezieht Wohngeld und Kinderzuschlag. Verdienen sie mehr, sinken automatisch die staatlichen Zuschüsse. »Für ein Paar mit zwei Kindern in München ist es egal, ob es 3.500 Euro brutto verdient oder 6.000 Euro«, sagt Professor Andreas Peichl vom ifo-Institut. »Netto kommt immer das Gleiche heraus, es sind höchstens 20 oder 30 Euro mehr oder weniger.« In dieser Situation macht es für die Frau ökonomisch keinen Sinn, mehr zu arbeiten. Das soziale Sicherungssystem verkehrt sich ins Gegenteil, es erstickt jede Initiative.

Gut gemeint – schlecht gemacht

Die Liste der bürokratischen Verfahrensmängel ließe sich fast beliebig fortsetzen. Doch alle Klagen, alle noch so heftige Kritik, alle Gelöbnisse der Besserung haben bisher zu keiner Lösung geführt. Um den Ursachen auf die Spur zu kommen, muss man sich vom täglichen bürokratischen Kampf entfernen, Abstand gewinnen. Die Grundannahme sollte sein, dass es nicht böse Herrscher aus der Unterwelt oder finstere Gestalten sind, die durch Überbürokratisierung das gesellschaftliche System zum Einsturz bringen wollen. Die Ideen hinter den Gesetzen und Verordnungen sind politisch durchdacht und gut gemeint. Die Probleme entstehen bei der Umsetzung. Politikwissenschaftler sprechen von der »Black Box«. Damit ist die Vielzahl von Experten, Gremien und Behörden gemeint, die an der Umsetzung politischer Ziele beteiligt ist. Zuerst werden Gesetze formuliert, dann wird die Umsetzung der Gesetze in Verordnungen präzisiert, bürokratische Verfahren und Kontrollinstrumente werden entwickelt. Und oft oder sehr oft kommt am Ende etwas anderes heraus, als vorher geplant war. Diese Entwicklung ist in Deutschland leider zur Perfektion getrieben worden, weil sie der allgemeinen Denkweise in den Schaltzentralen von Politik, Staat, Wirtschaft und Gesellschaft entspricht.

Seit den 1990er Jahren hat sich in Deutschland etwas grundlegend verändert. Wir sind nicht mehr das Land der Ingenieure und erinnern uns kaum noch daran, das Land der Dichter und Denker gewesen zu sein. Wir sind in den letzten Jahrzehnten ein Land der Juristen geworden. Während bis in die 80er Jahre die Mehrzahl der Unternehmen in Deutschland von ausgebildeten Ingenieuren und Naturwissenschaftlern geführt wurde, sitzen heute in den Chefetagen vor allem Juristen. Auslöser waren die Globalisierung und der Aufstieg der Finanzmärkte. Banken und Investoren versuchten, über Regulierungsprozesse mehr Kontrolle über die Unternehmen auszuüben, was ihnen auch gelungen ist. Nicht Innovationen, sondern Rechtsfragen stehen heute im Mittelpunkt der Unternehmensführung, und dafür scheinen Juristen deutlich besser geeignet als Ingenieure oder Naturwissenschaftler.

Eine weitere Dynamik hat der Überbürokratisierung den Weg bereitet: Politische und gesellschaftliche Prozesse sind in Deutschland konsensorientiert.

Hierzulande versuchen (fast) alle Akteure, Konflikte zu vermeiden oder zumindest nicht eskalieren zu lassen. Im Vergleich zu vielen anderen Ländern hat dies bislang zu einem deutlich friedlicheren Miteinander beigetragen. Ein Indikator dafür ist die Zahl der Streiks. Im Jahr 2022 beispielsweise fielen pro 1.000 Beschäftigte 6,5 Streiktage an. Das ist der niedrigste Wert in Europa. Bei unserem Nachbarn Frankreich waren es dagegen 105 Tage: Das sind 16-mal mehr. Nicht nur in Sachen Streikbereitschaft sind die Deutschen friedfertig. Um diesen sozialen Frieden zu sichern, versuchen Politik und Verwaltung, möglichst gerechte und ausgleichende Gesetze und Regelungen zu schaffen, die nahezu jeden Einzelfall berücksichtigen. Das Ergebnis sind Paragraphenwüsten wie das deutsche Steuerrecht, das selbst für Fachleute wie Wirtschaftsprüfer und Steuerberater kaum noch durchschaubar ist. Gerade diese Fachleute profitieren aber auch von diesem Dschungel an Regeln und Ausnahmen. Nach Schätzungen von Experten und selbst der Berufsverbände der Steuerberater und Wirtschaftsprüfer würde eine naheliegende Vereinfachung der steuerlichen Verfahren zu einem Umsatzrückgang der Branche von bis zu 20 Prozent führen. Bei einem Jahresumsatz von weit über 30 Milliarden Euro geht es also um einige Milliarden Euro pro Jahr. Für ein Konjunkturprogramm dieser Größenordnung würde sich derzeit jede Bundesregierung feiern lassen. Doch es gibt nichts zu feiern, denn in den Kommissionen zum Abbau von Vorschriften und Regelungen im deutschen Steuerrecht sitzen auch diejenigen, die davon profitieren: Finanzbeamte und Lobbyisten.

Nicht weniger, sondern mehr Einwanderer braucht das Land

Deutschland steckt wirtschaftlich in der Krise, das bestreitet außer Bundeskanzler Olaf Scholz kaum jemand. Alle Experten sind sich einig, dass wir dringend bürokratische Regelungen und Verfahren abbauen müssen. Mindestens ebenso dringend braucht Deutschland aber Zuwanderer, um die wirtschaftliche Leistungsfähigkeit und die Sozialsysteme auch in Zukunft zu erhalten. Ohne Zuwanderung wäre die Bevölkerungszahl in Deutschland bereits seit den 80er Jahren kontinuierlich gesunken. Nach einer Modellrechnung würden heute nicht rund 83 Millionen, sondern deutlich unter 60 Millionen Menschen in der Bundesrepublik leben – mit einem deutlich höheren Altersdurchschnitt. Ganze Branchen hätten keine Arbeitskräfte mehr gefunden, tausende Unternehmen wären insolvent oder gar nicht erst gegründet worden. Wirtschaftlich wäre Deutschland deutlich zurückgefallen, die Sozialsysteme wären bald kaum noch funktionsfähig.

Ähnlich stellen sich die Zukunftsaussichten Deutschlands heute dar, wenn es nicht gelingt, die Zahl der Zuwanderer in den nächsten Jahrzehnten zumindest auf hohem Niveau zu halten. Vor allem die Zahl der gut ausgebildeten und beruflich qualifizierten Zuwanderer muss erhöht werden. Zwar sind in den letzten Jahren mehrere Millionen Menschen nach Deutschland gekommen, doch handelte es sich dabei zu einem großen Teil um Flüchtlinge und Asylsuchende mit einem geringen oder schlechten Bildungsniveau. Die Lücken auf dem Arbeitsmarkt waren und sind daher nur schwer zu schließen.

Die Bundesregierung hat sich zum Ziel gesetzt, dass die Nettozuwanderung künftig bei rund 400.000 Personen pro Jahr liegen soll. Netto bedeutet, dass mehrere hunderttausend Menschen mehr zuwandern als abwandern. Da jährlich rund eine Million Menschen die Bundesrepublik verlassen, bedeutet dies: Fast 1,5 Millionen Menschen müssen pro Jahr nach Deutschland einwandern. Diese Zahl erscheint vielen Bürgern enorm hoch, beschreibt aber nur die eine Seite der Medaille. Denn die andere Seite ist, dass laut einer Studie derzeit nur 30 bis 40 Prozent der Zuwanderer hochqualifiziert sind. Die Bundesregierung und auch Wirtschaftsforscher halten einen etwa doppelt so hohen Anteil für notwendig. Also mehr Programmierer aus Indien, mehr Pflegekräfte aus Osteuropa, mehr Ärzte aus allen Teilen der Welt. Doch bisher ist Deutschland für diese Hochqualifizierten nicht attraktiv.

Nehmen wir zum Beispiel einen IT-Spezialisten aus Indien, der fließend Englisch spricht, verheiratet ist und zwei Kinder hat. Er sucht eine neue Heimat und attraktive Karrierechancen. Und er kann es sich fast aussuchen. Fast überall auf der Welt werden Fachkräfte wie er gesucht, aber die Bedingungen sind sehr unterschiedlich: Viele Bewerber schätzen an Deutschland die hohe Lebensqualität, die soziale Sicherheit, die guten Arbeitsbedingungen und die beruflichen Qualifizierungsmöglichkeiten. Gegen einen Umzug nach Deutschland sprechen jedoch die Sprachbarriere, die vergleichsweise niedrigen Gehälter und die fehlende Willkommenskultur. Ein weltweit gesuchter IT-Spezialist wie in diesem Beispiel kann hierzulande durchschnittlich rund 60.000 Euro im Jahr verdienen. In den USA liegen die Gehälter zwischen 100.000 und 300.000 Dollar. Vor allem aber muss unser Spezialist für die USA keine Fremdsprache lernen, da er bereits fließend Englisch spricht. Außerdem findet er jenseits des Atlantiks die Kultur eines klassischen Einwanderungslandes vor. In den USA fühlt man sich als Ausländer nicht fremd, sondern wie einer unter vielen. Außerdem hat der Spezialist aus Indien eine Familie. Seine Ehefrau muss in der Regel schon vor der Einreise nach Deutschland einfache Deutschkenntnisse auf dem Niveau A1 nachweisen. Nur auf Antrag machen die deutschen Behörden Ausnahmen für besonders Hochqualifizierte. Unser Informatiker kann sich aber auch in den USA bewerben, denn dort verlangt der Staat von seiner Ehefrau keine Sprachkenntnisse. Grundsätzlich sind Sprachkenntnisse in den USA keine Voraussetzung für die Erteilung eines Visums oder einer Arbeitserlaubnis. Wie wird wohl die Diskussion am Familientisch in Indien verlaufen?

Die deutsche Zuwanderungspolitik für Fachkräfte folgt bis heute der Prämisse, dass sich die Menschen bei uns bewerben sollen. Dass Deutschland sich bei ihnen bewerben muss, kommt der Mehrheit der Bürger und Entscheidungsträger nicht in den Sinn. Von Zuwanderern keine Deutschkenntnisse zu verlangen, erscheint vielen als Sakrileg. Dabei zeigt ein einfacher Vergleich, wer in der besseren Position ist: Weltweit beherrschen rund 140 Millionen Menschen die deutsche Sprache. Mehr als doppelt so viele sprechen Französisch, dreimal so viele Arabisch und zehnmal so viele Englisch.

Hinzu kommt der bürokratische Aufwand, der auf jeden Zuwanderer zukommt und viele abschreckt. Wer in anderen Teilen der Welt als hochqualifiziert gilt, ist es hierzulande erst einmal nicht – zumindest, wenn er aus einem Land außerhalb der EU kommt. Eine Ärztin mag in anderen Teilen der Welt Hunderte von Operationen durchgeführt haben, in Deutschland werden ihre Berufsabschlüsse zunächst nicht anerkannt. Sie muss ihre Kompetenz erst vor verschiedenen Gremien nachweisen. Das kann bei Ärzten bis zu zwei Jahre dauern. Ähnlich sieht es bei anderen Hochqualifizierten wie Juristen, Ingenieuren oder Lehrern aus Nicht-EU-Ländern aus. Aber sind es nicht gerade diese Fachkräfte, die Deutschland dringend braucht?

Aber bleiben wir beim Beispiel des indischen IT-Spezialisten. Sollten er und seine Familie sich trotz aller Widrigkeiten für eine Einreise nach Deutschland entscheiden, stellt sich unweigerlich das nächste große Problem: die Wohnungssuche.

Der Wohnungsmangel – die Achillesferse jeder Reform

Kaum ein soziales Problem belastet die deutsche Gesellschaft derzeit so sehr wie der Wohnungsmangel. Er ist die Achillesferse jedes wirtschaftlichen Aufschwungs. Vor allem in den Ballungsräumen finden Unternehmen kaum noch Bewerber, weil ein Zuzug kaum möglich ist. Die Wohnungsmieten sind vielerorts auf einem Niveau, das jede Lohnerhöhung auffrisst. Eine Entwicklung, die seit Jahrzehnten absehbar ist, die aber die wechselnden Bundesregierungen unter Führung von CDU/CSU und SPD sowie unter Beteiligung von FDP und Grünen nicht zu energischem Handeln veranlasst hat. Neben staatlichen Wohnungsbauprogrammen ist auch hier vor allem der Abbau von Bürokratie dringend erforderlich. Denn in kaum einem anderen Wirtschafts- und Planungsbereich ist der Dschungel aus Gesetzen, Verordnungen, Durchführungsverordnungen und Normen so undurchdringlich.

Das Problem: Wer baut, hat es nicht nur mit Vorgaben der EU und des Bundes zu tun. Auch die Länder und sogar die Kommunen mischen im Baurecht mit eigenen, teils widersprüchlichen Regelungen und Vorgaben mit. Umweltauflagen, Brandschutzvorschriften, Materialvorgaben und planungsrechtliche Verfahren auf drei Ebenen treiben die Kosten für Bauvorhaben in die Höhe – und natürlich haben auch Lobbyisten ihren Anteil daran. Wer in Deutschland ein Haus oder ein anderes Gebäude baut, muss im Schnitt mit 15 bis 20 Prozent höheren Kosten rechnen als in vielen anderen europäischen Ländern. Mit einem drastischen Abbau der Überbürokratisierung könnten die Baukosten deutlich gesenkt werden. 10 bis 15 Prozent niedrigere Preise wären mit vereinfachten Vorschriften problemlos möglich, urteilen zahlreiche Studien. Allein dies würde der krisengeschüttelten Branche vermutlich einen gewaltigen Auftragsschub bescheren.

Aber auch hier erweist sich die föderale Struktur in Deutschland als Pferdefuß. Nehmen wir das naheliegende Beispiel, dass ein Unternehmen ein leerstehendes Bürogebäude, für das kaum noch Nachfrage besteht, in ein Wohngebäude umwandeln möchte, für das eine große Nachfrage besteht. Solche Umnutzungen sind derzeit von der Politik auf Bundes-, Landes- und kommunaler Ebene gewollt, aber jeder will mitreden. Sagen wir, das Gebäude steht in einer beliebigen Großstadt in Deutschland. Der Eigentümer muss mit seinem Architekten zunächst die Vorgaben des Bundesbaugesetzbuches beachten und eine Genehmigung für die Nutzungsänderung beantragen. Jedes Bundesland stellt weitere Anforderungen, die natürlich von Bundesland zu Bundesland unterschiedlich sein können. Hier werden dem Unternehmer unter anderem die Größe der neu zu schaffenden Wohnungen und die Raumhöhe vorgeschrieben. Auf kommunaler Ebene kommen weitere bürokratische Vorgaben hinzu: So wird vielerorts ein Stellplatz pro Wohnung gefordert. Verfügt der Investor nicht über ausreichend Stellplätze, muss er diese schaffen oder eine Ablösezahlung an die Kommune leisten. Pro Stellplatz verlangen die Kommunen in Deutschland zwischen 5.000 und 30.000 Euro. Das treibt die Kosten für die Umnutzung eines Bürogebäudes in die Höhe.

Wenig Korruption, aber auch wenig effektiv

Bürokratie ist nicht grundsätzlich schlecht, sondern für das Funktionieren eines Rechtsstaates absolut notwendig. Der Erfolg der öffentlichen Verwaltung steht und fällt mit der Qualität ihrer Mitarbeiter. Hier kann Deutschland im internationalen Vergleich punkten. So zeichnen sich deutsche Beamte und Verwaltungsangestellte durch Gründlichkeit und Risikovermeidung aus. Korruption kommt in deutschen Amtsstuben selten vor. Bei der Vergabe von Bauaufträgen beispielsweise liegt Deutschland zusammen mit Skandinavien auf dem niedrigsten Korruptionsniveau. Dies ist im internationalen Vergleich ein positives Merkmal des Wirtschaftsstandortes. Allerdings führt die starke Fixierung auf formale Abläufe und umfangreiche Dokumentationen zu langen Bearbeitungszeiten und Genehmigungsverfahren. Auch hier wird eine gute Idee durch den deutschen Hang zur bürokratischen Perfektion verwässert.

Beispiel Brandschutz: Gegen Brände in Gebäuden versucht Deutschland seine Bürger ebenso zu schützen wie die Nachbarländer. Alle orientieren sich an umfassenden EU-Regelungen, doch in Deutschland bleibt es nicht dabei. Hierzulande setzen DIN-Kommissionen und die Bundesländer noch einen drauf: So sind nur spezielle Baustoffe zugelassen, die Planungen sind aufwendiger. Ergebnis: Die Kosten für den Brandschutz liegen in Deutschland um 20 Prozent höher als in Frankreich. Trotzdem ist die Zahl der Opfer von Haus- und Gebäudebränden in Frankreich sogar etwas niedriger.

Die Kritik nun einseitig auf Politik und Verwaltung zu richten, greift zu kurz. Denn welche Baustoffe im Brandschutz verwendet werden dürfen und viele andere kostspielige Vorschriften werden von Kommissionen erarbeitet, in denen Fachleute sitzen, die auch ihre eigenen Interessen im Blick haben. Entbürokratisierung wird im Baurecht wie in fast allen anderen Bereichen von denen betrieben, die von der bestehenden Bürokratie profitieren. Der Bock wird zum Gärtner gemacht!

Kein Wunder, dass bei den Beratungen zum »Vierten Bürokratieentlastungsgesetz«, für das sich die Bundesregierung feiern ließ, zwei Drittel aller Entlastungsvorschläge nicht umgesetzt wurden. Sie zur weiteren Beratung in die zuständigen Gremien und Fachausschüsse verwiesen und starben dort einen langsamen Tod. Denn von dort kommt selten eine Entbürokratisierungsidee zurück. Es mangelt hierzulande nicht am grundsätzlichen guten Willen, aber es gibt auf allen Ebenen von Politik, Wirtschaft und Gesellschaft zu viele Bedenkenträger, die nur ihren eigenen Standpunkt zur Maxime ihres Handelns machen und das große Ganze aus den Augen verloren haben.

Digitalisierung versäumt, Regulierung überbordend

Dabei wächst der Handlungsdruck fast täglich. Die Globalisierung hat auch hierzulande viele eingefahrene Verhaltensweisen und Abläufe durcheinandergebracht. Die Zahl der Menschen, die weltweit Arbeit suchen, hat sich seit dem Fall der Mauer vervielfacht. Nach Angaben der Internationalen Arbeitsorganisation stieg die Zahl der Erwerbstätigen weltweit von 2,5 auf 3,5 Milliarden. Menschen in Deutschland konkurrieren heute mit Menschen auf anderen Kontinenten um Arbeitsplätze. Die Aufträge der Unternehmen gehen fast immer dorthin, wo die Arbeitskosten und damit die Löhne niedrig sind.

- Deutsche Autohersteller wie VW, BMW und Daimler haben Produktionsstätten rund um den Globus aufgebaut, die Zahl der Beschäftigten in Deutschland ist kontinuierlich gesunken. Seit der Jahrtausendwende wurden hierzulande mehrere zehntausend Arbeitsplätze abgebaut, während weltweit rund zwei Millionen neue Jobs in der Automobilindustrie entstanden.
- Siemens und SAP haben Unternehmensteile nach Indien verlagert. Dies betrifft vor allem Abteilungen, in denen qualifizierte IT-Fachkräfte benötigt werden, oder Dienstleistungsbereiche wie Callcenter und Buchhaltung. In Indien gibt es keinen Arbeitskräftemangel und die Löhne liegen oft auf Hartz-IV-Niveau oder darunter.
- Die Bonner Telekom lässt Kundenanfragen per Mail, Social Media oder Telefon vor allem auf den Philippinen und in Indien bearbeiten. Ausschlaggebend waren auch hier die deutlich niedrigeren Personal- und Betriebskosten.

Möglich macht dies der Siegeszug der Digitalisierung. Datenkabel zwischen Kontinenten und Ländern lassen die Welt zusammenwachsen. Und in dieser Welt fällt Deutschland immer weiter zurück. Denn seit Jahrzehnten fehlt es an Investitionen in die digitale Infrastruktur. Schnelle Glasfaseranschlüsse sind in vielen europäischen Nachbarländern längst selbstverständlich. Hierzulande haben in der Vergangenheit alle Bundesregierungen die Weichen falsch gestellt. Immer wieder haben sich die Lobbyisten einflussreicher Verbände und Unternehmen durchgesetzt. Das Ergebnis: Die durchschnittliche Internetgeschwindigkeit liegt hierzulande im europäischen Vergleich weit hinten. Online arbeiten von Zuhause ist für viele Bürgerinnen und Bürger kaum oder nur eingeschränkt möglich. Zudem gibt es nach Angaben der Bundesnetzagentur noch immer einige tausend Orte und Regionen in Deutschland, die keinen oder nur eingeschränkten Mobilfunkempfang haben.

Dabei wollen alle digitaler und schneller arbeiten, auch die deutsche Verwaltung. Doch weil die Digitalisierung nur schleppend vorankommt, hat die Bundesregierung erst einmal »von oben« mehr Tempo verordnet – zum Beispiel bei Baugenehmigungsverfahren für dringend benötigte Windkraftanlagen. Dafür haben sich die zuständigen Ministerien einige Beschleunigungen einfallen lassen. So wurden die Fristen für die Bearbeitung und Entscheidung von Anträgen teilweise drastisch verkürzt. Das soll den Beifall der Bürgerinnen und Bürger finden, bei den zuständigen Mitarbeitern in den Verwaltungen löst es aber meist nur Kopfschütteln aus. Denn an der Vielzahl von Planungsvorgaben, Normen, Prüfkriterien und unzähligen Formularen hat sich kaum etwas geändert. Das führt zwangsläufig zu Frustration und Überforderung in den Amtsstuben. Die Energiewende und andere Wenden kommen so nur schleppend voran.

Ein Beispiel: Jedes Windrad, das Investoren in Deutschland bauen wollen, erfordert einen gigantischen Antragsaufwand. Für jede Windkraftanlage muss einzeln geprüft werden, ob Gesetze, Normen und auch Umweltvorschriften eingehalten werden. Der Prüfaufwand in einer Region vervielfacht sich dadurch, die Bearbeitungszeiten verlängern sich so stark, dass Investoren ihre Pläne oft aufgeben müssen. Im Landkreis Mittelsachsen, so der zuständige Landrat, seien Anträge erst nach sieben Jahren positiv beschieden worden. Das Problem: Die beantragten und geplanten Windkraftanlagen wurden da schon gar nicht mehr hergestellt.

Spätestens wenn Umwelt- und Artenschutz ins Spiel kommen, braucht fast jeder Investor starke Nerven. Schon der Verdacht, dass auf dem Gelände der geplanten Windkraftanlage ein oder mehrere Exemplare der Bechsteinfledermaus leben, kann das Aus für das Projekt bedeuten. Die Behörden sind dann verpflichtet, ein qualifiziertes Artenschutzgutachten einzuholen. Die Erstellung eines solchen Gutachtens dauert in der Regel zwei Jahre. Tierarten, die außer Biologen und Naturkundlern kaum ein Bürger mit Namen kennt, gehören seit Jahren zu den größten Gefahren für Bauprojekte. Kammmolch, Juchtenkäfer und Gelbbauchunke gehören zu den besonders gefährdeten Arten. Dort, wo sie leben, darf nach derzeitiger Rechtslage nur in Ausnahmefällen gebaut werden. Auch wenn die Folgen für die Bürger gravierend sind.

In Tübingen sind alle Verantwortlichen bis hin zum Oberbürgermeister bemüht, das renommierte Universitätsklinikum zu erweitern. Doch auf dem

Dach des Klinikums lebt nach Angaben von Umweltschützern der Ziegenmelker, eine bedrohte Vogelart aus der Familie der Nachtschwalben. Boris Palmer, der streitbare Tübinger Oberbürgermeister und Ex-Grüne, beklagt, dass sich der dringend notwendige Erweiterungsbau immer weiter verzögert. Drei Millionen Menschen in der Region sind auf das Klinikum für ihre Gesundheitsversorgung angewiesen. 250 Millionen Euro sollen investiert werden, neue Arbeitsplätze könnten entstehen. Doch zunächst braucht der Ziegenmelker ein geeignetes Ausweichquartier, so die Naturschützer. Dafür soll sogar ein Wald in der Nachbarschaft des Klinikums ganz oder teilweise gerodet werden. Kosten und Planungszeiten sind derzeit kaum kalkulierbar.

Der fast schon perfide Witz an dieser Provinzposse: Auf dem Dach der Uniklinik lebt derzeit kein einziges Exemplar des Ziegenmelkers. Das bestreiten auch Naturschützer nicht. Ob der seltene Vertreter der Nachtschwalben eines Tages wieder einzieht, kann niemand vorhersagen. Fest steht derzeit nur, dass die Tübinger noch längere Zeit auf den dringend benötigten Erweiterungsbau der Uniklinik warten müssen.

Dieser Irrsinn treibt selbst Verantwortliche in Verwaltung und Politik regelmäßig in Frustration oder gar Depression. Denn das Chaos, das durch Überbürokratisierung und veraltete Verwaltungsstrukturen entsteht, haben sie täglich vor Augen. So wünscht sich Dirk Neubauer, ehemaliger Landrat des Landkreises Mittelsachsen, seit Jahren eine einheitliche Digitalisierungsstrategie für die deutsche Verwaltung. Vorbild könnte zum Beispiel Estland sein. Dort existiert jeder Bürger digital nur einmal. Ein Datensatz, den sich Finanzämter, Einwohnermeldeämter, Sozialkassen und andere Behörden teilen. In Estland muss jeder Bürger seine Daten also nur an einer Stelle angeben und gegebenenfalls ändern.

In Deutschland, der führenden Wirtschaftsnation Europas, kann man von so viel Einfachheit nur träumen. Schätzungen zufolge existiert hier jeder Bürger digital rund 200-mal. Das Finanzamt hat einen Datensatz, das Einwohnermeldeamt einen anderen und so weiter. Das führt dazu, dass regelmäßig Gebührenbescheide an bereits Verstorbene verschickt werden. Denn der digitale Datensatz des Sterberegisters wird nicht mit den Datenbeständen anderer Behörden abgeglichen.

Paul Reifferscheid

Energiehunger und schleppende Energiewende

Laut einer aktuellen Umfrage halten 60 Prozent aller Bundesbürger den Staat derzeit für überfordert. Damit ist das Vertrauen in die Funktionsfähigkeit staatlicher Institutionen in der Bundesrepublik auf einem historischen Tiefstand. Man kann also von einer ausgewachsenen Krise sprechen, die seit Beginn des Krieges in der Ukraine an Dramatik zugenommen hat. Denn der Konflikt mit Russland hat eine wesentliche Säule der wirtschaftlichen Prosperität erschüttert: die Industrie.

Seit dem Zweiten Weltkrieg basiert die Wirtschaftskraft Deutschlands auf der Industrie. Kein anderes europäisches Land hat eine vergleichbare Fertigungstiefe, einen vergleichbaren industriellen Kern. Der Dienstleistungssektor ist hierzulande nicht leistungsfähiger als in Frankreich oder Spanien. Der Wohlstand in Deutschland beruht auf der Automobil- und Chemieindustrie, dem Maschinenbau, der Pharmaindustrie und anderen Branchen. Doch dieser industrielle Kern steht massiv unter Druck, denn die hohen Leistungsbilanzüberschüsse waren nur mit billigem Erdgas aus Russland möglich. Seit Wladimir Putin den Deutschen den Gashahn zugedreht hat, sind die Energiekosten dramatisch gestiegen, teilweise um ein Vielfaches. Das hatte und hat zur Folge, dass viele Produktionsanlagen der chemischen Industrie oder anderer Branchen hierzulande nicht mehr wirtschaftlich betrieben werden können. Methanol oder Ammoniak werden nicht mehr in Deutschland, sondern in Asien, den arabischen Golfstaaten oder den USA hergestellt. Auch die Aluminiumindustrie sowie Zement-, Glas- und Stahlproduzenten haben Produktionsstätten zurückgefahren oder aufgegeben. Schätzungen zufolge hat dies bereits mehrere tausend Arbeitsplätze gekostet. Und die Entwicklung ist noch nicht zu Ende.

Der Abbau der energieintensiven Industrie in Deutschland erscheint vielen politischen Entscheidungsträgern mittlerweile als »alternativlos«. Die Diskussion um die Energieversorgung legt diesen Schluss nahe, denn die Ausbaupläne für grüne Energie weisen eklatante Lücken auf. Obwohl die Bereitschaft zur Energiewende auch in den Unternehmen groß ist, kritisieren vor allem Wirtschaftsverbände die Prognosen der Politik. Der Ausbau der Leitungsnetze hinkt den Plänen weit hinterher – kein Problem, meint die Bundesregierung. Der Strombedarf in Deutschland wird in den nächsten Jahren enorm steigen, nicht zuletzt wegen der vielen Elektroautos und Wärmepumpen. Dennoch halten Bund und Länder an den Plänen für einen vorgezogenen Kohleausstieg bis 2030 fest. Wie durch eine rosarote Brille blickt die Politik unverdrossen optimistisch in die Zukunft. Der Bundesrechnungshof verpasst Bund und Ländern deshalb regelmäßig Ohrfeigen: »Die bisherigen Maßnahmen zur Umsetzung der Energiewende sind unzureichend und bergen deshalb gravierende Risiken für die energiepolitischen Ziele«, urteilt Präsident Kay Scheller. Im Klartext: Die wirtschaftliche Leistungsfähigkeit Deutschlands droht verloren zu gehen.

Die eine erfolgversprechende Gegenmaßnahme, die die Lösung aller Energieprobleme verspricht, gibt es nicht. Das liegt aber vor allem an der falschen Strategie früherer Bundesregierungen und auch der wirtschaftlichen Eliten in Deutschland. Alle – auch die Manager der energieintensiven Industrie – waren gerngesehene Gäste bei Wladimir Putin und seiner Entourage. Niedrige Gaspreise und die Aussicht auf gute Geschäfte in Russland benebelten die Sinne, wie sich heute zeigt. Der Atomausstieg wäre wohl nie so schnell umgesetzt worden, wenn die Lücke in der Energieversorgung offensichtlich gewesen wäre. Aber selbst jetzt wirkt die politische Diskussion in Deutschland irritierend verquer. Es geht nicht darum, ob alle Bundesbürger in ein paar Jahren genug Strom haben, um ihre Elektroautos zu laden oder ihre Klimaanlagen in den immer heißer werdenden Sommern laufen zu lassen. Es geht längst um die Frage, ob Deutschland seine Stellung als wirtschaftliche Supermacht in Europa und als eine der leistungsfähigsten Volkswirtschaften der Welt halten kann. Ohne eine preiswerte und sichere Energieversorgung droht der Verlust des Wohlstands, weil viele gut bezahlte Arbeitsplätze in der Industrie verloren gehen und Unternehmen abwandern, die hohe Steuern in die öffentlichen Kassen zahlen.

Die kaputte Infrastruktur

Als Hemmschuh auf dem Weg zu einer nachhaltigen wirtschaftlichen Erholung erweist sich auch der hohe Investitionsbedarf in die analoge Infrastruktur. Tausende Brücken, über die die Menschen täglich mit dem Auto oder dem Zug fahren, sind marode und müssen neu gebaut oder aufwendig saniert werden. Der Zustand von Straßen, Autobahnen und vielen anderen Einrichtungen lässt seit Jahren zu wünschen übrig.

Das gefährdet den Wohlstand in Deutschland. Denn gleichzeitig steigen die Belastungen für die Sozialsysteme und die nationale Sicherheit. Der Investitionsbedarf in die Infrastruktur wird für die nächsten zehn Jahre auf 600 Milliarden Euro geschätzt – eine gewaltige Summe. Doch schon einmal hat Deutschland eine solche Mammutaufgabe gemeistert – nach der Wiedervereinigung. Und das nicht durch Sparen, sondern durch Wachstum. Das Wirtschaftswachstum erreichte in den 90er Jahren mit 2,3 Prozent pro Jahr ein Niveau, von dem man heute nur noch träumen kann. Nach der Jahrtausendwende schwächte es sich zwar etwas ab, lag aber immer noch über den heutigen Werten. Ein Prozent mehr Wirtschaftswachstum führt zu Steuermehreinnahmen von rund 20 Milliarden Euro pro Jahr. Über mehrere Jahre könnten damit die massiven Probleme beim Umbau der Wirtschaft und der Sozialsysteme gelöst werden. Deutschland müsste nur endlich zumindest mit dem Bürokratieabbau ernst machen.

An Willigen mangelt es nicht – auch nicht in der Verwaltung. Der ehemalige Landrat des Landkreises Mittelsachsen, Dirk Neubauer, fordert wie viele andere eigentlich Selbstverständliches: »Wir müssen die Kraft haben, Dinge wegzulassen, und zwar ersatzlos.« Und um die Überlastung der Behörden in den Griff zu bekommen, plädiert er für weniger Kontrollen. Man müsse den Bürgern mehr zutrauen – auch, um Bürokratie abzubauen und Verwaltung effektiver zu machen. Sein Rezept für Deutschland hier und heute: »Wir brauchen eine Mut- und Vertrauensoffensive in diesem Land.«

Weichenstellung für die Zukunft – Deutschland vor der Deindustrialisierung?

Michael Hüther

Seit geraumer Zeit wird die einzigartige Dichte an gesellschaftlichen Herausforderungen in modernen Demokratien thematisiert. Ohne Zweifel bemerkenswert sind zwei Aspekte der weltweiten Entwicklung: Von unten betrachtet fallen die Gleichzeitigkeit der krisenhaften Zuspitzungen und ihre weiten Auswirkungen auf. Man kann kaum noch durchatmen, eine Krise triggert die nächste. Und keine Krise bleibt lokal begrenzt, sondern greift regional weit aus, wenn sie nicht gar global wirkt. Von oben betrachtet aber gewinnen die Krisen als historische Ereignisse erst deshalb eine solche Bedeutung, weil sie mit Megatrends zusammenwirken, deren Fortschreiten bereits für sich genommen vieles grundsätzlich infrage stellt. Zu denken ist an die ökonomische Globalisierung, die digitale Transformation und den Klimawandel. Der Befund, dass keine Krise allein bleibt, kann somit aus zwei Sichtweisen beschrieben werden. Daraus folgt, dass der Blick auf Deutschland und seine Verwerfungen nur realistisch ist, wenn die globalen Spannungen bedacht werden.

Für den transatlantischen Westen kommt aber noch eine weitere Wirkungsebene hinzu: Wesentliche Treiber der wirtschaftlichen Entwicklung moderner Industriegesellschaften in den vergangenen zwei Jahrhunderten fallen heute aus. Wir sind gerade dabei, unsere Wirtschaftsweise grundlegend zu dekarbonisieren. Das bedeutet das Ende einer zweihundertjährigen Geschichte der immer effizienteren Nutzung fossiler Energieträger. Zugleich ist in vielen ausgereiften Volkswirtschaften in der nördlichen Hemisphäre eine Bevölkerungsentwicklung zu beobachten, die über die mehr oder weniger dynamische Alterung in einen umfassenden Fachkräftemangel führt. Es gibt also nicht länger eine fortlaufend steigende Erwerbsbeteiligung bei steigendem Pro-Kopf-Einkommen – auch dies ein wesentlicher Treiber moderner Industriegesellschaften in den vergangenen zwei Jahrhunderten.

Man kann das, was wir gerade erleben, als das Ende der europäischen Moderne bewerten. Das ist die große Rahmengeschichte für die Wirrnis aus aktuellen Krisen und Megatrends. Das Resultat sind – bewusst reflektiert oder nur gespürt – Macht- und Einflussverschiebungen aus Europa, aber aus dem transatlantischen Westen insgesamt in andere Regionen der Welt. Heute richten die Vereinigten Staaten den Blick immer stärker über den Pazifik als über den Atlantik. Europa kann künftig trotz des Beistandsartikels im NATO-Vertrag (Artikel 5) nicht mehr damit rechnen, dass die USA sich weiterhin auch als »europäische« Nation verstehen und hier Verantwortung übernehmen. Die Unterstützung der Ukraine ist vermutlich das letzte Mal, dass die USA sich so engagieren. Jedenfalls ist nicht absehbar, ob dieses zerrissene Land überhaupt wieder zu einer gemeinsamen Basis für das Miteinander zuhause oder für die Kooperation in Bündnissen und Allianzen finden wird. Das thematisiert Arthur Landwehr in seinem Beitrag zu diesem Band.

Die Hoffnung, die vielfältigen Herausforderungen aufgrund europäischer Erfahrungen und nach europäischen Standards bewältigen zu können, trügt jedenfalls. Die Menschen erkennen es daran, dass heute Krisen und der Versuch ihrer Bewältigung nicht mehr selbstverständlich mit der Erwartung verbunden sind, dass es danach wieder besser wird, dass es wieder so wird, wie es zuvor war. Dabei wirkt mit, dass die globalen Spannungen in den wohlstandsstarken Industrieländern wie Deutschland auf hausgemachte Schwierigkeiten treffen.

- Das gilt für die *bürokratischen Verkrustungen* des Staates. Bürokratien sind aber kein Exklusivgut der öffentlichen Verwaltung, die auf immer komplexere lebensweltliche Bedingungen mit immer spezifischeren Regelungen antwortet. Bürokratie ist beispielsweise ebenso in international verorteten Großunternehmen, den sogenannten Multinationals, zu beobachten. Dort führt nicht nur die Sorge vor wachsenden Compliance-Anforderungen gegenüber länderspezifischen Gesetzen, sondern auch der Steuerungsanspruch im Unternehmen nicht selten zu verhärteten Strukturen. All dies – ob beim Staat oder bei den Unternehmen – kostet Zeit und damit Geld und verschwendet volkswirtschaftliche Ressourcen.
- Die *Infrastruktur* – alle Netzsysteme und öffentlichen Leistungen der Daseinsvorsorge – ist in Deutschland in keinem adäquaten Zustand, das zei-

gen die jeweiligen Zustandsberichte. Schon seit über zwei Jahrzehnten wendet Deutschland – gemessen an der gesamtwirtschaftlichen Leistungsfähigkeit – weniger für öffentliche Investitionen auf als der EU-Durchschnitt. Im Wohnungsbau erreichen die Verluste an nutzbarem Wohnraum mittlerweile 40 Prozent der jährlichen Investitionen, im öffentlichen Bau und Gewerbebau liegt dieser Anteil sogar bei 90 Prozent. Auch die marode Infrastruktur hat mittlerweile erhebliche volkswirtschaftliche Kosten zur Folge, die sich mit weiterer Verzögerung überproportional erhöhen und auf den künftigen Generationen lasten.

- Die *demografische Alterung* trifft die Bundesrepublik ganz besonders. Wegen der anhaltend hohen Arbeitslosigkeit beschränkte sich die Wahrnehmung von Politik und Gesellschaft lange auf die Frage, was die Alterung für die Finanzierung der Rente bedeutet. Dass der Arbeitsmarkt eine Problemumkehr erfahren könnte – von der Unterbeschäftigung zum Arbeitskräftemangel –, lag außerhalb der Vorstellungswelt. Politische Antworten zielten deshalb darauf, ältere Beschäftigte besser früher in den Ruhestand zu schicken, um damit Jüngeren eine höhere Chance auf Beschäftigung zu verschaffen. Ganz abgesehen davon, dass das dahinter liegende Bild einer festgelegten Anzahl von zu verteilenden Arbeitsplätzen zweifelhaft ist: Es hat ein negatives Altersbild gestärkt, das lange erschwert hat, Ältere auf dem Arbeitsmarkt zu halten.

Zudem ist bei deutschen Unternehmen ein hohes Maß an Strategieunsicherheit zu beobachten: Zwar verheißen die ökonomischen Trends der Digitalisierung und der Dekarbonisierung – neben den unstreitigen großen Herausforderungen – auch große Chancen. Allerdings berichten Unternehmen, dass ihnen nicht selten unklar sei, worin der konkrete Kundennutzen neuer digitaler Möglichkeiten bestehe. Das mag an mangelnden Kapazitäten und Kompetenzen liegen, doch ebenso an systematischer Überforderung mit Blick auf Beherrschbarkeit, Datensicherheit und Freiheitsrechte. Ähnliches gilt auch für die politische Gestaltung des Pfades zur Klimaneutralität. Mit welcher Industriepolitik ebnet man den Weg so, dass die Wettbewerbsfähigkeit nicht leidet? Welche finanziellen Lasten sind für Unternehmen und private Haushalte zumutbar, was hat der Staat zu leisten? Haben energieintensive Industrien in klassischen Industrieländern noch eine Chance und was würde das wirtschaftspolitisch erfordern? Wie kann das globale öffentliche Gut der

Klimaneutralität in unserem wirtschaftlichen und gesellschaftlichen Leben organisiert werden? Solange solche Fragen nicht geklärt sind, wissen auch Unternehmen nicht, worauf sie sich einstellen sollen.

Deutschland muss sich der Frage widmen, wie es in dem Gewirr aus akuten Krisen und längerfristigen strukturellen Verwerfungen seine Stellung in der Welt wahren und neue Möglichkeiten schaffen kann. Das wird nicht ohne grundlegende Veränderungen und Neuorientierungen gehen; das verlangt viel von der Gesellschaft und kann Spannungen verschärfen, die sich bereits abzeichnen. Es wird aber auch nur gelingen, wenn sich das Land auf seine bewährten Stärken besinnt und prüft, was daraus in die Zukunft führt; das bietet Chancen, die Bürgerinnen und Bürger einzubinden und mitzunehmen. Gerade das bietet eine aktive, gestalterische Perspektive, die der täglichen Erfahrung, nur Spielball globaler Entwicklungen zu sein, entgegen gehalten werden kann. Denn nichts ist *per se* nicht mehr konkurrenzfähig, es kommt – wie es in einer bekannten Werbung heißt – immer darauf an, was man daraus macht.

Im Mittelpunkt der weiteren Überlegungen steht deshalb immer zunächst die Frage, wo und wie hierzulande weitgehend autonom agiert werden kann: Welche Probleme sind hausgemacht? Welche Herausforderungen haben wir uns selbst gestellt? Welche Handlungsoptionen gibt es hier?

- Das führt erstens zur Frage nach der Struktur unserer Wirtschaft und den daraus resultierenden Handlungsbedingungen. Es geht um den langen Atem des Strukturwandels, der über Pfadabhängigkeiten hierzulande noch stärker als in den anderen europäischen Staaten oder in Nordamerika von der Industrialisierung geprägt ist. Heute geht es um den Übergang zur nationalen Klimaneutralität. Was können wir erwarten, was können wir leisten?
- Zweitens rückt damit der demografische Wandel in den Mittelpunkt, denn sowohl die Ursachen als auch die Abhilfen dafür liegen vor allem im eigenen Land. So wichtig eine gesteuerte Zuwanderung ist, können wir unsere Probleme nicht vollständig an andere Gesellschaften delegieren. Wir müssen also über die unausweichlichen Folgen des demografischen Wandels und die Verantwortung der Generationen sprechen. Welche Optionen ha-

ben wir, um dem alterungsbedingt schrumpfenden Arbeitsvolumen entgegenzuwirken?
- Schließlich geht es um den wirksamen Staat. Denn der Unmut der Menschen, der bis zur Ablehnung der demokratischen Ordnung führt, hat zumeist einen konkreten lebensweltlichen Hintergrund und Bezug. Nahezu alle großen Trends und die politischen Veränderungen vertiefen den Gegensatz zwischen Stadt und Land: die Infrastrukturdefizite, der demografische Wandel, die Energiewende, die Mobilitätswende, die Wärmewende und anderes mehr. Die Frage nach dem wirksamen Staat, der verlässlich für Wohlstand sorgt, entscheidet sich letztlich im regionalen Ausgleich. Um allgemeinen Wohlstand zu schaffen, sollte die Regionalpolitik eine vorrangige Rolle gegenüber der Sozialpolitik einnehmen.

Der lange Atem des Strukturwandels

Strukturelle Unterschiede in den modernen Volkswirtschaften sind nie nur ein Spiegel der aktuellen Marktbedingungen und der vorherrschenden Wirtschaftspolitik, sondern mindestens ebenso Ausdruck historischer Pfadabhängigkeiten. Die Ursache dieser Unterschiede liegt oft weit zurück im Beginn der landesspezifischen Industrialisierung oder es gab später grundlegende Weichenstellungen, die tief und nachhaltig in die volkswirtschaftlichen Strukturen eingegriffen haben – wie der »Big Bang« von Margarete Thatcher im Jahr 1986 zur Deregulierung der britischen Kapitalmärkte. So oder so hängen die heutigen Handlungsspielräume von solchen Pfadabhängigkeiten ab. Es lohnt sich, darüber zunächst Klarheit zu verschaffen. Man erkennt, was bei heutigen Entscheidungen auf dem Spiel steht, wenn man versteht, wie in der Vergangenheit Anpassungen gelaufen sind.

Das Vereinigte Königreich leidet bis heute darunter, dass die britische Industrie seit dem »Big Bang« stark an gesamtwirtschaftlicher Bedeutung verloren und im gegenwärtigen Strukturwandel kaum Ausstrahleffekte auf die Dienstleistungssektoren hat. Anders in Deutschland, das seine Industrie stets pflegte. Jedenfalls war die Industrie in Westdeutschland nie einem vergleichbaren Strukturschock ausgesetzt. Für Ostdeutschland freilich war die Öffnung zu den internationalen Märkten durch die Wiedervereinigung nach vier Jahrzehnten Planwirtschaft ein Transformationsschock. Interessanterweise haben aber neue industrielle Wertschöpfungsnetzwerke an alte Traditionen angeknüpft. Im internationalen Vergleich fällt das wiedervereinigte Deutschland mit einem robust hohen Anteil der Industrie am Bruttoinlandsprodukt auf. Dieser ist auch nach Pandemie und Energiepreisschock mit gut 20 Prozent nahezu doppelt so hoch wie in Frankreich, dem Vereinigten Königreich oder den USA.

Ein herausragendes Merkmal der Industrie hierzulande ist ihre enge und umfassende Verflechtung mit dem Dienstleistungssektor. Industrieunternehmen kaufen in großem Umfang Dienstleistungen ein und stellen damit einen wichtigen Absatzmarkt und eine Drehscheibe für die Wertschöpfung im Servicesektor dar. Der Verbund aus Industrie und Dienstleistung erklärt wesentliche Aspekte des deutschen Geschäftsmodells, da dadurch qualitative hochwertige Lösungen entlang des Lebenszyklus eines Industrieprodukts kundenspezifisch angeboten werden können. Die Industrie fungiert hierzulande als Ermöglicher für die anderen volkswirtschaftlichen Sektoren. In der Summe – originäre Wertschöpfung der Industrie und Verbundeffekt – ergibt sich so ein Anteil von fast 30 Prozent am Bruttoinlandsprodukt.

Vor allem international galt das lange als wenig attraktiv, jedenfalls als wenig zukunftsfähig. Ein zentrales Bedenken bezog sich auf langen Unternehmensgeschichten, die mit einer solchen industriellen Struktur maßgeblich verbunden sind. Innovationen finden in Deutschland vor allem innerhalb vorhandener Unternehmensstrukturen statt, während andernorts – insbesondere in den Vereinigten Staaten – primär neue Unternehmen die Innovationstreiber sind. Die Chance für bahnbrechende Innovationen sei deshalb in Deutschland geringer. Auch die Vorteile langlebiger Unternehmen, die sogenannten Lernkurveneffekte, würden überschätzt. Gerade im IT-Bereich ist es häufig tatsächlich so, dass die nächste Generation einer Technik von gänzlich neuen Anbietern stammt, während die bisherigen Unternehmen aus dem Markt ausscheiden. Doch je länger das deutsche Modell erfolgreich war, desto weniger konnte das Argument überzeugen, dass die deutsche Innovationskultur strukturkonservierend wirkt und allenfalls schrittweise Neuerungen ermöglicht.

Denn die Auswirkung solcher inkrementellen Veränderungen und Verbesserungen wird meist unterschätzt. Gerade in der klassischen Industrie erweist sich immer wieder, dass die laufende Optimierung der Abläufe erhebliche Effekte hat. Das setzt aber voraus, dass Unternehmen die Erfahrung, die Ausdauer und die Bereitschaft besitzen, sich beharrlich mit den eigenen Prozessen auseinanderzusetzen. Lange Unternehmensgeschichten sind also von zentraler Bedeutung. Insbesondere in mittelständischen Unternehmensstrukturen, meist in Familienbesitz, ist dafür auch eine andere deutsche Spezialität entscheidend: die duale Berufsausbildung, das duale Studium und unternehmensspezifische Weiterbildungsangebote, die das Erfahrungswissen sichern und anpassungsfähig machen.

Die hohe Präferenz für Langfristigkeit und Stabilität ist ein besonderes Kennzeichen des deutschen Geschäftsmodells. Lange Unternehmensgeschichten, ein hohes Maß an langfristiger Finanzierung über Banken, das strenge Prinzip, in der Buchhaltung unabhängig von den aktuellen Marktpreisen den geringsten Wert auszuweisen (»Niederstwertprinzip«), die große Bedeutung des gesellschaftlichen Versicherungsausgleichs, Lebensversicherungen mit Garantiezins, eine stabile Sozialpartnerschaft, langfristige Orientierung des Bildungssystem auf die »Realien« – die Liste der entsprechenden Charakteristiken des deutschen Standorts ließe sich verlängern. Um nicht missverstanden zu werden: Das soll nicht heißen, dass diese Aspekte für sich genommen oder im internationalen Vergleich positiv sind. Es geht allein darum, ein charakteristisches Grundmuster des Wirtschaftens in Deutschland zu erkennen.

Eine zentrale Ursache für diese Art zu wirtschaften liegt in der Geschichte der föderalen Struktur Deutschlands. Mitteleuropa und speziell das heutige Deutschland war in der Frühen Neuzeit politisch in kleinräumige Fürstentümer untergliedert. Der jeweilige Fürst war also vergleichsweise nah an seinen Untertanen und stand zugleich in Konkurrenz zu den benachbarten Fürstentümern. Das begründete seit dem 17. Jahrhundert eine im Kern fürsorgliche Politik, die man im Bereich der Wirtschaft heute als Standortpolitik bezeichnen würde. Während der Industrialisierung nach 1820 wurde diese Standortpolitik in den 35 Staaten des Deutschen Bundes besonders wirksam: Durch den Ausbau der Infrastruktur diejenigen Branchen, Cluster und Netzwerke gestärkt, die durch die spezifischen Ressourcen und die unterschiedliche Verfügbarkeit von Arbeit und Kapital in der jeweiligen Region angelegt waren.

Die Folgen sind bis heute prägend. Die räumliche Verdichtung in Wissens-, Vorleistungs- und Produktionsnetzwerken ermöglicht deutschen Unternehmen, kundenspezifische Lösungen innovativ, flexibel und kostenattraktiv anzubieten. Sie sorgte aber auch für eine stabile Wirtschaftsentwicklung, die ihren Ausdruck in der langen und breiten Geschichte der Familienunternehmen findet. Die industrielle Strukturentwicklung wurde gespiegelt durch die Entwicklung der Bankenwelt: Ab 1818 entstanden Sparkassen und seit den 1840er-Jahren Kreditgenossenschaften, die beide lokale und regionale Wirtschaftskreisläufe flexibel unterstützten und solide Finanzierung anboten; zur Mitte des Jahrhunderts gingen dann aus Privatbanken Aktienkreditbanken hervor, die großindustrielle Strukturen, aber auch Infrastruktur (Eisenbahn) finanzierten und dafür privates Kapital mobilisierten.

Der historische Hinweis lässt erahnen, wie stark die heutigen Strukturmerkmale der deutschen Volkswirtschaft von Entscheidungen im letzten Viertel des 19. Jahrhundert abhängen und wie viele Chancen deren Anpassungsfähigkeit immer wieder eröffnet hat. Die innovativen Potenziale der regionalen Wertschöpfungsverbünde, die breit verankerte Innovationskultur und die Ausbildung notwendiger Kompetenzen der Beschäftigten (*future skills* in der dualen Berufsausbildung) sind gerade beim Übergang zur Klimaneutralität gefordert. Die nötigen Anpassungen für die deutsche Volkswirtschaft sind zwar fundamental und dringend, aber auch realistisch.

Dafür muss aber das langfristige ökonomische Ziel politisch klar bestimmt werden. Denn der Anpassungsdruck für die deutsche Volkswirtschaft ist – zumindest in Friedenszeiten – völlig neu, da nicht der Markt die zeitliche Taktung und thematische Orientierung bestimmt. Es handelt sich um einen politisch definierten Strukturwandel per Termin. Durch den Emissionshandel ordnet er sich zwar zumindest in eine europäische Klimapolitik ein, aber international besteht dennoch ein Problem mit der Wettbewerbsfähigkeit: Weltweit werden nur 22 Prozent der CO_2-Emissionen überhaupt bepreist. Das bringt eine besondere politische Verantwortung mit sich. Das Ziel der klimapolitischen Anstrengungen war lange unterbestimmt. Mittlerweile wird deutlich dafür geworbern, nicht nur klimaneutral, sondern eine *klimaneutrale Industrieökonomie* zu werden. Die strukturellen Bedingungen auf der Angebotsseite der deutschen Volkswirtschaft sollen also nicht grundsätzlich infrage gestellt werden: Die Volkswirtschaft soll in Anerkennung der Pfadabhängigkeiten transformiert werden. Man hat erkannt, was auf dem Spiel steht. Und man konnte nicht übersehen, was die industriepolitischen Anstrengungen in den USA und in China für die Wettbewerbsposition Deutschlands bedeuten. Es gibt jedoch zahlreiche Unsicherheiten, wie die Politik agieren sollte, um dieses Ziel zu erreichen.

- Eine industriepolitische Klimapolitik muss verlässliche Erwartungen für international einigermaßen *wettbewerbsfähige Industriestrompreise* schaffen. Durch Russlands Angriff auf die Ukraine war es zu erheblichen Energiepreissteigerungen und -schwankungen gekommen. Für die Angebotssicherheit muss der Ausbau der Erneuerbaren Energien, der Übertragungsnetze, der Speicher und Grenzkoppelstellen forciert werden. Das genügt aber nicht, um einen stabilen Erwartungsrahmen für die jetzt relevanten Investitionsentscheidungen für die nächsten zehn und mehr Jahre zu schaffen. Entsprechend hat das Bundeswirtschaftsministerium 2023 vorgeschlagen, den Industriestrompreis massiv zu subventionieren, bis ausreichend Ökostrom zur Verfügung steht (»Brückenstrompreis«) – quasi eine Wette der Politik gegen sich selbst. Die Bundesregierung ist dem Vorschlag nicht gefolgt, die Preise würden sich schon von selbst wieder einpendeln.
- Die Transformation zur Klimaneutralität verlangt eine breit angelegte Investitionsoffensive. Doch private Investitionen in ausreichendem Umfang wird es nur geben, wenn der Staat zunächst für eine *funktionstüchtige Infrastruktur* sorgt. Dort liegt es bei nahezu allen Netzsystemen im Argen, eine jahrzehntelange Vernachlässigung hat zu massiven Defiziten geführt. Die berechtigten Erwartungen der Bürger und der Unternehmen an die staatlich bereitgestellte Infrastruktur (Energie, Verkehr, Telekommunikation) und Daseinsvorsorge (Abwasserbeseitigung, Müllabfuhr, Bildungs- und Kultureinrichtungen, Krankenhäuser, Feuerwehr usw.) werden grundlegend enttäuscht. Und da der Staat sich mit der Schuldenbremse finanzpolitisch die Hände gebunden hat, besteht keine Aussicht auf Besserung. Die Finanzmittel der zuständigen Stellen reichen nicht aus, um den

Nachholbedarf, den Erhaltungsbedarf und den Ausbaubedarf decken zu können.
- Der Umbau einzelner Industrien, die nicht nur energieintensiv sind, sondern auch in ihren Prozessen fossile Energien einsetzen (chemische Industrie, Stahlproduktion, Glasherstellung, Ernährungsindustrie u.a.m.), ist besonders herausfordernd. Denn die Alternative besteht nicht in der Elektrifizierung, sondern im Einsatz von Wasserstoff. *Grüner Wasserstoff* kann aber in den nötigen Mengen nicht in Deutschland hergestellt werden, sondern wird in erheblichem Ausmaß importiert werden müssen. Die Kosten werden sich im Vergleich zu Erdgas, aber auch zu Flüssiggas deutlich erhöhen. Die Politik hat dafür zweigleisig Antworten: einerseits die Produktionskosten von Grünen Wasserstoff zu subventionieren, andererseits über Leitmärkte absehbar eine Nachfrage sicherzustellen. Zusätzlich fördert der Staat den Ausbau des Wasserstoffkernnetzes als zentrale Infrastruktur, unterstützt nationale Hersteller von Elektrolyse-Anlagen zur Wasserstoffgewinnung und organisiert Lieferzusagen von Ländern mit günstigerer Kostenstruktur. Diese Subventionspolitik wird als industriepolitisches Mikromanagement kritisiert. So richtig das ist, so muss man doch zugeben, dass die Steuerung über den CO_2-Preis weder friktionsfrei noch zielgenau funktioniert. Nicht nur führt sie zu den erwähnten internationalen Wettbewerbsnachteilen (weltweit werden nur 22 Prozent des CO_2-Ausstoßes bepreist), auch die Möglichkeit der CO_2-Entnahme (»Carbon Capture and Storage«) schwächt ihre steuernde Wirkung. Jedenfalls hat der Markt bislang trotz CO_2-Preis dabei versagt, eine Wasserstoffwirtschaft in nennenswertem Umfang hochzufahren.
- Schließlich ist zu bedenken, dass neben der Dekarbonisierung noch die *Anpassung an die Klimaveränderung* zu leisten ist, beispielsweise an Extremwetterrisiken durch Dämme, Polder, Sickeroptionen, Waldbrandschutz u.a.m. Diese Probleme sind akuter, sie anzugehen damit sogar noch dringlicher.

Aus all dem folgt: Es steht viel auf dem Spiel und es ist viel zu leisten. Deutschlands Unternehmen haben Erfahrung in der Bewältigung eines marktgetriebenen Strukturwandels. Trotzdem führt der Übergang zur Klimaneutralität – Strukturanpassung per Termin ohne ausreichende marktwirtschaftliche

Anreize – zu einer grundlegend anderen Herausforderung. Dazu kommt die Strategieunsicherheit in Politik und Fachdisziplinen.

Demografischer Wandel und die Verantwortung der Generationen

Der demografische Wandel ist gut prognostiziert. Seit Ende der 1970er Jahre weiß man, dass der sogenannte Pillenknick, der von 1965 bis 1975 die Geburtenrate in West- wie Ostdeutschland von dem bestandserhaltenden Niveau von 2,1 Kindern je gebärfähiger Frau auf 1,4 bzw. 1,5 reduzierte, gut sechs Jahrzehnte später zu erheblichen Anpassungen in der Altersstruktur der Erwerbsbevölkerung führen wird. Unternommen wurde hierzulande wenig. Heute entfaltet der Pillenknick unausweichlich seinen Echoeffekt: In den kommenden Jahren gehen immer mehr Menschen in den Ruhestand. Der Fachkräftemangel erlebt neue Hochstände.

Gleichzeitig gibt es heute mehr als früher den Wunsch, im Sinne einer Work-Life-Balance weniger zu arbeiten, der sich beispielsweise im Ruf nach der Viertagewoche oder dem Fünf-Stunden-Tag äußert. Und diese Schrumpfung der Erwerbsbevölkerung wird zu einem Zeitpunkt voll wirksam, in der unser Wohlstandsmodell durch die Dekarbonisierung von Wirtschaft und Gesellschaft vor seiner größten Herausforderung steht. Mehr Zuwanderung und wachsende Produktivität allein werden die sich daraus ergebenden Probleme nicht lösen können. Zumal die politischen Planungen und Erwartungen in Sachen Fachkräftezuwanderung unrealistisch sind: Infrastruktur und Wohnraumversorgung, zwei der anderen aktuellen Problemfelder, passen nicht dazu.

Wie erledigen wir also als alternde Gesellschaft die Aufgaben, die uns wichtig sind? Man kann aber auch die individuelle Perspektive einnehmen, die Aussicht auf ein längeres Leben in Gesundheit. Unsere Vorfahren konnten davon nur träumen. Ihre Lebensperspektive war eine, die in christlicher Glaubensvorstellung das Jenseits miteinschloss. Wenn man auf Erden wenig Zeit hat, dann muss man das meiste in die »Lebensphase nach dem Tod« verlagern. Die Alltagswelten blieben überschaubar und beherrschbar. Unser Gewinn an Lebenszeit, und zwar an individuell zu gestaltender Lebenszeit, wie er sich seit der Industrialisierung über zwei Jahrhunderte entwickelte, führt nicht nur zu der Frage nach der sinnhaften Verwendung dieser Zeit. Er führt auch zu der Frage nach dem Umgang mit Enttäuschungen, die drohen, weil es nicht selbstverständlich ist, die gewonnene Zeit erfüllend verbringen zu können. Der Verlust der religiösen Vorstellung vom jenseitigen Leben – der »transzendentalen Lebenswelt« – lässt die irdische Lebenszeit trotz ihrer Expansion als unzureichend erscheinen für all das, was getan werden kann und soll. Wenn wir alles im Hier und Jetzt vollbringen müssen, dann droht schnell Überforderung und Enttäuschung.

Gewinn an Lebenszeit und an Zeitsouveränität sind zusammen mit der Dominanz urbaner Lebensweisen und der Ausweitung der Mobilität zentrale Kennzeichen der Modernisierung, die nicht unabhängig voneinander gedacht werden können. Zusammen erklären sie die Dynamik und die Brüche der Moderne: sei es die Geschwindigkeit und geografische Reichweite des Wandels sozialer Ordnungen und Systeme, sei es das Aufkommen gänzlich neuer, nicht-traditionaler Institutionen. Mit all dem müssen die Menschen in der Moderne selbst fertig werden, transzendentale Weltanschauungen helfen ihnen kaum noch. Und das drückt paradoxerweise umso mehr, je mehr die Lebenserwartung ansteigt. Anders kann man schwer erklären, warum die gewonnenen Jahre kein Anreiz sind, länger zu arbeiten, und zwar erwerbswirtschaftlich. Immerhin sollte man meinen, dass man in keiner anderen Tätigkeitsform so direkt und so unverzerrt erfährt, wie nützlich das eigene Tun und wie groß die Wertschätzung dafür ist – nämlich über die freiwillige Zahlungsbereitschaft anderer. Offenkundig dominiert stattdessen die Ansicht, die gewonnenen Jahre könne man zu erfüllten Jahren zu machen, indem man sie dem Ruhestand zuschlägt – schon begrifflich ist das eigentlich kein Zugewinn.

Diese individuelle Ebene des demografischen Wandels, die ganz unabhängig von Kinderzahlen und Zuwanderung zum Tragen kommt, wird selten in diesem Kontext adressiert. Sie gehört aber dazu, wenn es um die gesellschaftlich akzeptierten Antworten auf die sinkende Zahl von Erwerbspersonen geht. Alle Aufmerksamkeit wird sonst der Zuwanderung geschenkt, nicht aber der Frage, was wir selbst durch eine veränderte Zeitverwendung tun könnten.

Oder man hofft auf die Produktivität. Denn das Bruttoinlandsprodukt ergibt sich aus den im Jahr insgesamt geleisteten Arbeitsstunden (Arbeitsvolumen) multipliziert mit der Arbeitsproduktivität pro Stunde. Diese Produktivität gibt indes wenig Grund zur Hoffnung. Es gibt zwar noch Zuwächse, aber sie sind in den vergangenen drei Dekaden in allen Industrieländern rückläufig gewesen. Das hat in den Wirtschaftswissenschaften zu intensiven Debatten über das sogenannte »Produktivitätsrätsel« geführt. Offenbar haben sich die seit Jahrzehnten stattfindenden Investitionen in Computer und digitale Netze trotz der damit verbundenen Erleichterung in der Prozesssteuerung sowie der Arbeitsabwicklung nicht so stark auf der gesamtwirtschaftlichen Ebene ausgewirkt, dass der Produktivitätstrend gedreht wurde. Insofern konnte die Produktivität bisher die alterungsbedingte Schrumpfung des Arbeitsvolumens nicht wie erhofft kompensieren. Außerdem ist zu erwarten, dass eine alternde Erwerbsbevölkerung generell weniger produktiv ist und besondere Maßnahmen nötig wären, das auszugleichen (lebenszyklusorientierte Personalpolitik).

Aktuell richten sich die Hoffnungen in Sachen Produktivität auf die generative Künstliche Intelligenz (KI). Unternehmen und Beschäftigte in Deutschland sind mehrheitlich der Meinung, dass KI-Anwendungen die Wirtschaft in Zukunft produktiver machen werden. Einige sehen bereits heute Produktivitätssteigerungen durch den Einsatz von KI. In nahezu allen Branchen können Tätigkeiten durch den Einsatz von KI zumindest teilweise automatisiert werden; darunter beispielsweise die Datenanalyse. Studien zeigen, dass jede bzw. jeder vierte Erwerbstätige in Europa von einer Teilautomatisierung der Tätigkeit durch generative KI betroffen sein wird. Um das errechnete Potenzial voll auszuschöpfen, müsste KI in den Unternehmen weiter verbreitet werden. Mindestens die Hälfte der Unternehmen muss damit Aufgaben automatisieren, die derzeit noch von Beschäftigten erledigt werden. Und die dadurch freiwerdende Arbeitszeit der Beschäftigten muss für andere Tätigkeiten mit vergleichbarer Wertschöpfung eingesetzt werden.

Wenn dies gelingt, könnte ein Beschäftigter in Deutschland – einer Studie der IW Consult aus dem Jahr 2023 zufolge – durchschnittlich 100 Stunden Arbeitszeit pro Jahr durch generative KI einsparen. Das entspricht etwa zwei Stunden pro Woche. Damit könnte der alterungsbedingte Verlust an Arbeitsvolumen in Deutschland bis zum Jahr 2030 weitgehend ausgeglichen, das Bruttoinlandsprodukt um 330 Milliarden Euro im Jahr erhöht werden. Indes: Ob wirklich so viele Unternehmen KI einsetzen werden und ob sich die freiwerdende Arbeitszeit konsequent wertschöpfend einsetzen lässt, ist offen. Ohnehin besteht hier noch viel Unsicherheit: Die vorhandenen Studien schätzen das Automatisierungspotenzial durchaus unterschiedlich ein und gehen von unterschiedlichen zeitlichen Verläufen aus. Noch lange nicht abschließend einschätzbar sind auch die Anwendungsbereiche für generative KI. Manche Forscher wie Daron Acemoglu sind skeptisch und erwarten deshalb erst in mehr als zehn Jahren deutliche Effekte auf die Produktivität. Jedenfalls wird man all dies heute nur als Hoffnungswert bezeichnen können. Wenn überhaupt dürfte es vorerst nur dazu, die alterungsbedingten Verluste beim Arbeitsvolumen zu kompensieren. Neue Expansionsspielräume sind zunächst nicht zu erwarten.

Kurzum: Man kann für Deutschland vertreten, dass die Potenziale auf der Entstehungsseite des Bruttoinlandsprodukts weitgehend erschöpft sind und das Wachstum beschränken. Mit dem Ausscheiden der Baby-Boomer-Generation wird das Erwerbspersonenpotenzial deutlich sinken, zudem sind weder bei der Zuwanderung noch bei der Entwicklung der Arbeitsproduktivität in der nächsten Dekade große Sprünge zu erwarten. Was die Zuwanderung angeht, hat die Bundesregierung 2023 mit der Neufassung des Fachkräfte-Einwanderungsgesetzes zwar die rechtlichen Möglichkeiten verbessert. Doch mit Blick auf die Abläufe in der Verwaltung (vor allem im konsularischen Dienst) und die voraussetzungsvolle berufliche sowie gesellschaftliche Integration lässt sich damit nur sehr begrenzt dem schrumpfenden Erwerbspersonenpotenzial entgegenwirken. Schließlich besteht bei der Lebensarbeitszeit wegen der laufenden Erhöhung des Rentenalters auf 67 Jahre politisch in den nächsten Jahren realistischerweise kein weiterer Spielraum.

So bleibt die Folgerung, dass die alterungsbedingte Schrumpfung des Arbeitsvolumens schnell und wirksam nur mit einer Ausweitung der Jahresarbeitszeit der bereits arbeitenden Menschen zu beantworten ist. Da geht es um mehrere Ansätze, zwei stehen im besonderen Fokus der Öffentlichkeit:

- Erstens kann gefragt werden, ob, in welchem Ausmaß und warum Teilzeitbeschäftigte gegen ihren Willen von der Vollzeitbeschäftigung abgehalten werden. In Deutschland war bis in die späten 2000er Jahre ein deutlicher Anstieg der sogenannten *unfreiwilligen Teilzeit* zu verzeichnen, danach aber ein kontinuierlicher Rückgang. Offenbar hat die verbesserte Arbeitsmarktlage geholfen, mehr Menschen, die Vollzeit arbeiten wollen, auch einen Vollzeitstelle zu bieten. Bei Männern liegt der Anteil der Teilzeitbeschäftigten, die bereit wären, mehr zu arbeiten, deutlich über dem der Frauen. Daraus folgt, dass es offenkundig unterschiedliche Ansatzpunkte gibt, mehr Teilzeitbeschäftigte in Vollzeit zu bringen: Bei den Frauen (vor allem bei Alleinerziehenden) müssen auch die Rahmenbedingungen und Anreize verbessert werden, überhaupt Vollzeit arbeiten zu wollen bzw. zu können. Mangelnde Kinderbetreuung, die wie andere Formen der Sorgearbeit (»Care-Arbeit«) hierzulande noch immer überwiegend als Frauensache gilt, und steuer- sowie sozialrechtliche Fehlanreize sind dabei die Hauptprobleme.
- Zweitens kann gefragt werden, ob die in Deutschland übliche *Jahresarbeitszeit* bei einem in Vollzeit beschäftigten Arbeitnehmer erhöht werden sollte. Tatsächlich arbeitet ein Vollzeiterwerbstätiger in der Schweiz rund 250 Stunden mehr im Jahr, auch in Schweden ist die Arbeitszeit höher. Dahinter können sich unterschiedliche Wochenarbeitszeiten, geringere Urlaubsansprüche oder weniger Feiertage verbergen. Entsprechend hat die gesellschaftliche Diskussion darüber unterschiedliche Adressaten; Während die Wochenarbeitszeit und der Urlaubsanspruch im gesetzlich definierten Rahmen von den Tarifparteien ausgehandelt werden, ist für die Festlegung der Feiertage der Gesetzgeber (auf Ebene der Bundesländer) grundsätzlich allein zuständig.

Es lässt sich unschwer erahnen, dass die gesellschaftlichen Debatten und deren politischen Reflexe beim zweiten Ansatzpunkt konfliktreich sind. Gerne wird vorgetragen, dass eine Ausweitung der Jahresarbeitszeit wenig wertschätzend gegenüber der arbeitenden Bevölkerung sei, weil sie Faulheit unterstelle. Das ist Unsinn. Niemand erhebt den Vorwurf, es würde prinzipiell zu wenig gearbeitet. Die Frage ist vielmehr, wie es gelingen kann, die alterungsbedingten Folgen für den Arbeitsmarkt zu mindern. Neben der bereits ausgereizten Zuwanderung liegt in der Jahresarbeitszeit der jetzt und künftig erwerbstätigen Menschen eine wirksame Option. Gerade der Vergleich mit im Lebensstandard ähnlichen Ländern zeigt, dass eine Ausweitung nicht unzumutbar ist. Die Tarifvertragsparteien stehen bei diesen Fragen, die (im Rahmen des Arbeitszeitgesetzes) von ihnen zu klären sind, vor erheblichen Konflikten: Die skizzierten Antworten würden eine Abkehr von Jahrzehnten kollektiv vereinbarter Arbeitszeitverkürzung bedeuten.

Kritisch angemerkt wird häufig auch, dass bei einem höheren Jahresarbeitsvolumen die notwendige Zeit für Sorgearbeit fehle. So wichtig dieser Hinweis ist, so kann er doch im internationalen Vergleich ebenfalls nicht überzeugen, denn der Bedarf an Sorgearbeit steigt ja nicht nur hierzulande. Möglicherweise lässt sich der Konflikt ja durch einen freieren Umgang der Beschäftigten mit ihrer Arbeitszeit auflösen. Die technischen und arbeitsorganisatorischen Bedingungen unserer Arbeitswelt, Stichwort: Homeoffice und Gleitzeit, lassen dies zu gewissen Teilen zu – zumal nach dem Digitalisierungsschub durch die Pandemie. Erwerbstätigkeit sollte auch wieder stärker mit ihrer sozialen Bedeutung verbunden werden, die sich in den Wünschen und Möglichkeiten im Verlauf des längeren Lebens immer wieder neu manifestiert. Eine umfassende Perspektive auf all das zu gewinnen und das Thema Arbeitszeit in den Kontext der generationenübergreifenden Verantwortung zu stellen, ist eine der aktuellen Herausforderungen.

Wirksamer Staat für Wohlstand und regionalen Ausgleich

Regionalpolitik löst wieder viel Interesse aus. Die allgemeine Einschätzung, dass regionale wirtschaftliche Unterschiede weitreichende Folgen für den Wohlstand, die Gestaltung der Transformation, den gesellschaftlichen Zusammenhalt und die demokratische Auseinandersetzung haben, hat der Regionalpolitik eine neue, lange nicht gekannte Bedeutung vermittelt. Bereits im Herbst 2018 hatte die damalige Bundesregierung die Kommission »Gleichwertige Lebensverhältnisse« einberufen und 2019 aus deren Bericht einen Maßnahmenkatalog zur Regionalpolitik abgeleitet. Darauf hat die neue Bundesregierung aufgebaut und neue Akzente gesetzt. Die Frage der »Gestaltung des Transformationsprozesses« ist damit zu einer eigenständigen Zielkategorie der Regionalpolitik geworden, neben Zielen wie »Ausgleich von Standortnachteilen« oder »Schaffen von Beschäftigung einschließlich der Erhöhung von Wachstum und Wohlstand«. Im Juli 2024 hat die Bundesregierung den ersten Gleichwertigkeitsbericht (»Für starke und lebenswerte Regionen in Deutschland«) veröffentlicht.

Heute wird Regionalpolitik angesichts der sich immer weiter ausprägenden politischen Gräben zwischen Stadt und Land vor allem unter dem Gesichtspunkt des gesellschaftlichen Zusammenhalts diskutiert. Allerdings ist fraglich, ob »ungleichwertige Lebensverhältnisse« wirklich eine plausible Erklärung für die gesellschaftlich-politischen Verwerfungen sind, die wir beobachten. Im Gegensatz zu den USA und der EU haben sich in Deutschland die Unterschiede im Pro-Kopf-Einkommen zwischen den Regionen fortlaufend verringert. Es zeigt sich aber, dass neben Indikatoren für die Einkommenssituation der Zugang zu öffentlichen Gütern und die verlässliche Erreichbarkeit der Zentren eine große Bedeutung haben.

In der letzten Dekade wurde zunehmend die Frage aufgeworfen, welche regional unterschiedlichen Effekte die Globalisierung auf die Arbeitsmärkte in den entwickelten Volkswirtschaften hat. Es liegt nahe, dass Regionen mit unterschiedlichen ökonomischen Spezialisierungen unterschiedlich von den globalen Handelsströmen beeinflusst werden. Hier kommt die oben erwähnte deutsche Besonderheit ins Spiel, die Prägung durch regionale Netzwerke (Cluster). Ein gut etabliertes Cluster kann dazu beitragen, dass eine Region aufgrund von Synergieeffekten und spezialisiertem Fachwissen wettbewerbsfähiger wird. Andere Regionen können hingegen stärker vom Kostendruck der Globalisierung betroffen sein. Studien bestätigen, dass der starke Verlust an Jobs in der amerikanischen Industrie nach dem Jahr 2000 auf billige Importe aus China zurückgeführt werden kann. Eine ähnliche Entwicklung ist für das verarbeitende Gewerbe hierzulande nicht zu beobachten; in Deutschland kam es sogar zu einer Ausweitung der Beschäftigung. Der wesentliche Unterschied der Industrie in beiden Volkswirtschaften liegt in der im internationalen Vergleich einzigartigen Cluster-Struktur in Deutschland. Diese Struktur verlagert den Standortwettbewerb auf die regionale Ebene. Dort kann die Wirtschaftspolitik sehr viel spezifischer an den Investitionsbedingungen arbeiten. Die EU hat über viele Jahre diesen Ansatz unterstützt.

Generell sind Cluster bei Krisen und Unsicherheiten oft widerstandsfähiger: Die Unternehmen profitieren von der ballungsbedingten Nähe zu Infrastruktur und Dienstleistungen; wegen des engen Verbunds haben Entscheidungen einzelner Unternehmen, beispielsweise über Investitionen oder Wissensaustausch, positive Nebenwirkungen auf die anderen Unternehmen im Cluster. Je stärker und breiter regionale Cluster aufgestellt sind, desto mehr Arbeitsplätze können im Krisenfall bei den beteiligten Industrien gehalten werden, insbesondere gilt das für Zulieferindustrien. Auch während eines Strukturwandels zeigen sich klare Vorteile durch die Organisation in funktionierenden und starken Clustern: Cluster können Innovationen begünstigen, indem sie die Zusammenarbeit und den Wissensaustausch zwischen Unternehmen, Forschungseinrichtungen und anderen Akteuren fördern und wechselseitig Lerneffekte ermöglichen. Neue Technologien und Geschäftsmodelle helfen, einen Strukturwandel zu bewältigen. Cluster können außerdem dazu beitragen, starke lokale Lieferketten zu entwickeln. Im Kontext von Strukturwandel und geopolitischen Risiken kann das die Widerstandsfähigkeit der lokalen Wirtschaft erhöhen.

Kurzum: Durch die Förderung von lokalen Clustern können Regionen gezielt ihre Stärken ausbauen. Eine entsprechende strategische Orientierung der Regionalpolitik trifft in der Regel auf wenig Widerstand, ist aber in der konkreten Politik bislang trotzdem nicht durchgängig und umfassend verankert.

Die Transformation zur Klimaneutralität ist pfadabhängig an die wirtschaftsstrukturellen Ausgangsbedingungen gebunden – und damit an regionale Netzwerke und Cluster, wie sie für den charakteristischen Industrie-Dienstleistungs-Verbund in Deutschland kennzeichnend sind. Der Übergang zur Klimaneutralität ist im regionalen Kontext zu sehen. Er sollte sich an den Verbundstrukturen der Wertschöpfung orientieren, genauer: an den Vorleistungs-, Wissens- und Produktionsnetzwerken. Daraus leitet sich ab, welche Optionen zur Vermeidung des CO_2-Ausstoßes technisch-ökonomisch tragfähig sind. Das Bundeswirtschaftsministerium verfolgt dazu einen kontinuierlichen Diskurs unter der Überschrift »Transformation regional gestalten«.

In Bezug auf das Auseinanderdriften der Gesellschaft und die Krise der Demokratie ist es überdies wichtig, den Stadt-Land-Gegensatz bei der Transformation zur Klimaneutralität zu berücksichtigen:

- Die *Mobilitätswende* hin zu emissionsarmen Fahrzeugen und mehr öffentlichem Nahverkehr belastet die Menschen im ländlichen Raum stärker als in urbanen Zentren, wo es ausgebaute ÖPNV-Systeme gibt. Die ländlichen Räume leiden unter dem Rückbau des Schienenverkehrs, der in den 1970er bis 1990er Jahren betrieben wurde. Buslinien sind kein ausreichender Ersatz. Das Auto behält deshalb auf dem Land eine hohe Bedeutung, und der Umstieg auf Elektrofahrzeuge wird durch die höheren Anschaffungskosten und praktische Fragen (mangelnde Ladeinfrastruktur, »Reichweitensorge«) gehemmt.
- Die *Wärmewende* hin zu emissionsarmen Heizungen belastet ebenfalls die Menschen im ländlichen Raum stärker. Oft ist der Anschluss an ein Fernwärmenetz nicht möglich. Da weitaus mehr Menschen in Einfamilienhäusern leben, sind die Kosten für den Umstieg auf Alternativen zu Öl-, Gas- und Kohleheizungen – wie die Wärmepumpe – oft vom Einzelhaushalt zu tragen, mitsamt den oft erheblichen Aufwendungen für die Wärmedämmung.
- In der *Energiewende* dient der ländlichen Raum als Flächenreserve für den Ausbau erneuerbarer Energien (Windparks; Photovoltaikflächen). Er wird aber belastet durch die Ausgestaltung der Netzentgelte belastet, da die Kosten dort zu tragen sind, wo der Strom eingespeist wird – also in den ländlichen Räumen. Kurzum: Die Regionen profitieren wenig von der höheren Kapazität erneuerbarer Energien, solange die Netzentgelte nicht reformiert werden. Eine positive Einstellung in den Regionen zur Transformation wird so jedenfalls nicht gefördert.

Die Lebensperspektiven der Menschen im ländlichen Raum verändern sich also durch die Transformation zur Klimaneutralität stärker als die jener in urbanen Zentren. Die zukünftige Wertschöpfung wird durch ballungsbedingte Standortvorteile noch stärker in urbanen Zentren (»Superstar Cities«) stattfinden. Gleichzeitig verschieben sich die Anforderungen an die landwirtschaftliche Produktion: Nachhaltigkeit, Bindung von CO_2 im Ackerboden (was von den urbanen Eliten abgelehnt wird, die stattdessen den CO_2-Ausstoß reduzieren wollen), Zurückdrängung intensiver Landwirtschaft durch Umweltschutz und Bio-Trends, kaum Raum für extensive Landwirtschaft, Klimaanpassung. Es reicht also nicht, dass die Regionalpolitik neue Aufmerksamkeit erfährt, sie muss auch umfassender verstanden werden. Denn die skizzierten Entwicklungen werden besonders jene Regionen belasten, die bereits jetzt infolge von Abwanderung am Beginn einer negativen demografischen Spirale stehen, Regionen, deren Infrastruktur bereits jetzt schwach ist.

Eine Vertiefung der Spaltung zwischen Stadt und Land, die in Deutschland wegen seiner günstigen Verankerung industrieller Kerne in den ländlichen Räumen lange verhindert werden konnte, droht nun im Zuge der Transformation. In den anderen Industrieökonomien hat die Deindustrialisierung der vergangenen fünf Jahrzehnte diesen Gegensatz und die mit ihm verbundenen Herausforderungen längst verschärft. Bereits seit längerem zeigt sich das politisch in der Stärkung der extremen Ränder und dem Erfolg entsprechender Kampagnen (Brexit im Vereinigten Königreich, Trump in den Vereinigten Staaten). Deutschland hat die Chance, aus diesen Negativbeispielen zu lernen. Die Chancen der Stabilisierung müssen freilich auch genutzt werden. Eine Politik, die gezielt die Regionen fördert und integriert, sollte in Zukunft Vorrang vor der traditionellen, nachsorgenden Sozialpolitik bekommen, die Probleme nicht löst, sondern nur zuschüttet.

Ausblick: Beschränken wir uns auf das Notwendige!

Die Transformation unserer Ökonomie zielt auf nicht weniger als den Abschied von den fossilen Grundlagen des industriellen Zeitalters. Dieser volkswirtschaftliche Strukturwandel wird tiefgehende gesellschaftliche Wirkungen haben. Der Versuch, unsere gesamte Lebensweise auf eine andere energetische und rohstoffliche Basis zu stellen, fordert jeden und verursacht enorme Kosten. Es gibt aber auch beachtliche Chancen, die sich allerdings zeitversetzt auftun und ungleich über die Regionen, Branchen und Kompetenzen verteilt sein werden. Diese Herausforderung überlagert sich mit der des unausweichlichen gesellschaftlichen Alterungsprozesses. Wir können sie nur vor dem Hintergrund der historisch gewachsenen ökonomischen Pfadabhängigkeiten bewältigen. Und wir müssen im Geflecht der globalen Spannungen und Verwerfungen gestalten. Die Erwartungen an einen verlässlich wirksamen Staat bei seinen ordnungspolitischen Aufgaben – Infrastruktur, Bildung, soziale Sicherung sowie innere und äußere Sicherheit – sind vor dieser Kulisse gleichermaßen umfangreich wie berechtigt.

Es ist mehr oder weniger eine einzige Generation, die diesen Umbruch als Transformationsgesellschaft bewältigen muss. Und politisch heißt »Gestaltung der Transformation«, mit dieser Transformationsgeneration zu regieren. Sie sieht sich den Lasten der vorherigen Generationen des Industriezeitalters ebenso uneingeschränkt gegenüber wie den Ansprüchen aller künftigen Generationen auf einen bewohnbaren Planeten. Und bei allem Verständnis: Sich über die Vorgängergenerationen und ihre Lage zu beschweren, wird ihr nicht helfen. Diese Generation droht, von allen Seiten bedrängt, in eine mehrfache Überforderung zu geraten. Das kann zu einem breit verankerten Widerstand gegen die Transformation insgesamt führen, den es politisch zu verhindern gilt. Die Transformationsgeneration sieht sich einer rücksichtslosen Übermacht von vergangenen Entscheidungen und naturgegebenen Sachzwängen gegenüber: Sie trifft, wie der Philosoph Hans Blumenberg das genannt hat, auf einen »Absolutismus der Wirklichkeit«.

Blumenberg will mit diesem Bild die typisch menschliche Lage herausstellen. Sie entspringt unserer unvermeidbaren Zeitknappheit, der Tatsache, dass Lebenszeit und Weltzeit divergieren. Wenn wir anfangen, ist längst schon ein Anfang gewesen, und wenn wir verschwinden, ist noch lange kein Ende in Sicht. Die Kürze und Vergänglichkeit unseres Daseins machten uns schon grundsätzlich klein und inkompetent in dieser Welt. Umso mehr wird die Transformationsaufgabe von der betroffenen Generation als Herausforderung empfunden.

Dem Absolutismus der Wirklichkeit versuchen wir zu entgehen, indem wir uns Distanz verschaffen und die fremde, übermächtige Natur so zumindest teilweise und auf Zeit in eine vertraute Lebenswelt verwandeln. Das erfordert immer neue Anstrengungen, Versuch und Irrtum, ständig neu zu erwerbende Kompetenzen. Diese Anstrengungen zielen einerseits darauf, die konkrete Lebenswelt gestalterisch in den Griff zu bekommen. Sie sind andererseits darauf gerichtet, der Verantwortung für diese Welt wenigstens ansatzweise Rechnung tragen zu können, indem der Blick weit über die eigene Lebenswelt gerichtet wird. Beiden Zwecken dienen Wissenschaft, Technik und jede Form der rationalen Gestaltung des öffentlichen Raums.

Der Bedarf an eigenen Anstrengungen nimmt unter den Bedingungen der »Großen Transformation« zu, vor der wir aktuell stehen. Die aktuelle Bundesregierung hat dafür als Narrativ »Mehr Fortschritt wagen« gewählt. Doch die politischen Ambitionen drohen der Wirklichkeit einmal mehr nicht standzuhalten; der russische Angriffskrieg gegen die Ukraine hat die Bedingungen, unter denen das Wagnis des Fortschritts stattfinden muss, deutlich verschärft. Für die Große Transformation muss jede und jeder nicht nur etwas leisten, sondern letztlich das eigene Leben umstellen, lieb gewordene Gewohnheiten aufgeben, sich neu definieren. Der lebenspraktische Umgang mit der Komplexität und der Rücksichtslosigkeit der Wirklichkeit wird dabei wichtiger als je zuvor.

Das Regieren mit der Transformationsgeneration muss aus der Utopie seines Zieles Kraft ziehen für die Gestaltung des Weges. Dass es keine Alternative zur Klimaneutralität gibt, suggeriert, sie müsse erreichbar sein. Doch jenseits des Begriffs der Klimaneutralität handelt es sich um bloße Erwartungen. So etwas ist der kapitalistischen Wirtschaftsweise nicht fremd, doch Erwartungen erfordern stets eine Verortung in der erfahrenen Welt. In einer Zeit extremer wirtschaftlicher Ungewissheit und sozialer Verwerfungen verlieren die Wähler ihre traditionellen oder sozial verankerten Erwartungen. Was den Weg zur Klimaneutralität angeht, kann der Beitrag der marktwirtschaftlichen Dynamik, Innovationskraft und Steuerung nicht mit der üblichen Zuversicht auf Wohlstandsmehrung verbunden werden. Und so erlangen alternative Ansätze über eine passive, also nicht gestaltete Transformation Zuspruch selbst in traditionell nicht institutionenskeptischen Wählerkreise.

Die »Krise der Erfahrung ist die Stunde der Erwartung«, so der Philosoph Odo Marquard. Das Regieren muss demnach überzeugend Erwartungen prägen. Das ist angesichts dessen, dass alle Erwartungen grundsätzlich fiktional sind, für eine Zukunft nach der Großen Transformation zugleich einfacher und schwieriger. Es ist einfacher, weil es dazu schlicht keine Alternativen gibt. Es ist schwieriger, weil es – wie stets in der Politik – der praktischen Schritte und Erfolge bedarf, und zwar angesichts der Dringlichkeit der Maßnahmen sowie der Unausweichlichkeit des Klimawandels.

Politik ist dabei in besonderer Weise ein Navigieren im Ungewissen, und angesichts der Komplexität der Transformation sind unerwünschte Folgen der ergriffenen Maßnahmen unvermeidlich. Deshalb sollte die Regierung nach *best practices* als schnellen Erfolgsmustern suchen. Denn wenn die Transformationsgeneration handlungsunfähig wird, kann sie weder gemäß der von den Vorgängern ererbten Verantwortung noch gemäß den Erwartungen der Künftigen agieren. Berücksichtigt man die Vielfältigkeit der Dekarbonisierung sowie die Einbettung in vorhandene Megatrends, dann wird deutlich, dass mit der Forderung nach Degrowth und Verzicht keine Lösung zu finden ist. Denn die klimapolitische Herausforderung muss global angenommen werden. Damit sich die Weltgemeinschaft auf eine gemeinsame Agenda einigen kann, müssen unterschiedliche Entwicklungspositionen der Staaten, unterschiedliche infrastrukturelle Voraussetzungen und Anforderungen sowie unterschiedliche Vorstellungen für konkrete Handlungsoptionen gewürdigt werden. Es geht dabei auch um Unterstützung und Kompensationsleistungen durch die entwickelten Volkswirtschaften. Das ist aber aus einer Schrumpfungsökonomie nicht zu leisten, allenfalls mit dramatischen Verteilungskonflikten.

Erforderlich ist eine stimmige, nationale Gesamtstrategie, denn Dekarbonisierung und andere Treiber im Strukturwandel – die Digitalisierung, demografische Alterung, regionale und damit soziale Differenzierungsfolgen – greifen wechselseitig ineinander. Fachkräfteengpässe behindern die Transformation ebenso wie Mängel in der digitalen Infrastruktur. Der soziale Ausgleich durch Weiterbildung und Qualifikation federt nicht nur die Transformationslasten für die Betroffenen ab, sondern bietet ihnen eine neue Chance der Beteiligung. Auch eine ausgleichende und verbindende regionale Infrastrukturpolitik dürfte nachhaltig die Bereitschaft stärken, unvermeidbare Lasten der Transformation zu tragen.

Soll es gelingen, die energiewirtschaftlichen Grundlagen unseres Wirtschaftsmodells auf marktwirtschaftlicher Basis umzustellen, dann müssen sich die notwendigen politischen Eingriffe – das Regieren mit der Transformationsgesellschaft – an Prinzipien orientieren, und diese Prinzipien gilt es, beharrlich zu vermitteln. Die Stetigkeit der Wirtschaftspolitik ist bei einer tiefgehenden Umstellung umso bedeutsamer: Nur mit klaren Regeln – beispielsweise dem CO_2-Preis als zentralem, aber industriepolitisch zu ergänzendem Steuerungsinstrument – können Erwartungen und Handlungsbedingungen stabilisiert werden. Und Erwartungssicherheit und dauerhafte Handlungsbedingungen wiederum sind die Voraussetzung für Innovationen und Investitionen. Neben einer verlässlichen Infrastrukturen gehören zu diesen Voraussetzungen die Technologieoffenheit für die Unternehmen, um Innovationspotenziale nicht einzuschränken, und die Fähigkeit der Politik, auf unvorhersehbare Ereignisse (die sogenannten »Kipp-Punkte« im Klimasystem) zu reagieren. Auch kurzfristige Überforderungen, wie sie etwa in der Energiekrise ersichtlich geworden sind, können so abgefedert werden.

Für den Erfolg der Transformation führt also kein Weg daran vorbei, die Innovationskraft und die Einsatzbereitschaft einer Gesellschaft so weit wie möglich zu mobilisieren. Dazu bietet die marktwirtschaftliche Steuerung einzigartige Vorteile: Effizienz und Schnelligkeit durch funktionierenden Preiswettbewerb. Auch finden sich in den konkreten Lösungen der Unternehmen und in der Vielfalt ihrer Tätigkeiten diejenigen für die Moral der Gesellschaft so wichtigen Geschichten, die von den greifbaren Erfolgen der Großen Transformation erzählen. In jeder konkreten Umsetzung tritt die Komplexität des Problems ein Stück weiter in den Hintergrund.

Das Regieren mit der Transformationsgeneration muss auf diese Weise den »Absolutismus der Wirklichkeit« erträglich machen. Nur eine konsequente und geradlinige Politik über marktgetriebene Innovationen und Investitionen, wirksame Infrastruktur, verlässliche Regulierung und sozialen Ausgleich kann das leisten. Dazu gehört aber auch die Bereitschaft der Politik, Investitionen durch einen angemessenen Finanzierungsmix mit öffentlichen Krediten zu ermöglichen. Wenn eine Generation so viel leisten muss, dann wird dies nicht aus ihrem Steuerhaushalt allein möglich sein. Die Schuldenbremse ist also in Anbetracht der Größe der Aufgabe zu überdenken. Es mag banal klingen, aber im diszipliniert umsetzungsorientierten Regieren liegt das überzeugende Versprechen eines wirksamen Staates, gerade in der Großen

Transformation. Ein solcher Staat verlangt zudem eine Reform der bundesstaatlichen Ordnung, insoweit diese dem zügigen und schlüssigen Handeln für das gemeinsame Ziel entgegensteht. Das klingt nach Überforderung. Aber wir haben keine attraktive Alternative. Das sollte motivieren.

No Planet B – über allem Klimawandel und Artensterben

Hans-Otto Pörtner

Kein gesundes Leben ohne eine gesunde Erde. Doch die Lebensgrundlagen auf der Erde sind von drei Krisen bedroht: dem Klimawandel, dem Verlust an Biodiversität und der daran beteiligten Verschmutzung und Beschädigung der lebenserhaltenden Systeme des Planeten wie Süßwasser, Luft und Ozean. Diese Krisen werden für Natur und Mensch, Individuum und Gesellschaft zunehmend existenziell bedrohlich. Die Forschung, aus deren Reihen der Autor dieses Beitrags stammt, hat diese Krisen aufgezeigt und seit Jahrzehnten regelmäßig den politischen Verhandlungs- und Entscheidungsprozess umfassend informiert, sei es auf nationaler oder internationaler Ebene. Dabei reicht das Engagement der Wissenschaftlerinnen und Wissenschaftler von der Deckung der eigenen wissenschaftlichen Neugier bis zu Beiträgen, die nicht nur das Problembewusstsein und -verständnis in der Gesellschaft fördern wollen, sondern auch die Bereitschaft, die Probleme zu lösen. Begutachtete Publikationen in Fachzeitschriften sind die Grundlage in diesem Prozess. Das so dokumentierte Wissen ist aber oft jenseits des »akademischen Elfenbeinturms« nicht verdaulich und muss verständlicher gemacht werden, um in die gesellschaftliche Diskussion einzufließen und vorrangig politisch umgesetzt zu werden.

Der Verhandlungsprozess zwischen Regierungen und Wissenschaft im Weltklimarat (Intergovernmental Panel on Climate Change, IPCC) und im Weltbiodiversitätsrat (Intergovernmental Platform on Biodiversity and Ecosystem Services, IPBES) macht dies deutlich. Die Berichterstattung legt im Konsens und auf wissenschaftlicher Basis fest, wie sicher und vertrauenswürdig der aktuelle Stand der Forschung ist, und bewertet seine Wichtigkeit. In Verhandlungen zwischen Wissenschaft und Regierungen – bei denen die Wissenschaft das letzte Wort zur Richtigkeit der Aussagen hat – entsteht so ein gemeinsames »Eigentum« an den Erkenntnissen zum Klimawandel und zur Biodiversität. Auf dieser Grundlage werden wirksame Lösungsoptionen für die aktuellen Umweltkrisen erarbeitet. Dieser Prozess ist mittlerweile zu einer wichtigen Säule für die Vertrauensbildung zwischen der Wissenschaft auf der einen Seite und Gesellschaft und Politik auf der anderen geworden. Die Vertragsstaaten der Rahmenkonventionen zu Klima (United Nations Framework Convention on Climate Change, UNFCCC) und Biodiversität (Convention on Biological Diversity, CBD) verhandeln dann, wie dieses Wissen umgesetzt werden kann und sollte.

Trotz der existenziellen Bedrohung gibt es noch immer große Unsicherheiten in der gesellschaftlichen Diskussion, sichtbar in einer insgesamt mangelnden Bereitschaft, die Lösungsvorschläge der Wissenschaft überhaupt oder vollumfänglich umzusetzen. Fehlgeleitete politische Kompromisse führen dazu, dass das vorhandene Wissen nicht oder nur unzureichend für die Lösung der sich aktuell verschärfenden Umweltkrisen zum Einsatz kommt. Dieses Versagen spiegelt eine fatale Beliebigkeit im Umgang mit den existenziell wichtigen Inhalten wider. Auch die aktuellen Wahlausgänge, die Populisten, Zauderern und Bremsern den Weg in die Parlamente ebnen, zeugen davon. Es ist also dringend nötig, die offensichtlichen Schwachstellen des Wissenstransfers zu schließen und die Lebensgrundlagen auf der Erde allen Bürgern nahezubringen. Dies kann nur über neu ausgerichtete Inhalte von Bildungs- und Kommunikationswegen erreicht werden, die systematisch eine wissende, verstehende und handlungsbereite Gesellschaft mit Blick auf den Erhalt und Wiederaufbau der natürlichen Lebensgrundlagen zum Ziel haben. Politik und Gesellschaft können nicht länger die Verkehrsregeln der Natur ignorieren oder verbiegen. Mit dem ständigen Überfahren von roten Ampeln wird sich ansonsten die Zahl hochriskanter Situationen und Unfälle weiter massiv erhöhen. Die Zukunft unserer Zivilisation steht auf dem Spiel.

Die Verantwortung des Menschen

Es ist über die letzten Jahrzehnte immer klarer geworden, dass der Mensch ganz allein verantwortlich ist für das, was seit Beginn der Industrialisierung vor gut 150 Jahren an globalen Veränderungen vor sich geht. Was bedeutet diese Verantwortung weltanschaulich und was bedeutet das für unser Handeln? 2023 war weltweit das wärmste Jahr seit Beginn der Wetteraufzeichnungen, 2024 schließt sich rekordverdächtig an: Der Juni 2024 war der 13. Monat in Folge, der weltweit einen Temperaturrekord aufstellte. Diese Rekorde werden sich fortsetzen, solange die Menschheit fossile Energieträger benutzt und Treibhausgase emittiert. Die Liste der Wetter-Negativrekorde, die seit Januar 2023 aufgestellt wurden, ist lang: Rekorde bei Lufttemperaturen, Stürmen, Niederschlägen und Überschwemmungen, Ausbreitung und Intensität von Dürren und Waldbränden – und zu alledem ein Ozean, der sich wie eine riesige Batterie mit immer mehr Wärmeenergie und auch mit Kohlenstoffdioxid (CO_2) auflädt. Dadurch hilft er zunächst, den Klimawandel wenigstens etwas abzubremsen. Umgekehrt bekommen wir aber die Energie des warmen Ozeans in Stürmen und Rekordniederschlägen zu spüren. Allerdings erwärmt der Ozean sich nicht nur, durch das ebenfalls aufgenommene CO_2 versauert er und durch die Erwärmung und den dadurch erhöhten Verbrauch der Meeresorganismen verliert er Sauerstoff. Durch diese ungünstigen Veränderungen der Umweltbedingungen schränkt der Klimawandel die Organismen und Ökosysteme im Ozean, an Land und im Süßwasser in ihrer Leistungsfähigkeit ein und nimmt je nach Klimazone einigen Organismen ihren Lebensraum. Das gilt auch für den Menschen. Zudem bringen die wärmere Atmosphäre und das wärmere Meerwasser die Eismassen der Erde zum Abschmelzen. Das Wasser der Gletscher und Eisschelfe sammelt sich im Meer; der Meeresspiegel steigt.

Dieser Beitrag möchte unsere aktuellen Erkenntnisse und Beobachtungen zum Klimawandel und Artenverlust einordnen. Er soll unser Verständnis der Welt und der Position des Menschen in dieser Welt befördern, vor allem mit Blick auf seine Rolle und Pflichten hier und heute bei der Lösung dieser Krisen. Wenn der Mensch ganz allein für diese Krisen verantwortlich ist, was bedeutet das weltanschaulich und was bedeutet das für unser Handeln? Dabei kann man sich durchaus auch fragen: Was bedeutet das für die Religion oder besser: die Glaubenswelt des Menschen, mit der er versucht, die Welt zu verstehen und sein Handeln daraus abzuleiten? Ist ihm seine Verantwortung bewusst? Regt das globale Klimageschehen zu einer globalen Weltsicht an und zur Akzeptanz einer gemeinschaftlichen Verantwortung aller Menschen für das Leben auf dieser Erde? Das ist leider nicht (oder kaum) zu beobachten. Nationale, regionale, wirtschaftliche und kurzfristige Interessen überwiegen in der politischen Diskussion.

Klimawandel, Biodiversitätsverlust und Verschmutzung: Folgen und Schlussfolgerungen

Die Folgen des rasanten Klimawandels haben längst ein dramatisches Niveau erreicht. Mensch und Natur leiden unter Wetterextremen wie Hitzewellen und daraus resultierenden Extremtemperaturen und Dürren, oder Stürmen und starken Niederschlägen mit daraus resultierenden Überflutungen – und sowohl Menschen als auch Tiere und Pflanzen sterben daran. Langfristige Prognosen belegen, dass die Auswirkungen mit fortgesetzten Emissionen kontinuierlich bedrohlicher und schlimmer werden. Lebensraum vor allem für Tierarten, aber auch für den Menschen geht durch extreme Umweltbedingungen in Äquatornähe und für angepasste polare Fauna auch in den Polargebieten bereits verloren.

Darüber hinaus sind niedrig liegende Küsten und Inseln überall durch den Meeresspiegelanstieg bedroht. Ende Oktober 2023 veröffentlichten britische Polarforschende eine Studie, wonach die Gletscher des Westantarktischen Eisschildes in den kommenden 80 Jahren unaufhaltsam und schneller als bisher angenommen ins Meer abrutschen werden – selbst dann, wenn es gelänge, die globale Erwärmung auf 1,5 °C zu begrenzen. Mehrere Meter Meeresspiegelanstieg würden die Folge sein; das Meer würde niedrig liegende Küsten und Inseln überschwemmen und Küstenlinien verändern. Intensivere Sturmfluten werden diesen Prozess beschleunigen. Wir können uns ausmalen, was dies für die aktuellen Küstenräume und Inseln bedeutet. Zusammen mit dem Abschmelzen grönländischer Eismassen kann es nach aktuellen Prognosen langfristig zu einem Meeresspiegelanstieg in einer Größenordnung von sieben Metern kommen – eine Herausforderung, der selbst unser moderner Küstenschutz wohl nicht mehr gewachsen ist (▶ Abb. 1). Und selbst bei sieben Metern muss nicht Schluss sein: Schließlich hat die Erde momentan noch Eisreserven für einen um etwa 65 Meter höheren Meeresspiegel. Auch wenn der Zeitrahmen für diese Veränderungen unsicher ist, so sollte ihr prognostiziertes Ausmaß doch als bedrohlich empfunden werden und vorsorgliches Handeln begründen.

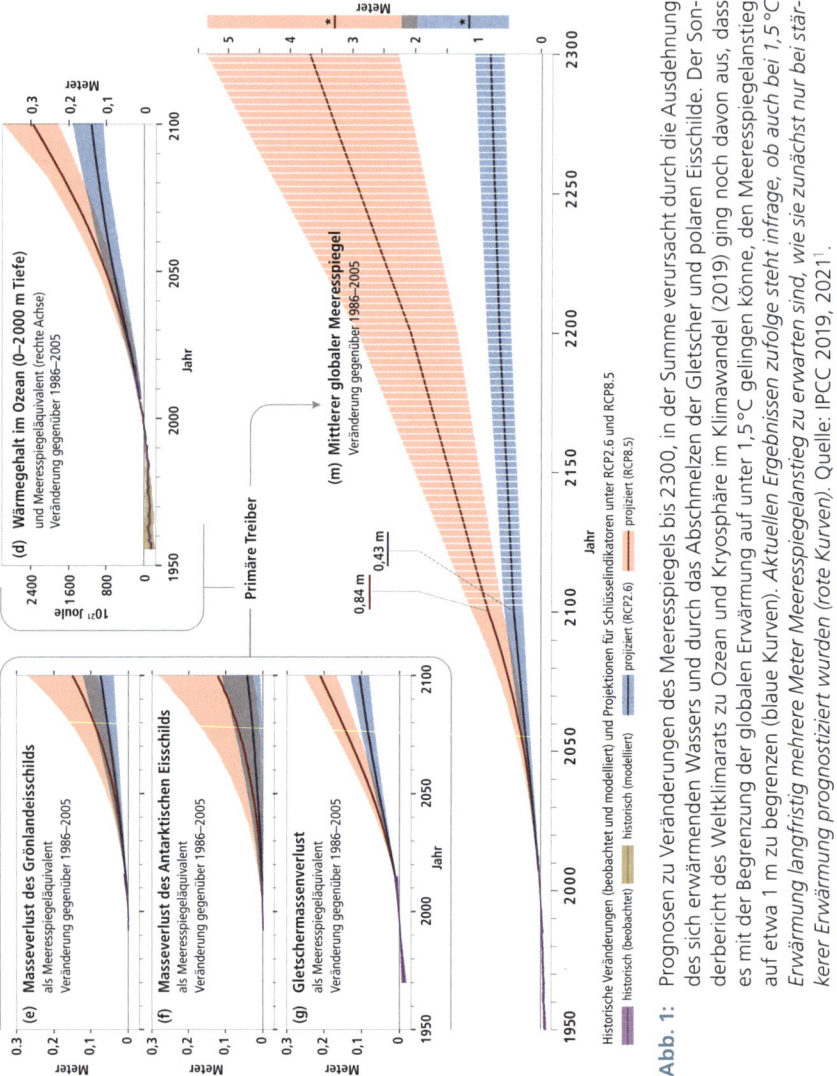

Abb. 1: Prognosen zu Veränderungen des Meeresspiegels bis 2300, in der Summe verursacht durch die Ausdehnung des sich erwärmenden Wassers und durch das Abschmelzen der Gletscher und polaren Eisschilde. Der Sonderbericht des Weltklimarats zu Ozean und Kryosphäre im Klimawandel (2019) ging noch davon aus, dass es mit der Begrenzung der globalen Erwärmung auf unter 1,5 °C gelingen könne, den Meeresspiegelanstieg auf etwa 1 m zu begrenzen (blaue Kurven). Aktuellen Ergebnissen zufolge steht infrage, ob auch bei 1,5 °C Erwärmung langfristig mehrere Meter Meeresspiegelanstieg zu erwarten sind, wie sie zunächst nur bei stärkerer Erwärmung prognostiziert wurden (rote Kurven). Quelle: IPCC 2019, 2021[1].

---

1 Die Beschriftungen aller Abbildungen wurden eigens für dieses Buch ins Deutsche übersetzt. Es handelt sich durchweg nicht um Übersetzungen des IPCC, sondern der Deutschen IPCC-Koordinierungsstelle, abgestimmt mit den deutschsprachigen Autoren der IPCC-Berichte. Die Übersetzungen zielen darauf ab, die Originalsprache möglichst getreu wiederzugeben.

Schon während der letzten Warmzeit vor 125.000 Jahren hat die Erde bei ähnlich hohen globalen Durchschnittstemperaturen wie heute einen etwa sieben Meter höheren Meeresspiegel gehabt. Ein Wechsel zwischen hohem und niedrigem Meeresspiegel war zudem charakteristisch für den Wechsel zwischen den Warm- und Kaltzeiten der letzten 800.000 Jahre. Großbritannien beispielsweise konnte während der Eiszeiten zu Fuß erreicht werden und wurde auf diese Weise seit der ausgehenden letzten Eiszeit kontinuierlich besiedelt, bevor das Meer die Inseln vor ca. 6.500 Jahren erneut vom europäischen Kontinent abschnitt. Der Wechsel von Warm- und Kaltzeiten wurde außerdem stets von Veränderungen der CO_2-Konzentration in der Atmosphäre begleitet, die zwischen 280 ppm in der warmen Atmosphäre und 180 ppm in den Eiszeiten schwankte (ppm = *parts per million* – Volumenanteil der CO_2-Moleküle im Gasgemisch der Atmosphäre). Heute beträgt der CO_2-Gehalt in der Atmosphäre schon ca. 430 ppm (0,043 %). Es ist nicht überraschend, dass dies die Möglichkeit für einen erheblich stärkeren Meeresspiegelanstieg eröffnet als im Wechsel zwischen Kalt- und Warmzeiten. Hinzu kommen die aufgrund des Meeresspiegelanstiegs immer höher auflaufenden Sturmfluten, die die Schäden vervielfachen werden.

Durch den massiven Ausstoß von Treibhausen hat die Menschheit demnach längst Prozesse angestoßen, die sich kurzfristig nicht mehr aufhalten oder umkehren lassen. Mit Blick auf den Küstenschutz ist auf längere Sicht mit einem zunehmenden Kontrollverlust zu rechnen. Eine Milliarde Menschen leben derzeit küstennah, Häfen und Infrastrukturen wurden an die derzeitige Küstenlinie gebaut. Möglich war das durch einen mehr oder weniger stabilen Meeresspiegel, den wir als Spiegel der letzten 12.000 Jahre verstehen können, des Holozäns. Das Holozän ist oder besser war eine für die aufblühende Menschheit günstige Klimaperiode, in der sie sich stark vermehrt, fast alle Breitengrade und Lebensräume der Erde besiedelt und ihre Infrastrukturen und Zivilisation aufgebaut hat. Nun ist die Menschheit dabei, das günstige Klimafenster des Holozäns durch den selbst erzeugten Klimawandel zu verlassen. Die Konsequenzen wird die ganze Menschheit tragen müssen, denn die Auswirkungen des Klimawandels sind bereits auf allen Kontinenten und in allen Ozeanregionen zu spüren. In den reichen Ländern verursacht der Klimawandel neben großen wirtschaftlichen Verlusten zwar auch gesundheitliche Schäden und Todesfälle, aber in den ärmeren Ländern sind die gesundheitlichen Gefahren noch erheblich größer, da den Einzelnen die Möglichkeiten fehlen, sich zu schützen oder anzupassen. Die Natur reagiert bereits auf den Klimawandel, viele Arten verlassen ihren angestammten Lebensraum und folgen den sich verschiebenden Temperaturen. Nebeneffekt: Krankheiten und Krankheitsüberträger wie die Tigermücke, die in Europa seit Menschengedenken nicht gesehen wurden, breiten sich in neue Gebiete aus.

Gelegentlich wird der heutige Klimawandel mit Klimaschwankungen in früheren Zeiten der Erdgeschichte verglichen. Dieser Vergleich ist mit Blick auf den Menschen und seine Gesellschaften unzulässig, denn die erdgeschichtlichen Klimaschwankungen trafen ja nicht auf empfindliche Infrastruktur, Häfen oder dicht besiedelte Städte, wie sie das heutige Antlitz der vom Menschen geprägten Erde kennzeichnen. Der heutige Klimawandel erfolgt erheblich schneller, hat aber noch nicht das Ausmaß vergangener Klimakatastrophen erreicht, in denen es in der Erdgeschichte zu Massensterben von Tieren und Pflanzen kam.

Es sieht aber leider montan nicht so aus, dass es noch gelingen kann, den Klimawandel bei 1,5 °C Erwärmung zu stoppen. Die Wissenschaft und vielleicht auch die Politik machen sich inzwischen eher Gedanken, was es bedeutet, wenn die globale Erwärmung darüber hinausschießt und erst später – wenn Klimaschutzmaßnahmen umgesetzt sind und greifen – vielleicht zu 1,5 °C Erwärmung oder weniger zurückkehrt. Auch das könnte allerdings eine optimistische Annahme sein, denn der Spielraum für zusätzliche Emissionen ist klein und zeitgerechter Klimaschutz ist aufgrund der Widerstände und der Versäumnisse der letzten Jahrzehnte ein zunehmend anstrengendes Unterfangen. Mehr als 0,1 bis 0,2 °C zusätzlich sind nicht drin, wenn die Erwärmung bis 2100 auf 1,5 °C zurückgeführt werden soll. Und aktuell wird uns vor Augen geführt, dass jedes Zehntelgrad zusätzliche Erwärmung mehr Schäden und Verluste an Natur, Infrastruktur und Menschenleben verursachen wird. Dies unterstreicht: Wenn der Klimaschutz nicht innerhalb der nächsten 10 bis 15 Jahre umfänglich Erfolg haben wird, kann eine Eskalation des Klimawandels und der Klimarisiken jenseits von 1,5 °C Erwärmung – mit der möglichen Überschreitung von Kipp-Punkten und weiterem Kontrollverlust – nicht mehr verhindert werden. Wenn auch die Veränderungen bis Mitte des Jahrhunderts schon weitgehend festgeschrieben sind, so entscheidet die Menschheit heute, wie intensiv der Klimawandel darüber hinaus bis zum Ende des Jahrhunderts voranschreiten wird (▶ Abb. 2).

Diese Erkenntnis lässt nur eine einzige Schlussfolgerung zu: Die Menschheit muss heute alles in ihrer Macht Stehende tun, die laufende weitere Verschärfung der Klimakrise möglichst bald zu stoppen. Das ist angesichts der sich aufbauenden existenziellen Bedrohungen ohne akzeptable Alternativen. Die Klimakrise können wir nur stoppen, wenn wir schnell und umfassend aus der Nutzung fossiler Energieträger aussteigen. Es gibt keine andere Lösung – das hätte eigentlich allen Regierungsdelegationen auf der 28. Weltklimakonferenz in Dubai 2023 bewusst sein müssen. Das relevante Wissen liegt auf dem Tisch, wird aber von vielen nicht verinnerlicht – geschweige denn zeitgerecht, hinreichend oder überhaupt irgendwie umgesetzt. Man glaubt immer noch, vorrangig um die Verteilung der Lasten pokern zu können.

Das Klimasystem der Erde macht keine Kompromisse und es akzeptiert keine Ausreden. Was für den Klimaschutz zählt, ist aber nicht nur der schnelle Erfolg, den Anstieg der Treibhausgaskonzentrationen in der Erdatmosphäre zu stoppen und langfristig rückgängig zu machen. Für die langfristige Stabilisierung und Abkühlung des Klimas ist es wichtig, die Fähigkeit der Landvegetation und der Ökosysteme des Meeres zu erhalten, CO_2 aufzunehmen, zu binden und für lange Zeit in Böden und Sedimenten zu speichern. Dafür müssen wir die Gesundheit von Ökosystemen und ihre Widerstandskraft im Klimawandel durch konsequenten Schutz und Wiederaufbau der Biodiversität stärken. Die Menschheit kann das schaffen, wenn sie es denn insgesamt wirklich will. Die Verhandlungen in Dubai haben aber gezeigt, dass der globale politische Wille immer noch nicht stark genug ist, um die Dinge schnell genug zu bewegen. Das Verständnis für den Verlust der Lebensgrundlagen durch die Bedrohungen des Klimawandels, des Artenverlustes und der diversen Verschmutzungen ist anscheinend immer noch völlig unzureichend. Nach wie vor werden diese Themen kurzsichtig den traditionellen wirtschaftlichen Interessen und Konzepten untergeordnet. Dabei sind Klima- und Umweltschutz heute um ein Vielfaches billiger als die Folgen des Verlusts der Lebensgrundlagen.

Wir erleben derzeit nicht nur einen Klimawandel sondergleichen, sondern werden gleichzeitig Zeugen beispielloser Artenverluste, deren Ausmaß wir

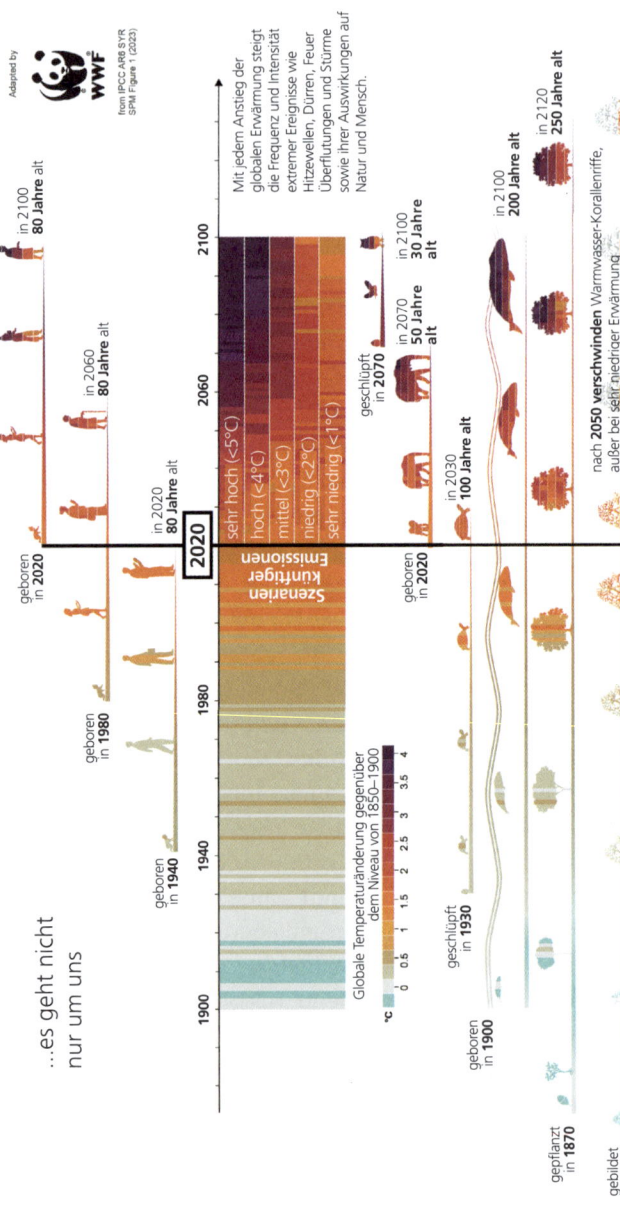

Abb. 2: Wie bestimmen unsere heutigen Entscheidungen die Klimazukunft der Menschen? Wer heute geboren ist, wird bei unzureichend gebremsten Emissionen die sich aufbauende Hitze zum Ende des Jahrhunderts erleben. Der WWF hat diese Abbildung um langlebige Individuen aus verschiedenen Organismenreichen ergänzt, um zu zeigen, dass nicht nur der Mensch, sondern auch die Natur betroffen ist. Quelle: verändert nach WWF und IPCC 2023.

nur noch mit den evolutionären Krisen der Erdgeschichte vergleichen können. Nach neuesten Erkenntnissen ist in Europa inzwischen jede fünfte Tier- oder Pflanzenart vom Aussterben bedroht, doppelt so viele, wie noch 2019 vom Weltbiodiversitätsrat vorhergesagt. Grund ist die Zerstörung natürlicher Lebensräume, der Einsatz von Pestiziden und zunehmend auch der Klimawandel. Parallel zum Klimawandel setzt die Menschheit den Raubbau an der Natur fort. Sie zerstört Wälder, Savannen und Feuchtgebiete, entnimmt mehr natürliche Ressourcen, als die Ökosysteme des Planeten entbehren können, und verschmutzt ihre eigene Umwelt weiterhin mit Düngemitteln, Massentierhaltung, Pflanzenschutz- und Insektenschutzmitteln, Plastik und anderen Schadstoffen – in dem Glauben, die Natur weiter und scheinbar unbegrenzt für sich ausbeuten zu können. Die Menschheit hat schon 50 % der Vegetation des Planeten vernichtet und laut aktuellen Planungen glaubt sie nun, dass die restliche Vegetation ihr das überschüssige CO_2 abnimmt. Das ist jedoch Wunschdenken: Die Vegetation ist damit kurzfristig überfordert. Sie wird zudem – genauso wie die Tierwelt und der Mensch selbst – durch den Klimawandel und seine Hitzewellen, Dürren und Überflutungen geschädigt. Gleichzeitig geht durch die industrielle Landwirtschaft, den fortgesetzten Bau von Siedlungen und Infrastruktur und durch Extremereignisse wie Dürren und Überflutungen nutzbares Land verloren. Sauberes Wasser wird zunehmend knapp und die Monokulturen der industriellen Landwirtschaft haben der Hitze wenig entgegenzusetzen. In den Weltmeeren nimmt die Plastikflut kontinentale Ausmaße an. Auch sie führt uns das Ausmaß der globalen Wirkungen des Menschen sichtbar und eindrucksvoll vor Augen.

Durch den fortschreitenden Klimawandel und den Raubbau an der Natur schwächt der Mensch seine Lebensgrundlagen und die vielen überlebenswichtigen Dienstleistungen der Natur, von denen die Menschheit und die Natur selbst abhängen. Jede Art, die geschwächt oder krank wird und zunächst regional verschwindet, ist ein Symbol für diese Schwächung der Natur. Ihre Dienstleistungen umfassen die CO_2-Aufnahme für den langfristigen Klimaschutz; die Gesundheit der Böden für die Landwirtschaft; die gesunden Wälder für sauberes Wasser, den Wasserhaushalt und die gute Luft; die gesunden Flüsse und Seen mit ihrem Beitrag zur Nahrungsversorgung und zur Erholung; das Grundwasser mit stabilen Wasserständen für die Trinkwasserversorgung; dazu die Meere für die Stabilisierung des Klimas, die Fischerei, die

Aquakultur und den Transport unserer Waren. Die abnehmende Zuverlässigkeit dieser Dienstleistungen im Klimawandel haben Rhein und Elbe mit ihren schwankenden Wasserständen vor Augen geführt, die in den letzten Jahren die Schifffahrt beeinträchtigten. Mit jeder Art, die verschwindet, steigen aber auch unsere eigenen Gesundheitsrisiken. Die Gefahr von Pandemien steigt in verarmenden Ökosystemen, in die der Mensch eindringt und die er zerstört, denn oft überleben vor allem die krankheitsübertragenden Arten die zunehmende Durchmischung und Verarmung der Ökosysteme.

Die große Frage ist nun: Kann der Mensch all dies wieder unter Kontrolle bekommen? Ist es möglich, eine Kehrtwende einzuleiten, und wie sähe diese aus? Denn da sollten wir uns keine Illusionen machen: International wurden auf UN-Ebene zwar schöne Umweltziele festgelegt, sie wurden aber bisher alle verfehlt. Aktuell stehen sogar diese Ziele – das Pariser Abkommen, die Biodiversitätsziele, die Begrenzung der Plastikverschmutzung – politisch wieder infrage. Gleichzeitig sagen die Prognosen, dass die Plastikproduktion noch einmal um den Faktor 2 bis 3 zunehmen wird. Auch die weltweiten Emissionen steigen weiter, wenngleich dieser Anstieg nun offenbar langsamer erfolgt. Es ist dementsprechend eindeutig: Die Kehrtwende hat die Menschheit noch nicht geschafft. Ohne etwas an der Lebensweise des modernen, vor allem an der »westlichen« Zivilisation orientierten Menschen zu ändern, werden die formulierten Ziele nicht zu erreichen sein. Voraussetzung für eine Kehrtwende ist die Transformation aller Systeme, die der Mensch aufgebaut hat, die er nutzt und entscheidend prägt. Dies betrifft die Gesellschaften selbst, ihre Lebensweisen und Art zu wirtschaften. Es betrifft die Industrie, den Transport, die Infrastruktur. Und es betrifft die Art und Weise, wie der Mensch mit den Ökosystemen umgeht. Noch einmal: Das nervt viele, aber die Transformation ist ohne akzeptable Alternative und sie darf nicht weiter verzögert werden. »Weiter wie bisher« geht nicht, ist keine Option mehr, denn ein »Weiter so« verschwendet kostbare Zeit. Das Zeitfenster schließt sich, für die Einhaltung der Pariser Vereinbarungen ist es bereits jetzt fast schon zu spät. Und trotzdem subventioniert die Menschheit die fossilen Energien weiter. Mit vier Billionen Euro ist sie in den fossilen Energien investiert, der Löwenanteil in Firmen, die neue fossile Ressourcen mobilisieren. Es ist kein Wunder, dass der *Production Gap Report* der UN-Umweltorganisation UNEP bisher keine Abnahme zeigt. Diese jährlichen Berichte belegen regelmäßig die Diskrepanz zwischen der tatsächlichen Förderung fossiler Brennstoffe und der angestrebten Abnahme der Produktionsniveaus, die mit einer Begrenzung der Erderwärmung auf 1,5 oder 2 °C vereinbar wäre. Auch die Nutzung fossiler Brennstoffe wird weiterhin subventioniert, nach einem aktuellen Bericht (2024) allein in Deutschland mit jährlich mehreren 10 Milliarden Euro.

Hilft es für die Trendwende, sich auch weltanschaulich mit diesen Dingen auseinander zu setzen? Man muss sie nicht unbedingt religiös im Sinne einer »Bewahrung der Schöpfung« behandeln, sollte sich aber über die existenzielle Bedeutung der natürlichen Lebensgrundlagen im Klaren sein. Die Frage ist: Wie sollte der Mensch mit der Natur und der Erde als seinem Heimatplaneten umgehen? Wie sollte die Menschheit in der Zukunft wirtschaften, um die sich zuspitzenden negativen Veränderungen und die existenzielle Bedrohung durch Klimawandel, Biodiversitätsverlust und Verschmutzung zu stoppen? Heute liegt es nahe zu sagen: Das Industriezeitalter hat uns Wohlstand und ein langes Leben ermöglicht, aber fossile Energieträger sind nur noch sehr begrenzt einsetzbar und die natürlichen Ressourcen sind begrenzt. Eine Korrektur der Fehler des Industriezeitalters ist dringend erforderlich! Mit Blick auf den Klimawandel und den dadurch vorangetriebenen Meeresspiegelanstieg sollten vor allem küstennahe Städte, in Deutschland etwa Bremen oder Hamburg, ein besonders großes Interesse daran haben, angesichts der sich aufbauenden Bedrohungen rasch und in genügendem Umfang im Klimaschutz tätig zu werden. Dazu gehört auch, auf Bundes- und EU-Ebene entsprechend Druck aufzubauen und den zeitgerechten Klima- und Umweltschutz zu befördern. Denn wenn die Küstenstandorte sich nicht besonders einsetzen, wer sonst soll deren Interessen angesichts des sich beschleunigenden Meeresspiegelanstiegs vertreten?

Wie lassen sich all diese Umweltveränderungen verstehen?

Der aktuelle Sachstandsbericht des Weltklimarates zeigt auf, wie eng Klima, Mensch und Natur miteinander verwoben sind und wie unmittelbar Veränderungen eines Systems Reaktionen in den zwei anderen hervorrufen (▶ Abb. 3). Eine wichtige Erkenntnis aus diesen Untersuchungen ist, dass die Menschheit

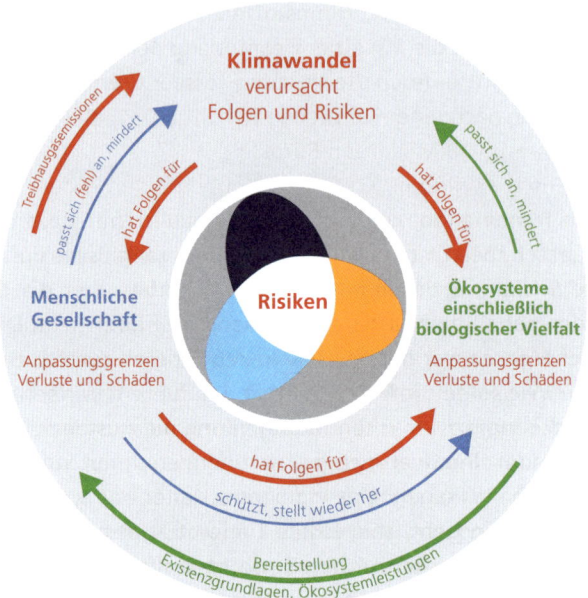

Der Risikopropeller zeigt: Risiken entstehen aus der Überlappung von:

...von menschlichen Systemen, Ökosystemen und ihrer biologischen Vielfalt

Abb. 3: Die drei großen Systeme der Erde Klima, Natur und Mensch sind aktuell durch das Handeln des Menschen im Ungleichgewicht. Die negativen Wechselwirkungen (rote Pfeile) dominieren, die positiven Wechselwirkungen (dünne blaue und grüne Pfeile) kommen nicht genügend zum Tragen. Die Risiken für Ökosysteme und Mensch steigen mit jedem Zehntelgrad globaler Erwärmung. Quelle: IPCC 2022; ► Abb. 7.

durch die schiere Anzahl von Menschen, ihre Technologien und ihre Aktivitäten im Laufe des Industriezeitalters zu einer globalen Einflussgröße geworden ist. Dies ist eine Sichtweise, die immer noch neu und weltanschaulich unbequem ist. Vor diesem Hintergrund sprechen wir heute vom Anthropozän, von einem Zeitalter des Menschen als globaler Macht. Der Mensch hat die Oberfläche und die Eigenschaften der Erde in weiten Teilen verändert und tut es noch. Er ist sich aber oft nicht bewusst, wie sich sein lokales Handeln mit dem Handeln in anderen Teilen der Erde aufaddiert. Ebenso wenig ist ihm klar, welche regionalen und globalen Auswirkungen auf Klima und Biodiversität das in der Summe hat. Das gleichzeitige, gleichgerichtete Handeln vieler Menschen ist in seinen Auswirkungen additiv. Dadurch hat es massive globale Bedeutung.

Das System Mensch als globale Kraft steht heute mit den anderen global wirksamen Systemen, dem Klima und der Artenvielfalt, in Wechselwirkung. Klima und Artenvielfalt haben nicht nur in der Evolutionsgeschichte die Grundlagen des Lebens auf dieser Erde geprägt, sondern machen sie auch noch heute aus. Mit seiner geballten Kraft hat der Mensch begonnen, Klima und Biodiversität nachteilig zu verändern. Das bedeutet aber auch: Die Menschheit braucht jetzt ihre gemeinsame große Kraft, um diese Veränderungen aufzuhalten und rückgängig zu machen. Dabei kann und muss jeder Einzelne helfen, damit alle Einzelmaßnahmen zusammengenommen wiederum additiv wirken. Schließlich ist koordiniertes globales Handeln der Regierungen auf verschiedenen Ebenen gefragt. Deshalb finden auf der UN-Ebene die Weltkonferenzen (Conferences of the Parties, COPs) zu Klima, Biodiversität, Plastik und noch anderen globalen Themen wie Arktis, Antarktis und Hochsee statt. Die gute Nachricht ist: Die Menschheit kann diese Probleme bewältigen – die nicht so gute Nachricht ist: Es fällt den Menschen schwer, liebgewonnene Gewohnheiten und vielleicht auch einmal erreichte Vorteile aufzugeben. Auch das fängt beim Einzelnen an und setzt sich im politischen Handeln von Regierungen und ganzen Machtblöcken fort. Allerdings ist es Aufgabe der Politik, die Führung zu übernehmen, der politische Wille ist der Flaschenhals. Politik und Bürokratie müssen es dem Einzelnen möglichst leicht machen, nachhaltig zu handeln.

Die Anfänge für die ungünstigen Veränderungen im Klima und in der Biodiversität wurden spätestens im Holozän gelegt. Ohne es zu wollen, hat der Mensch mit steigenden Bevölkerungszahlen begonnen, das Klima und seine natürliche Umwelt zu verändern. Gleichzeitig ist das entstanden, was man Zivilisation nennt: von mehr oder weniger großem Wohlstand getragene Gesellschaften mit ihren ureigenen kulturellen und wirtschaftlichen Ausprägungen. Mithilfe der Technik ist es dem Menschen gelungen, sich immer unabhängiger von der Natur zu machen, dabei auch persönliche Lebenszeit und Freiheiten zu gewinnen. Dieser Trend findet nun im Klimawandel seine

Grenzen: Freiheiten auf Kosten des Planeten, der Natur und der Mitmenschen auszuleben, wird zunehmend infrage gestellt.

Der Trend einer scheinbar immer größeren Unabhängigkeit von der Natur hatte sich zunächst mit der Industrialisierung verstärkt. Menschen haben in großem Umfang die Ressourcen der Erde mobilisiert, darunter fossile Brennstoffe. Sie haben Wälder gerodet, Landwirtschaft, Infrastruktur und Städte aufgebaut und bezeichnen dies als wirtschaftliche Entwicklung. Der ökonomische »Fortschritt« hat die Lebensdauer des Menschen verlängert und einen Wohlstand gebracht, auf den heute nur wenige verzichten wollen. Mit zunehmendem Klimawandel, Artenverlust und voranschreitender Verschmutzung werden aber die Grenzen des wirtschaftlichen Wachstums und die Notwendigkeit einer Zeitenwende in der Ressourcennutzung immer sichtbarer. Die notwendige Transformation bedeutet, dass Wohlstand künftig anders und nachhaltig generiert werden muss, mit Ressourcen, die erneuerbar sind. Wirtschaftliche Entwicklung kann keine Entschuldigung mehr für die Nutzung fossiler Brennstoffe oder die Vernichtung natürlicher Lebensräume sein. Neue wirtschaftliche Entwicklung sollte nur noch mit erneuerbaren Energien erfolgen (s. u.). Doch »grünes Wachstum« und der Ausstieg aus dem laufenden Verbrauch fossiler Energieträger in existierenden Industrien, im Transport und in den Wohnungen benötigen finanzielle Mittel. Finanzieren sollten dies alle Länder gemeinsam und entsprechend ihrem gesamten Anteil an den historischen und den aktuellen Emissionen, der ja auch ungefähr ihre Wirtschaftskraft spiegelt. Wer heute noch Emissionen steigert, sollte mehr zahlen müssen, wer sie abbaut, während andere mehr emittieren, anteilig weniger. Es wäre möglich, das fair umzusetzen, nicht zuletzt durch ein Umleiten der immer noch hohen finanziellen klima- und biodiversitätsschädlichen Investitionen und Subventionen in eine nachhaltige Richtung. Das Neue ausschließlich mit nachhaltigen Mitteln und erneuerbaren Energien umzusetzen und das Bestehende nachhaltig zu erneuern, das wäre ein wichtiger Teil der so dringend erforderlichen beschleunigten Kehrtwende und Transformation.

Durch unsere wissenschaftlichen Methoden haben wir schließlich erkannt, dass etwas aus dem Ruder läuft. Die Emissionen verändern unser Klima, unsere Ökosysteme gehen in die Knie, der Planet ächzt unter dem Druck der Menschheit, auch durch zunehmende Verschmutzung. Die Tiere und Pflanzen wandern, wenn sie können, denn dort, wo sie sind, wird es ihnen zu warm. Auch dem Menschen wird es zu warm: In Mitteleuropa treten häufiger Hitzewellen auf, aber vor allem in südlichen Breiten gibt es immer mehr Tage im Jahr mit hohen Temperaturen und einer hohen Luftfeuchtigkeit. In Äquatornähe verlieren Tiere und Menschen bereits ihren Lebensraum. Nicht nur der steigende Meeresspiegel treibt zur Umsiedlung, was sich heute schon bei kleinen Inselstaaten wie Tuvalu beobachten lässt, sondern auch die Extremtemperaturen. In den warmen Regionen kommt nichts nach, der Lebensraum auf unserem Planeten wird insgesamt kleiner. Gleichzeitig schrumpft auch auf der kalten Seite der Lebensraum, der Klimawandel macht vor den Polargebieten und dem Hochgebirge nicht Halt. Hochgradig spezialisierte polare Fauna, darunter Eisfische der Antarktis und Eisbären der Arktis, wird sich auf immer kleinere Gebiete zurückziehen, Arten aus gemäßigten Breiten dringen in die Polargebiete ein (▶ Abb. 4).

Mit dem Klimawandel verlieren Mensch und Natur nicht nur kostbaren Lebensraum, sondern mit den Ökosystemen gehen auch die Biodiversität und ihre Dienstleistungen verloren. Die Migrationsströme, die aus dieser sich gegenseitig verstärkenden Kombination resultieren werden, werden alles in den Schatten stellen, was in der jetzigen politischen Situation so intensive Debatten auslöst (▶ Abb. 5).

Die bisherige Klimaberichterstattung empfiehlt im Einklang mit dem Pariser Abkommen, die Obergrenze der Erwärmung möglichst nahe bei 1,5 °C zu halten. Das stützt sich unter anderem auf die Risikobewertung einer der drei Arbeitsgruppen des Weltklimarats (▶ Abb. 6). Auch die neueren Erkenntnisse zum Meeresspiegelanstieg (▶ Abb. 1) lassen es geboten erscheinen, die Erde nach einem Stopp der Treibhausgasemissionen möglichst wieder abzukühlen, um auf diese Weise Infrastruktur und Küsten, aber auch Ökosysteme zu schützen. Dieses Ziel ist aber nach aktuellen Erkenntnissen nur auf lange Sicht zu erreichen.

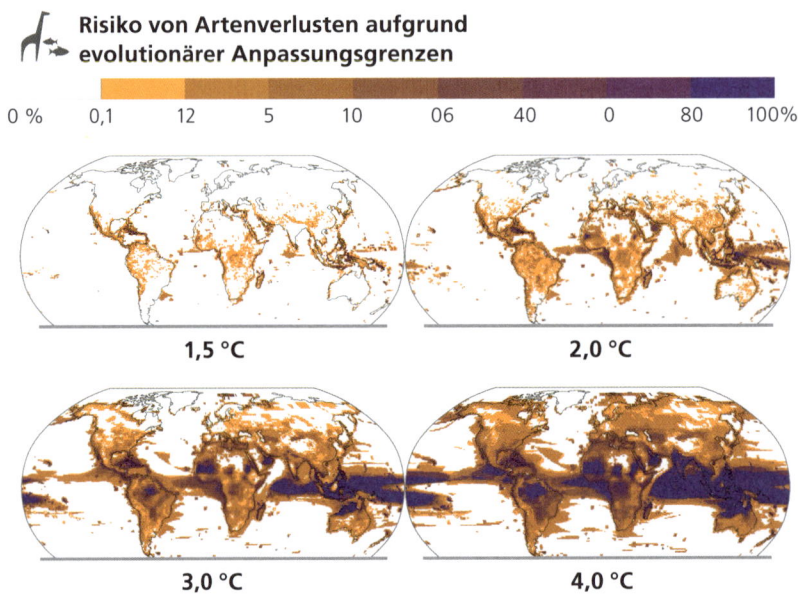

Abb. 4: Verlust von Lebensraum an Land und im Ozean aufgrund zunehmend lebensfeindlicher Umgebungsbedingungen im Klimawandel, vor allem für Tierarten. Das höher entwickelte komplexe Leben ist empfindlich gegenüber Extremtemperaturen und zieht sich zunehmend aus den Tropen zurück. Quelle: IPCC 2023.
Dargestellt: Prozentsatz der Tier- und Seegrasarten, die potenziell gefährlichen Temperaturbedingungen ausgesetzt sind.[2] Nicht dargestellt ist, dass Arten aus gemäßigten Breiten in die Polargebiete eindringen. Die polare Fauna zieht sich zurück bzw. ist vom Aussterben bedroht.

---

2 Projizierte Temperaturbedingungen höher als die geschätzten historischen (1850–2005) höchsten Jahresdurchschnittstemperaturen, die jede Art erfahren hat, unter der Annahme, dass keine Artumsiedlung stattfindet. Beinhaltet 30.652 Vogel-, Säugetier-, Reptilien-, Amphibien-, marine Fisch-, benthische marine Wirbellosen-, Krill-, Cephalopoden-, Korallen- und Seegrasarten.

🌡️ Risiken für die menschliche Gesundheit aufgrund von Hitze-Luftfeuchte

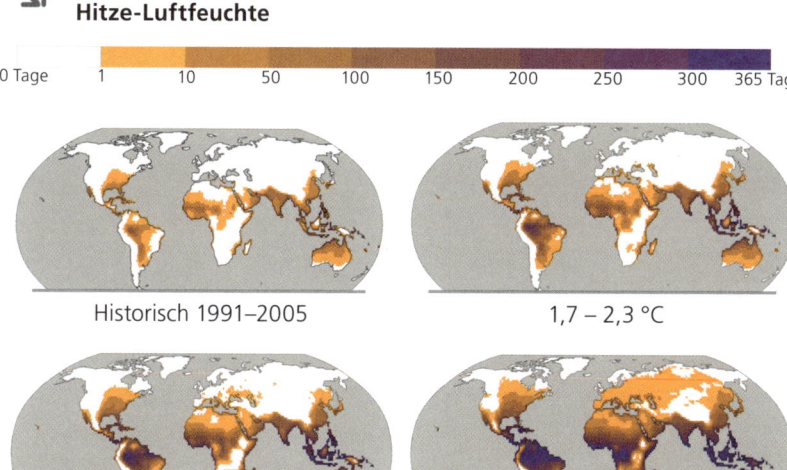

Abb. 5: Bei Säugetieren, also auch beim Menschen, behindert hohe Luftfeuchtigkeit die Fähigkeit des Körpers zur Temperaturregulation. Bei 100 % Luftfeuchtigkeit verursacht beim Menschen schon eine Umgebungstemperatur jenseits von etwa 35 °C einen lebensgefährlichen, ja tödlichen Anstieg der Körpertemperatur. Dementsprechend geht auch für den Menschen Lebensraum in Äquatornähe verloren. Quelle: IPCC 2023.
Dargestellt: Tage pro Jahr, an denen die Temperatur- und Luftfeuchtebedingungen zusammen ein Sterberisiko für Einzelne darstellen.[3]

---

3   Bei den projizierten regionalen Folgen wird ein globaler Schwellenwert zugrunde gelegt, bei dessen Überschreitung die Tagesmittelwerte von Lufttemperatur an der Erdoberfläche und relativer Luftfeuchtigkeit zu potenziell tödlicher Überhitzung führen können. Die Dauer und Intensität von Hitzewellen werden hier nicht dargestellt. Die gesundheitlichen Folgen von Hitze variieren von Ort zu Ort und werden in hohem Maße durch sozioökonomische, berufliche und andere nicht-klimatische Faktoren der individuellen Gesundheit und sozioökonomischen Verwundbarkeit bestimmt. Der in diesen Karten verwendete Schwellenwert basiert auf einer einzigen Studie, in der die Daten von 783 Fällen zusammengefasst wurden, um die Beziehung zwischen Hitze-Luftfeuchte-Bedingungen und Sterblichkeit zu bestimmen, wobei die Daten hauptsächlich aus Beobachtungen in gemäßigten Klimazonen stammen.

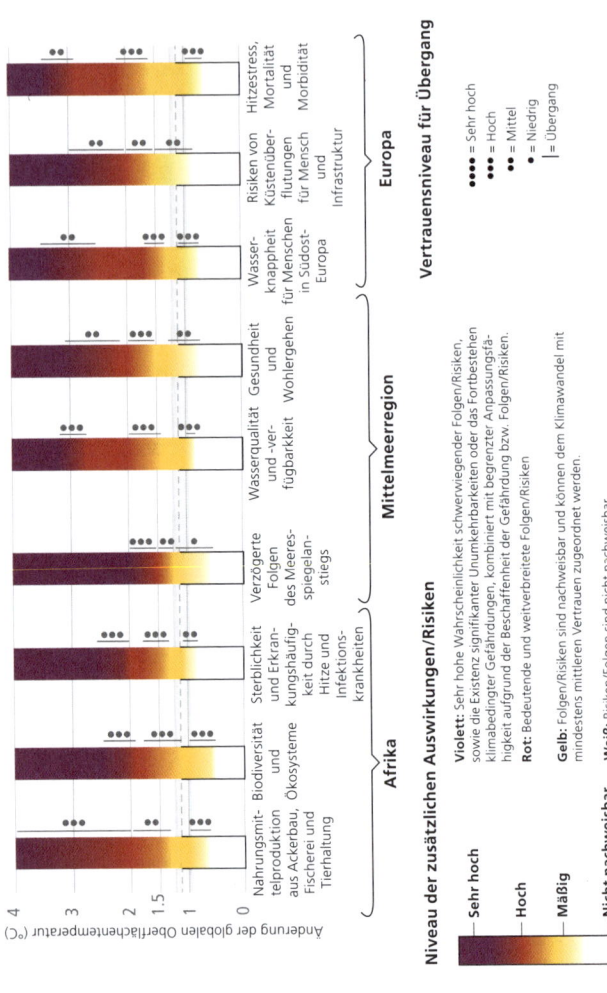

Abb. 6: Ausgewählte Risiken für Afrika, den Mittelmeerraum und Europa. Die Risikobewertung unterscheidet Auswirkungen des Klimawandels auf verschiedene Sektoren und bemisst sich auf einer Farbskala wie unten erklärt. Der Risikoübergang von gelb nach rot kann jeweils als das maximal tolerierbare Risikoniveau bzw. -niveau in einem Sektor interpretiert werden. Die Festlegung eines Risikoübergangs bzw. -niveaus in einem Sektor erfolgt je nach Qualität und Umfang der vorliegenden Forschungsergebnisse mit einem bestimmten Vertrauensniveau. Beispielsweise kann für die Lebensmittelproduktion in Afrika *mit mittlerem Vertrauen* davon ausgegangen werden, dass das Risiko nahe einer Temperaturerhöhung von 1,5°C von einem moderaten (gelb) zu einem hohen Niveau (rot) steigt. Bei einer Erwärmung um mehr als 2,0°C erreicht es schließlich *mit hohem Vertrauen* ein hohes bis sehr hohes Niveau (rot-violett). Quelle: IPCC 2022 und 2019.

Wenn es nun darum geht, die Fehler des Industriezeitalters zu korrigieren, bleiben die aktuellen Bemühungen hinter dem Notwendigen zurück – um den Preis künftiger zusätzlicher Schäden an Umwelt, Mensch und Zivilisation. Es tut sich eine große Schere auf zwischen den guten Absichten, die auf UN-Ebene oder sogar in nationalen Gesetzen festgeschrieben werden, und der Umsetzung. Alle Umweltziele werden verfehlt, vor allem diejenigen, die etwas mit der Lebensweise des modernen Menschen zu tun haben. Ein Hauptgrund ist die Kürze der Zeit: Die Umsetzung erfolgt im Schneckentempo, es geht nicht schnell genug. Viele haben es noch nicht verstanden oder wollen es nicht wahrhaben, dass die Menschheit nicht nur vieles anders machen muss, sondern auch ihre Einstellung zur Umwelt grundlegend ändern und Verantwortung für eine nachhaltige Zukunft übernehmen muss.

Trotz aller Diskussionen um die Transformation sind die Widersprüche offensichtlich. Noch nie war die Öl- und Gasförderung so umfangreich wie heute. Nicht nur die Investitionen laufen in die falsche Richtung, auch in Deutschland wird die Nutzung fossiler Energieträger immer noch jedes Jahr durch Milliardenbeträge subventioniert, anstatt alles in die Wege zu leiten, sie durch erneuerbare Energien zu ersetzen. Die Widerstände sind groß, der Übergang in eine andere Art des Wirtschaftens ist schon beim Subventionsabbau unbequem – selbst wenn die Subventionen stattdessen in klimafreundliche Technologie fließen. Wenn wir aber die große Transformation nicht endlich entschlossener angehen, verlieren Mensch und Natur Schritt für Schritt ihre Lebensgrundlagen, und auch der Wohlstand wird verloren gehen, das ist vielen noch nicht klar. Die positive Nachricht ist aber, dass die Menschheit die Möglichkeit hat, sich erfolgreich umzustellen und zu verhindern, dass die Umweltkrisen über sie kommen wie ein unvermeidbares Schicksal. Wie lässt sich das Umsetzungsdefizit schließen?

Was motiviert ambitioniert(er)es Handeln?

Unsere moderne Zivilisation hat uns ein längeres Leben und Wohlstand gebracht. Wir sollten uns aber klar machen, dass wir mit der Belastung des Systems Erde übers Ziel hinausgeschossen sind. Mittlerweile macht unsere moderne Lebensweise uns sogar krank und gleichzeitig setzt sich die Zerstörung unserer natürlichen Lebensgrundlagen fort. So klar und ungeschönt beschreibt der Wissenschaftliche Beirat der Bundesregierung für globale Umweltveränderungen (WBGU) die existenzielle Krise der Menschheit im Hauptgutachten zum Thema *Gesund leben auf einer gesunden Erde*. Denn menschliche Gesundheit ist untrennbar mit der Natur verbunden. Das steht im Einklang mit den Erkenntnissen des Weltklimarates. Das Wohlbefinden des Menschen ist auf eine »gesunde« Erde angewiesen – mit funktionierenden, resilienten und leistungsfähigen, das heißt gesunden Ökosystemen und einem stabilen Klima. Es geht also nicht nur um materiellen Wohlstand. Im Gegenteil, die Intensität des menschlichen Wirtschaftens ist auch für ihn selbst nicht gut. Einfach gesagt: Geld kann man nicht essen und es hat keine Vitamine.

Die Redaktionen von 200 medizinischen Fachzeitschriften haben jüngst die Weltgesundheitsorganisation aufgefordert, den »internationalen Gesundheitsnotstand« auszurufen, um mit vereinter Kraft gegen den Klimawandel und den Verlust an Biodiversität anzukämpfen. Für uns Menschen geht es um saubere Luft, genügend Trinkwasser, um ausreichend Nahrung, erträgliche Temperaturen, um Schutz vor Extremwetterereignissen und um naturbelassene »grüne oder blaue Räume« auch in Städten, in und an denen Menschen sich entspannen und erholen können. Es geht darum, ein aktiveres Leben zu führen, das Auto stehen zu lassen, sich gesund und mit weniger Fleisch und Milchprodukten zu ernähren und die Landwirtschaft entsprechend umzustellen. Man stelle sich vor: Mehr als 80 % der kultivierten Flächen weltweit werden dafür benutzt, um Tierfutter herzustellen. Dieses Tierfutter wird mittels Viehhaltung in Fleisch umgewandelt, dabei gehen bis zu 90 % der Pflanzenenergie verloren. Wenn die Menschheit sich also weniger von Fleisch und Milch ernähren würde, hätte sie mehr als genug Nahrungsmittel zur Verfügung. Auch in Deutschland gäbe es dann genügend Flächen, um pflanzliche Lebensmittel für den Menschen zu erzeugen und wichtige Ökosysteme zu renaturieren.

Ein stabiles Klima und gesunde, artenreiche Naturräume sind die Grundpfeiler einer nachhaltigen Entwicklung. Der Weltklimabericht spricht auch von einer »klimaresilienten« Entwicklung, denn Natur und Mensch müssen resilient, d. h. widerstandsfähig gegen das Ausmaß des Klimawandels werden, das sich nicht mehr vermeiden lässt. Auch dafür muss der Klimawandel allerdings auf ein erträgliches Maß beschränkt und auf diesem Niveau gestoppt werden. Denn die Anpassungsfähigkeit von Mensch und Natur ist begrenzt; sie geht mit zunehmender Erwärmung Schritt für Schritt verloren. Die Notwendigkeit, sich anzupassen, betrifft die Natur und ihre Artenvielfalt sowie alle Bereiche der menschlichen Gesellschaft – Gesundheitssysteme, Wohnungsbau, Infrastruktur, Industrie und Handel, Land- und Forstwirtschaft. Menschheit und Natur brauchen zudem Zeit, sich schon an den bisherigen Klimawandel anzupassen und seine Risiken zu mindern. Anpassung kann demnach nur erfolgreich sein, wenn gleichzeitig der Klimawandel begrenzt wird.

Klimaresiliente Natur muss nicht nur vor dem Klimawandel, sondern generell vor Zerstörung geschützt werden. Dafür sollten Lebensräume wiederhergestellt und die Artenvielfalt im Sinne einer Trendumkehr wieder erhöht werden. Wenn z.B. Raum für den Bau von Infrastruktur oder Wohnungen benötigt wird, sollten Ausgleichsmaßnahmen so angelegt werden, dass sie einen Nettogewinn an Biodiversität erbringen. Nur so lässt sich der bisherige Artenverlust in einigen Ökosystemen ausgleichen und rückgängig machen. Bei der übergeordneten Zielsetzung sprechen wir von »Planetarer Gesundheit«, ein Begriff, der die menschliche Gesundheit, die Ökosystemgesundheit und eben das gesunde Funktionieren des Planeten Erde umfasst.

Noch haben wir es in der Hand, die Zukunft unserer Gesellschaft dementsprechend zu gestalten. Der WBGU sieht im Thema Gesundheit eine Chance, den Gesellschaftswandel hin zur Nachhaltigkeit voranzubringen. Das setzt allerdings voraus, dass wir uns unserer Verantwortung für das eigene Leben im Kontext allen Lebens auf dem Planeten Erde bewusst werden. Es gilt, alles in unserer Macht Stehende zu tun, um dem Klimawandel, der Umweltverschmutzung und dem Artensterben ein Ende zu setzen. Dazu bedarf es jedoch eines weltweiten Kraftaktes. Fest steht, die planetaren Krisen können wir nur gemeinsam lösen. Ob die Weltgemeinschaft sich dazu durchringen wird, darf angesichts des aktuellen politischen Gerangels und des in vielen Regionen fehlenden politischen Willens durchaus bezweifelt werden. Auch in Deutschland wird noch debattiert – sei es über das Verbrenner-Aus oder das Heizungsgesetz –, was das Risiko erhöht, die gesetzlich definierten Ziele zu verfehlen. Menschen innerhalb und außerhalb der Regierung stehen auf der Bremse.

Nichtstun, Zögerlichkeiten, Bedenkenträgertum oder ein »Weiter wie bisher« aber sind keine akzeptablen Alternativen. Beherztes Handeln ist angesichts der laufenden Verschärfungen der Prognosen gefragt. Zu akzeptieren, dass der Mensch für die laufenden Verschlechterungen verantwortlich ist, kann wichtiger Teil der Motivation sein. Jedes Zehntelgrad Erwärmung, das verhindert werden kann, zählt. Jede Art, die bleibt, stärkt die Widerstandsfähigkeit der Natur – für eine gesunde Zukunft des Menschen auf dem Planeten Erde und noch viel mehr für eine gesunde Zukunft seiner Kinder und Enkelkinder.

Internationale Mechanismen und aktuelle Probleme

Der Klimawandel fordert die Menschheit als Ganzes heraus. Gleichzeitig funktioniert Klimaschutz nur, wenn sich alle Länder zusammentun. Dabei tragen einige große Länder besondere Verantwortung, aber auch die kleinsten Länder und jeder einzelne Bürger sind gefordert, ihren hinreichenden Beitrag zum Klimaschutz zu leisten. Auf der internationalen Ebene müssen die Länder versuchen, sich prioritär auf Maßnahmen für einen erfolgreichen Klimaschutz, nicht zuletzt aber auch auf eine faire Lastenverteilung zwischen den Ländern und innerhalb der Länder zu einigen. Das setzt zunächst eine konsequente wissenschaftliche Klimaberichterstattung voraus. Sie erfolgt durch den 1988 gegründeten Weltklimarat (IPCC), von dessen Arbeit ich eingangs gesprochen habe. Zwischen Wissenschaft und Regierungen entsteht hier, wie gesagt, ein gemeinsames »Eigentum« an den Erkenntnissen zum Klimawandel und zur Biodiversität. Es ist von großer Bedeutung, dass sich auch die Regierungen den Aussagen der Klimaberichte anschließen. Die Ergebnisse sollten schließlich bei den »Klima- und Biodiversitätsgipfeln« (den Regierungstreffen zur Klimarahmenkonvention und zur Konvention über biologische Vielfalt) diskutiert und die Umsetzung der Ziele vereinbart werden. In den Verhandlungen des Weltklimarates und den Diskussionen zur Klimarahmenkonvention gibt es aber aktuell Schwierigkeiten, die den zeitgerechten Fortschritt beim Klimaschutz behindern.

Gegenwärtig ist der Prozess im Weltklimarat mit der Frage konfrontiert, inwieweit er dem davonlaufenden Klimawandel überhaupt noch gerecht werden und dem Klimaschutz bzw. der Anpassung an den Klimawandel auf die Sprünge helfen kann. Der Erfolg der Wissenschaft im Weltklimarat bemisst sich also am Erfolg der politischen Umsetzung. Dies bedeutet, dass gleichzeitig der politische Prozess der Klimarahmenkonvention verbessert und beschleunigt werden sollte. Das Vertrauen in die Aussagen des Weltklimarates ist hoch; viele internationale Gremien und auch Gerichte beziehen sich auf diese Aussagen. Teilweise werden Informationen, die nicht in IPCC-Berichten stehen, explizit nicht berücksichtigt, ja ausgeschlossen. Der Weltklimarat ist also auch ein Filter, über den zuverlässige wissenschaftliche Informationen in die Politik hineingelangen.

Der *Guardian* hat im Mai 2024 über eine Umfrage unter den Autoren des 6. IPCC-Sachstandberichtes berichtet, wie sie die Ergebnisse der Klimaverhandlungen und die Umsetzung ihrer Bemühungen im politischen Prozess wahrnehmen. Sichtbar wurde ein hohes Maß an Frustration über die unzureichende politische Umsetzung. Die fortdauernde Diskrepanz zwischen den wissenschaftlichen Erkenntnissen und dem zögerlichen oder gar kontraproduktiven Handeln in Teilen der Politik und Wirtschaft löst demnach bei vielen Wissenschaftlern Frustrationen aus. Wie passt das dazu, dass doch der Weltklimarat so wichtig und erfolgreich ist, wie oben festgestellt?

Diese Frustration hat damit zu tun, was Politik und Gesellschaft aus den wissenschaftlichen Informationen machen – oder vor allem nicht machen. Das betrifft auch Deutschland. Die Verantwortung für die aktuellen Verzögerungen haben die Bremser, aber auch die Rolle derjenigen, die die Informationen zum Klimawandel wohlwollend aufnehmen, ist nicht zu unterschätzen. Im Wunsch nach einem positiven Narrativ und in entsprechenden Bemühungen vieler Politiker geht viel von der Dringlichkeit des Klimaschutzes verloren. Dieses Prinzip des Verzögerns hat seit Jahrzehnten dazu beigetragen, die Umsetzung auf die lange Bank zu schieben. Der heutige Ruf nach »Klimaschutz mit Augenmaß« ist fortgesetzter Ausdruck dieses Denkens, das den Nachholbedarf aus den Versäumnissen der letzten mehr als 30 Jahre ignoriert. Hier müsste mehr Realismus einkehren. Der Klimaschutz sollte strikt an den wissenschaftlich begründeten Prognosen des Weltklimarates ausgerichtet werden. Nur so kann es gelingen, die globale Erwärmung langfristig auf 1,5 °C zu begrenzen. Bereits jetzt breitet sich in der Wissenschaft Ernüchterung aus, dass das wohl nicht mehr gelingen wird. Offensichtlich passen die Wahrnehmungen von Politik und Wissenschaft nicht zusammen, wenn es um die Umsetzung geht. Die Politik sieht oder nimmt sich viel mehr Handlungsspielraum, als wissenschaftlich gerechtfertigt wäre. Diese Diskrepanz gibt es auch in Deutschland. Mit Blick auf das Klima sind viele politische Kompromisse faule Kompromisse, die den Stopp des Klimawandels gefährden. Denn es gibt beim Klima keinen schnellen Rückwärtsgang, der in der Lage wäre, schnell alles wieder gut zu machen.

Nun stellt sich die fast schon rhetorische Frage: Kommt die Wahrnehmung in der Wissenschaft oder die Wahrnehmung in der Politik der Realität näher? Wie müssten die Informationen des Weltklimarats behandelt werden, um das globale und nationale Handeln den Notwendigkeiten entsprechend zu dimensionieren? Die meisten Wissenschaftler würden wohl betonen, dass die ambitioniertesten Emissionsziele umgesetzt werden sollen, um Risiken und Schäden zu minimieren. Dabei sollten die Ambitionen sich an den Auswirkungen des Klimawandels orientieren; die Kernfrage ist also, welche Klimarisiken und wie viele Schäden Gesellschaften verkraften können und wollen (▶ Abb. 6). Das aber ist keine rein wissenschaftliche, sondern auch eine politische Frage und muss letztlich in einem gesellschaftlichen Aushandlungsprozess festgelegt werden. Darum, einen solchen Aushandlungsprozess einzuleiten, scheint die Politik sich aber kaum zu kümmern, denn viele prognostizierte Schäden sind ja noch nicht eingetreten ... Die beiden Perspektiven der Wissenschaft und der Politik – Fakten und einordnende Schlussfolgerungen – sollten zusammengebracht werden, zumal IPCC-Berichte gemeinsame Produkte von Wissenschaft und Politik sind, die Richtliniencharakter für die Politik haben sollten. Wissenschaft ist zudem wichtiger Teil eines erfolgreichen Entscheidungsprozesses.

Politik muss stets die unterschiedlichen Sichtweisen und Interessenlagen der beteiligten Parteien berücksichtigen und Kompromisse finden. Dies führt offensichtlich zu Schwierigkeiten, sich in der Umsetzung an die Vorgaben der IPCC-Berichte zu halten. Das gilt nicht nur fürs Klima. Alle Umweltziele wurden in den letzten Jahren verfehlt. Bremser und Opportunisten wollen an traditionellen wirtschaftlichen Erfolgsrezepten festhalten und fürchten um ihren darin begründeten Wohlstand (der ihnen aber von einem ungebremsten Klimawandel genommen werden wird). Die aktuelle gesellschaftliche Diskussion zeigt auch, dass die natürlichen Lebensgrundlagen zu wenig Wertschätzung erfahren. Viele haben noch nicht verstanden, dass es um existenziell notwendige Lebensgrundlagen geht, deren Zerstörung zunächst zu Wohlstandsverlusten führen wird – und schon heute dazu führt – bevor schließlich im nächsten Schritt Zivilisation und gesellschaftlicher Zusammenhalt Schaden nehmen und gesundheitliche Schäden dominieren. Weil die Politik bremst, werden aktuell Gerichtsentscheidungen zum wesentlichen Hebel für die erfolgreiche Umsetzung. Die Gesetze sind oft orientiert an den Weltklimaberichten und so formuliert, dass in der Umsetzung die Pariser Ziele noch gerade so erreicht werden können, es bleibt demnach kein oder wenig Spielraum für politisches Verhandeln und Kompromissbildung.

Die letzten Klimakonferenzen haben gezeigt, wie unendlich schwer sich Teile der internationalen Politik von althergebrachtem Denken lösen. Auf der COP28 in Dubai 2023 wurde es als großer Erfolg gefeiert, dass in der Abschlusserklärung erstmalig dezidiert der Ausstieg aus fossilen Energieträgern erwähnt wurde. Schon seit Jahrzehnten ist diese Einsicht in der Wissenschaft selbstverständlich. Mit Blick auf die Ziele des Pariser Abkommens kommt diese Absicht außerdem zu spät. Die gewählte Formulierung ist zu schwach, weil sie sich nicht eng an den Klimazielen orientiert und weder die erforderliche Reduktion noch den zeitlichen Ablauf quantifiziert. Wie bereits erwähnt, werden aktuell so viele fossile Brennstoffe gefördert wie nie zuvor; es herrscht Bonanza-Stimmung in der Öl- und Gasindustrie. Global gesehen bleibt Klimaschutz bislang noch Augenwischerei. Die derzeitigen Prioritäten der Politik passen nicht zu den Erkenntnissen aus der Wissenschaft; Opportunismus, kurzsichtiges Gewinnstreben und Beliebigkeit sind immer doch die dominierenden Handlungsmaximen.

Zunehmend wirkt allerdings das tatsächliche Klimageschehen auf Politik und Gesellschaft ein, die es mehr als 30 Jahre lang versäumt haben, den Prognosen entsprechend vorzusorgen. Wann ein echter Kurswechsel eintreten wird, bleibt immer noch unklar. Sicher ist, dass er angesichts des immer sichtbarer außer Kontrolle geratenden Weltklimas kommen muss. Künftig werden der fortschreitende Klimawandel und seine Auswirkungen und Schäden den politischen Prozess antreiben. Dieses Warten auf den Schadensfall (bzw. die

Schadensfälle) ist auch deshalb besonders bedenklich, weil es, wie bereits erwähnt, keinen schnellen Rückwärtsgang gibt: Schäden mögen teilweise repariert werden können, aber die klimatischen Veränderungen, die immer häufiger immer intensivere Schäden auslösen werden, lassen sich so schnell nicht zurückdrehen. Klimastabilisierung und ggf. -abkühlung sind langwierige Prozesse, die Jahrhunderte benötigen und erst in dem Maße greifen, in dem die Treibhausgasemissionen erfolgreich zurückgeführt und die Treibhausgase netto aus der Atmosphäre entfernt werden können.

Damit ist klar: Die abgestimmte Umsetzung von Klimaschutz und -anpassung ist ein Prozess mit eigenen Flaschenhälsen. Die Zähigkeit dieses Prozesses geht auf das Konto der Politik, sie spiegelt außerdem den unzureichenden Bewusstseins- und Wissensstand in der Gesellschaft wider. Nach derzeitigem Stand wird es auch weiterhin Aufgabe des Weltklimarates sein, die Gesellschaft und Politik mit Erkenntnissen zu versorgen, die möglichst aktuell sind und fehlerfreie, wirksame Entscheidungs- und Lösungsprozesse unterstützen können. Die Schlüsselfrage dieser Tage ist, wie Politik und Gesellschaft mit diesen Informationen umgehen.

Um die Umsetzung zu verbessern, brauchen wir nicht nur Entscheidungsprozesse in der Tagespolitik, die dem Erhalt der natürlichen Lebensgrundlagen hohe Priorität einräumen. Als Grundlage für gute Entscheidungen in einer wissenden und verstehenden Politik und Gesellschaft brauchen wir auch grundlegend andere Inhalte in Bildung und Medien, die das Fundament für einen breiten gesellschaftlichen Konsens in Umweltfragen legen. Derzeit fehlt es an Wertschätzung für die natürlichen Lebensgrundlagen und solange dies so bleibt, werden es wissende Entscheidungsträger schwer haben, sich vorrangig ohne Wenn und Aber für den Erhalt von Klima und Biodiversität und gegen Verschmutzung einzusetzen.

Die notwendigen Inhalte in Bildung und Medien lassen sich folgendermaßen umreißen: Neben einer Bewusstseins- und Wissensbildung für den Wert der Natur, die Begrenztheit unserer Ressourcen und die Verwundbarkeit vor allem der lebenden natürlichen Systeme brauchen wir eine integrierte Betrachtung der aktuellen Krisen. Klimawandel, Biodiversitätsverlust sowie Verschmutzung werden durch Übernutzung, Zerstörung und Verschmutzung der natürlichen Umwelt ausgelöst und beeinflussen sich gegenseitig, sie sind in diesem Sinne eine Polykrise. Man kann das Klima nicht im Silo behandeln, denn schon bei der Lösung des Klimaproblems muss man die natürliche Umwelt und Biodiversität mitbetrachten. Diese Querschnittsthemen sollten in möglichst vielen Disziplinen und Fächern auf allen Bildungsstufen eine zentrale Rolle einnehmen, denn der Erhalt einer gesunden Umwelt ist nicht mehr selbstverständlich. Er war es eigentlich nie.

Lösungsstrategien

Aber widmen wir uns noch einen Moment dem Weltklimarat (IPCC) und der Frage, ob sein Vorgehen noch zeitgemäß ist: Aus der Sicht des Wissenschaftlers ist es sicher gut, dass IPCC-Berichte (wie auch die Berichte des Weltbiodiversitätsrats) von der Politik als »Goldstandard« akzeptiert werden. Aber werden die Berichte künftig diesem Anspruch noch gerecht? Von der Warte, dass das zunehmende Tempo des Klimawandels Reformbedarf für den IPCC signalisiert, stellt sich die Frage: Was ist nötig, um den IPCC zu stärken, fit für die Zukunft machen? Sind die Zeiträume der Berichte nicht zu lang, um die Gesellschaft, die nächsten Generationen umfassend zu informieren? Der Klimawandel läuft, er läuft schneller. 2030 kommt schneller, als uns angesichts der Verzögerungen lieb sein kann.

Zunächst einmal sollte ich betonen, dass die enge Zusammenarbeit von Wissenschaft und Politik die Stärke des Weltklimarats war und immer noch ist. Aber in Zeiten der sich verschärfenden Klima- und Artenschutzkrise wird sie mehr und mehr zu einer Schwäche: Zu oft bremst und verhindert politisches Kalkül, das sich über wissenschaftliche Erkenntnisse erhebt, ein effizientes Arbeiten des Weltklimarats. Das kann man an den zähen Abläufen im vor kurzem gestarteten 7. Sachstandzyklus beobachten. Der Rat braucht Reformen seiner internen Prozesse, eine zeitgerechte Auswahl seiner Arbeitsprojekte und weniger politisch motivierten Einfluss. Andernfalls steht zu befürchten, dass er den aktuellen Entwicklungen hinterherläuft und Politik und Gesellschaft nicht mehr zeitgerecht beraten kann. Auch auf dieser Ebene verhindern die Verzögerungsstrategien einiger Regierungen mehr und mehr die vollständige Umsetzung zeitkritischer wissenschaftlicher Befunde des Weltklimarates.

Nahezu alle wichtigen Förderländer fossiler Energieträger versuchen momentan, die enge Verbindung zwischen der Förderung und Nutzung fossiler Energieträger und dem gefährlich fortschreitenden Klimawandel zu leugnen oder auszublenden. Förderländer mit einseitiger Abhängigkeit ihrer Wirtschaft haben eine lange Tradition des Widerstands in den Verhandlungen zur Klimarahmenkonvention (UNFCCC) und im Weltklimarat. Aber auch Länder mit nach wie vor hohem Kohleverbrauch oder westliche Länder mit Öl- und Gasförderung sind nicht ausgenommen. Im Zweifel und in akuten Krisenlagen wird doch wieder auf fossile Energieträger zurückgegriffen, teils ohne zweifelsfrei nachgewiesene Notwendigkeit. Das zeigt etwa die in 2024 geführte Debatte um die Planung der Kraftwerksstrategie der Bundesregierung, die den Neubau von Erdgaskraftwerken für die Grundlast vorsieht.

Der Weltklimarat sollte zeitnah in solche Diskussionen eingreifen und vor Strategien warnen, die das Erreichen der Klimaziele im weiteren Sinne verzögern oder gar verhindern. Folgende übergeordnete Ziele könnten Leitfaden für die Arbeit im IPCC und UNFCCC sein – der Rat könnte sie wissenschaftlich prüfen, im Detail diskutieren und die Rahmenkonvention könnte sie allen Ländern zur Umsetzung vorschlagen:

- Neue wirtschaftliche Entwicklung sollte, wie oben erwähnt, nur noch durch parallele Bereitstellung und Erhöhung der Kapazität erneuerbarer Energien und im Rahmen von Netto-Null-Strategien ermöglicht werden. Parallel dazu sollte die Nutzung fossiler Energien in allen anderen Wirtschaftsbereichen auslaufen: Damit wäre der Höhepunkt der Emissionen überschritten und ein beschleunigter Übergang zum Klimaschutz erreicht. Die Finanzierung aller mit dem Klimawandel verbundenen Kosten sollte fairerweise durch alle Nationen entsprechend ihrem gesamten Anteil an den Emissionen erfolgen, dies umfasst sowohl die historischen als auch die aktuellen Emissionen. Dies würde helfen, die aktuelle Ungerechtigkeit auszugleichen, dass diejenigen am meisten unter dem Klimawandel leiden, die am wenigsten dazu beitragen.

- Natürliche Lebensgrundlagen wie Klima und Biodiversität sollten als Querschnittsthemen in allen Bildungssystemen empfohlen und eingerichtet werden, um Wertschätzung in der Breite zu erreichen, schließlich auch bei Entscheidungsträgern. An den natürlichen Lebensgrundlagen als Querschnittsthema können viele Fächer ihre speziellen Lehrinhalte orientieren. Es mag zwar dauern, bis eine solche Maßnahme ihre gesellschaftliche Wirkung zeigt. Dennoch ist sie unverzichtbar, um mit dem Erreichen der Wahlberechtigung aufgeklärtes Wählerverhalten zu fördern und schließlich die Gesellschaft in der Breite zu erreichen. Außerdem ist eine beschleunigte Diskussion und Umsetzung in den Familien über die Wissensbildung bei den Kindern und die Mobilisierung der Eltern über das Engagement der Kinder erreichbar.
- Parallel kann die Aufklärung in der erforderlichen Breite über die Medien und die gesellschaftliche Diskussion laufen. Kern ist die regelmäßige Wiederholung der aktualisierten Schlüsselbotschaften. Das Jahr könnte thematisch ähnlich strukturiert werden, wie Kirchen und Religionsgemeinschaften weltweit dieses handhaben. So könnte das Prinzip der UN-Welttage mit der Festlegung weltweiter und wiederkehrender Feiertage weiterentwickelt werden, um die Entstehung einer weltweiten Umweltgemeinschaft zu fördern. Das Geheimnis der erfolgreichen Aufklärung in der Breite würde dabei analog zu den jährlichen Wiederholungen der Festtage des Kirchenjahres in der jährlichen Wiederholung der Umwelttage und der mit ihnen verbundenen grundlegenden Einsichten zum Erhalt der natürlichen Lebensgrundlagen liegen. Auch auf diese Weise ist es möglich, umfänglich und beschleunigt ins Handeln zu kommen.
- Auf allen Wirtschaftsfeldern sollten umweltschädliche Subventionen abgebaut werden. Die wirtschaftliche Konkurrenz subventionierter alter, emissionsträchtiger und neuer, nachhaltiger Technologien oder auch die Konkurrenz alter mit neuen Bewirtschaftungsmethoden in der Landwirtschaft ist kontraproduktiv, wenn es gilt, die Transformation zu beschleunigen.
- In den Verkehrssystemen sollten neue Subventionen eingeführt werden, um den Übergang zu CO_2-reduzierten und schließlich CO_2-neutralen Antriebssystemen zu beschleunigen und zeitgerecht im Sinne der Klimaziele zu gestalten. Zusätzlich können ordnungsrechtliche Vorgaben zur Emis-

sionsreduktion oder technischen Ausgestaltung die Umsetzung beschleunigen.

Solche übergeordneten Lösungsansätze, denen sich Detaillösungen ohne faule Kompromisse unterordnen müssen, könnten die konsequente Umsetzung im Sinne einer Transformation zur Nachhaltigkeit beschleunigen – wenn man sich denn politisch darauf einigen könnte. Gleichzeitig sollte die wissenschaftliche Gemeinschaft im Diskussionsprozess stärker als eigene Autorität respektiert werden, und die gemeinsamen Berichte von Wissenschaft und Politik sollten einen noch stärker normativen Charakter bekommen als bisher. Im Weltklimarat sollten sich die Wissenschaftler des »Büros« als gleichberechtigte Mitglieder betrachten und Druck auf die Regierungen ausüben, z. B. durch Boykott, wenn Regierungen ihre Rolle als IPCC-Mitglied missbrauchen, um nationale Interessen vorrangig durchzusetzen. Es sollte möglich sein, solchen Missbrauch innerhalb der Organisation offenzulegen und dadurch zu unterbinden.

An dieser Stelle stellt sich auch die Frage, ob es Hebel gibt, um die aktuell zähen Debatten aufzulösen und beschleunigt in die Umsetzung zu kommen. Regelmäßig aktualisierte Befunde und Schlussfolgerungen aus der Wissenschaft sollten das Handeln attraktiver machen und die Bremser umschiffen. Eine Auswahl aus folgenden Maßnahmen könnte zur regelmäßigen Aktualisierung und Motivation der Handlungsebene beitragen und die aktuell zu beobachtenden Verzögerungsstrategien vermeiden:

- Jährliche Aktualisierungen nicht nur (wie bisher) durch die Weltorganisation für Meteorologie (WMO), sondern künftig auch durch IPCC-Autoren mit IPCC-Logo. Diese Aktualisierungen könnten als Input zum Sachstandsbericht und zum aktuellen politischen Handeln dienen und die Themen Klimawandel und Klimafolgen, -minderung und -anpassung abdecken.
- Jährliche Aktualisierungen nicht nur (wie bisher) durch die Weltorganisation für Meteorologie (WMO), sondern künftig auch durch IPCC-Autoren mit IPCC-Logo. Diese Aktualisierungen könnten als Input zum Sachstandsbericht und zum aktuellen politischen Handeln dienen und die Themen Klimawandel und Klimafolgen, -minderung und -anpassung abdecken.

- Fokussierte Sonderberichte, die z. B. Projektionen von Risiken und Schäden aktualisieren oder »Overshoot«-Szenarien in Relation zu prognostizierten Kipp-Punkten bewerten.
- Eine gewisse Unabhängigkeit des IPCC-Büros, wenn es um Stellungnahmen zu aktuellen Fragen geht. Büromitglieder sind gewählt und mit der Wahl sollte Vertrauen in ihre fachliche Kompetenz einhergehen. Dieses Vertrauen sollte sich auch auf die Fähigkeit erstrecken, aus den Sachstandsberichten gesellschaftliche und politische Ziele als konkrete Handlungsempfehlungen abzuleiten, und nicht nur als vage Optionen.
- Kurze Zwischenberichte, um die aktuellen wissenschaftlichen Erkenntnisse zu erläutern, den Wissenstransfer zu beschleunigen und zeitgerechte Entscheidungen und das Einhalten des Pariser Abkommens zu befördern. Zeitnahe Einschätzungen der Machbarkeit von Anpassungs- und Minderungsmaßnahmen würden eine rasche Umsetzung befördern. Wie nötig zeitnahe Stellungnahmen sind, zeigen die aktuellen Diskussionen um die Abschwächung des Golfstroms und ihre Bedeutung für das Klima Europas oder auch die erwähnte Prognose, dass der Meeresspiegel schon bei einer globalen Erwärmung von 1,5 °C früher oder später um etwa 7 m ansteigen könnte. Ziel könnte auch sein, akute Defizite in den nationalen Umsetzungsplänen (Nationally Determined Contributions, NDCs), in der globalen Bestandsaufnahme zur Umsetzung (Global Stocktake) und generell, der Umsetzung der Klimarahmenkonvention zu benennen. Regierungen sollten dies im Interesse eines beschleunigten Wissenstransfers zulassen.
- Kritische Kurzberichte als Politikpapiere, um Veränderungen zu bisherigen oder aktuellen Themen zu beleuchten und Orientierung zu geben, z. B. zur Bedeutung der begrenzten Erwärmung um 1,5 °C, zu Technologien der CO_2-Bindung und -Speicherung (Carbon Capture and Storage, CCS, mit Carbon Dioxide Removal, CDR), oder für wertschätzende Stellungnahmen zu Lebensgrundlagen und Gesundheit.
- Regelmäßige Betonung der Unumkehrbarkeit: Viele Veränderungen im Klimasystem und ihre Auswirkungen und Schäden sind auf kurzen Zeitskalen von Jahren und Jahrzehnten unumkehrbar. Dies legt es dringend nahe, nach dem Vorsorgeprinzip zu verfahren und den Risikohochlauf durch Beendigung des Klimawandels zu stoppen.

Mehr Flexibilität in der Zusammenstellung von Expertenteams könnte es ermöglichen, aktualisierende Berichte zeitgerecht und in hoher Qualität zu erstellen. Ein Beispiel ist der gemeinsame Arbeitsbericht von Weltklimarat und Weltbiodiversitätsrat aus dem Jahr 2021, der große Bedeutung in den Verhandlungen beider Weltkonferenzen hatte und noch hat. Weitere derartig flexible Koordinations- und Kooperationsformen sind innerhalb der Regeln beider Räte möglich. Solche bilateralen oder multilateralen Mechanismen könnten die aktuell zu große Beschränkung auf das Thema Klima im Weltklimarat, aber auch in den Klimaverhandlungen oder der Gesellschaft überwinden helfen. Schließlich können Polykrisen nur interdisziplinär angegangen und gelöst werden.

Die Menschheit hat es überwiegend noch selbst in der Hand, die Zukunft ihrer Gesellschaften zu gestalten. Aber mit jedem Tag, der ungenutzt verstreicht, werden die Herausforderungen größer und komplexer, es droht Kontrollverlust. Je länger die internationale Gemeinschaft wartet, für desto mehr Schäden muss sie aufkommen, vor allem in Ländern, die im besonderen Maße von Klimafolgen betroffen sind. Vor allem die reichen Länder, die den Klimawandel historisch angeschoben haben und ihn aktuell weiter vorantreiben, sollten ihrer solidarischen Verpflichtung nachkommen und die Finanzierung sichern. Auch das wurde in Dubai verhandelt und ist weiter ein hochaktuelles Thema. Gleichzeitig schmälern hohe Schadenskosten auch in wohlhabenden Ländern wie Deutschland bereits jetzt den Wohlstand des Einzelnen und der Gesellschaft – Tendenz steigend. Die Schäden durch Klimawandel, Artenverlust und Verschmutzung werden in immer rascherer Folge eintreten und irgendwann so groß sein, dass der Ertrag wirtschaftlichen Handelns durch Reparaturkosten und höher auflaufende Schäden mit Produktions- und Funktionsverlusten immer weiter abnehmen wird.

Angst muss der Mensch also vor dem Klimawandel nur haben, wenn er nicht genug dagegen tut. Angst sollte er vor der eigenen Bequemlichkeit und mangelnden Handlungsbereitschaft haben. Dabei ist es wichtig zu akzeptieren, dass der Mensch selbst für die laufenden nachteiligen Veränderungen verantwortlich ist. Die Menschheit trifft heute die Entscheidungen, ob es für Kinder und Enkelkinder, den Planeten, ja für die Menschheit selbst eine nachhaltige und lebenswerte Zukunft geben wird. So weitermachen wie bisher geht nicht mehr. Das Zeitfenster, um im Sinne einer Zeitenwende die Kurve zu kriegen und die Zukunft umfassend nachhaltig und klimaresilient zu gestalten, schrumpft. Es bleiben nur noch wenige Jahre, um den Klimawandel auszubremsen. Damit das gelingt, muss allerdings der Widerstand der Zögerer, Zauderer und Verhinderer bei der Umsetzung überwunden werden. Eines ist sicher: Der laufende Klimawandel wird die Menschheit früher oder später erziehen und die Zahl der Verhinderer wird schrumpfen. Aber passiert dies rechtzeitig? Und wäre es nicht viel besser, nach dem Vorsorgeprinzip zu handeln und Schlimmeres zu verhindern?

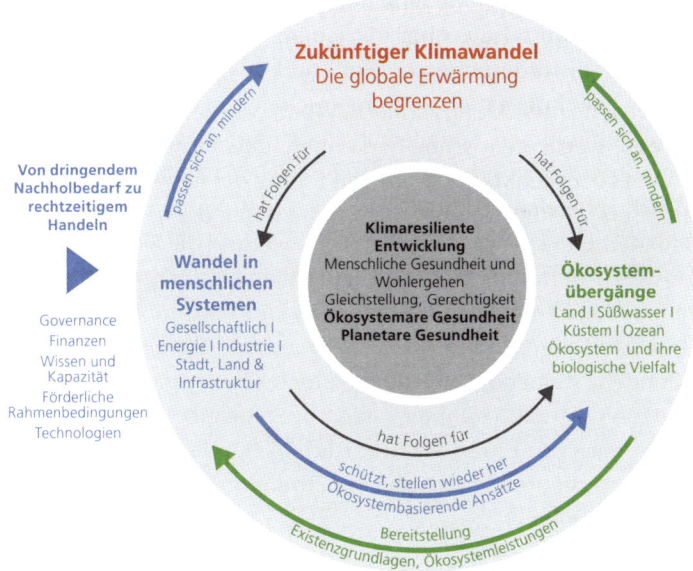

Abb. 7: In einer klimaresilienten Zukunft ist der Klimawandel mit globaler Erwärmung gestoppt. Die positiven Wechselwirkungen zwischen den interagierenden Systemen Klima, Menschheit und Natur sind gestärkt (blaue und grüne Pfeile). Technologie und naturbasierte Lösungen gemeinsam sorgen für zeitgerechten Klimaschutz und Anpassung an den bisherigen Klimawandel, auch um ihn langfristig wieder zurückzuführen. Durch klimaresiliente Entwicklung steht die Menschheit in Verantwortung für und in Wechselwirkung mit gesunden Ökosystemen und einem gesunden Planeten, mit positiven Auswirkungen auf die eigene Gesundheit. Quelle: IPCC 2022.

Um eine bessere Zukunft vorzubereiten, sollten wir unseren Kindern und Enkelkindern erzählen, worum es geht. Sie werden das Projekt Klima- und Umweltschutz weitertragen müssen und sollten gut vorbereitet sein. Wie gesagt, müssen darauf auch die Bildungssysteme ausgerichtet werden. Es sollte nicht mehr so leicht sein, diese Dinge auszublenden, z. B. indem Schülerinnen und Schüler sich in der Schule durch Abwahl gegen die Naturwissenschaften entscheiden. Engagierte Kinder werden ihre Eltern dazu erziehen, mitzumachen. Auf diese Weise werden auch unsere künftigen Politikerinnen und Politiker mit großer Selbstverständlichkeit darauf achten, dass unser Handeln auf allen Skalen nachhaltig wird und bleibt.

Nicht zuletzt brauchen erfolgreicher Klimaschutz und effektiver Artenschutz sozialen Ausgleich. So, wie die Menschheit heute lebt, sind wir alle Täter und Opfer zugleich: einige eher Täter, vor allem diejenigen mit hohen Einkommen, einige eher Opfer, vor allem diejenigen mit niedrigen Einkommen und besonders in den Entwicklungsländern. Wenn wir diese Dinge in unseren Herzen bewegen, werden wir schnell erkennen, dass es nicht um Verzicht geht, sondern um Lebensqualität und um den Schutz des Lebens durch Nachhaltigkeit. Um unseren Schutz und um den Schutz derer, die nach uns kommen!

Quellen

Dutton, A. et al. (2015): Sea-level rise due to polar ice-sheet mass loss during past warm periods, in: Science 349, https://doi.org/10.1126/science.aaa4019.

IPCC (2019): IPCC Special Report on the Ocean and Cryosphere in a Changing Climate [hg. von H.-O. Pörtner et al.]. Cambridge/New York, https://doi.org/10.1017/9781009157964.

IPCC (2021): Climate Change 2021. The Physical Science Basis. Contribution of Working Group I to the Sixth Assessment Report of the Intergovernmental Panel on Climate Change [hg. von V. Masson-Delmotte et al.]. Cambridge/New York, https://doi.org/10.1017/9781009157896.

IPCC (2022): Climate Change 2022. Impacts, Adaptation and Vulnerability. Contribution of Working Group II to the Sixth Assessment Report of the Intergovernmental Panel on Climate Change [hg. von H.-O. Pörtner et al.]. Cambridge/New York, https://doi.org/10.1017/9781009325844.

IPCC (2023): Climate Change 2023. Synthesis Report. Contribution of Working Groups I, II and III to the Sixth Assessment Report of the Intergovernmental Panel on Climate Change [hg. von H. Lee und J. Romero]. Geneva, https://doi.org/10.59327/IPCC/AR6-9789291691647.

Lau, S.C.Y. et al. (2023): Genomic evidence for West Antarctic Ice Sheet collapse during the Last Interglacial, in: Science 382, https://doi.org/10.1126/science.ade0664.

Naughten, K. A./Holland, P. R./De Rydt, J. (2023): Unavoidable future increase in West Antarctic ice-shelf melting over the twenty-first century, in: Nature Climate Change 13, https://doi.org/10.1038/s41558-023-01818-x.

Pörtner, H.-O. (2021): Climate impacts on organisms, ecosystems and human societies. Integrating OCLTT into a wider context, in: Journal of Experimental Biology 224, https://doi.org/10.1242/jeb.238360.

Pörtner, H.-O. et al. (2021): Scientific outcome of the IPBES-IPCC co-sponsored workshop on biodiversity and climate change; IPBES secretariat, Bonn, https://doi.org/10.5281/zenodo.4659158.

Pörtner, H.-O. et al. (2023): Overcoming the coupled climate and biodiversity crises and their societal impacts, in: Science 380, https://doi.org/10.1126/science.abl4881.

Es ist noch nicht zu spät – Reformpolitik starten!

Matthias von Hellfeld

Bei so vielen Krisen kann man schon verzweifeln. Die Polykrise türmt sich wie ein Berg vor uns auf, so dass im Moment weder Anfang noch Ende zu sehen sind. Aber es wäre fatal, deshalb den Kopf in den Sand zu stecken. Denn eines ist sicher: Wir dürfen keine Zeit mehr verlieren. Wenn wir das 1,5-Grad-Ziel beim Anstieg der Temperatur bis zum Ende dieses Jahrhunderts erreichen wollen, müssen wir sofort entsprechende Maßnahmen einleiten. Wenn wir nicht wollen, dass Deutschland technologisch und ökonomisch den Anschluss an die Weltspitze verliert, dann müssen wir sofort Bürokratie abbauen, den ökologischen Transformationsprozess beschleunigen, Wohnungen bauen, die Infrastruktur verbessern und die Digitalisierung vorantreiben. Wenn wir nicht wollen, dass Europa ins Fadenkreuz der imperialistischen Bestrebungen der Russischen Föderation gerät, dann müssen wir nicht nur die Ukraine militärisch und finanziell unterstützen, sondern auch die Verteidigungsfähigkeit Europas und der NATO massiv verbessern. Wenn wir schließlich nicht wollen, dass die Europäische Union politisch betrachtet ein zahnloser Tiger bleibt, dann müssen wir große Reformen durchführen: eine neue Kompetenzverteilung zwischen EU und Mitgliedsstaaten, Bürokratieabbau, eine europäische Verfassung mit Ein- und Austrittsregelungen und höhere Transparenz.

All das kostet viel, sehr viel Geld, aber wir dürfen die Finanzierung der Reformen nicht vor die Frage der Notwendigkeit von Reformen stellen. Deutschland, Europa, ja die ganze Welt ist im Umbruch, viele Länder befinden sich im Krisenmodus. Von den klimatischen Veränderungen ist die Menschheit insgesamt betroffen. Unsere Verhaltensweisen werden sich diesen Entwicklungen anpassen müssen. Auch wenn es uns schwerfällt, können wir nicht mehr warten, Reformen einzuleiten. Dabei sollten wir sowohl die Probleme selbst als auch den Weg, auf dem eine Lösung erreicht werden kann, gemeinsam diskutieren. Trotz der gebotenen Eile lohnt es sich vielleicht, wenn wir uns die Zeit nehmen und eine Art »gesellschaftliches Sabbatical« einlegen, um an vielen Orten in unterschiedlichen Formaten mit Politikern und Wissenschaftler zu diskutieren, was, warum, in welchem Zeitraum, zu welchen Kosten und mit welcher Priorität reformiert werden soll.

Die Polykrise greift jetzt schon massiv in das Leben der Menschen ein. Extreme Unwetter haben Europa erreicht, Monat für Monat werden neue Hitzerekorde gemeldet und die Temperaturen in den Weltmeeren steigen unaufhörlich. Die Schäden werden immer größer. Je länger wir mit Reformen warten, desto teurer werden sie. Für Deutschland steht viel auf dem Spiel. Es droht zumindest teilweise eine Deindustrialisierung, wenn der Mangel an Fachkräften, die hohen Energiekosten und ein radikaler Bürokratieabbau nicht in Angriff genommen werden. Es braucht schnelles Handeln, neues Denken, neue Reformansätze und ein Miteinander von Regierung und Gesellschaft. Unser Nachhohlbedarf an staatlichen Investitionen ist enorm. Schätzungen gehen derzeit von etwa 600 Milliarden Euro in den kommenden zehn Jahren aus. Um diesen Betrag zu stemmen, müssen wir entweder Jahr für Jahr 60 Milliarden im Bundeshaushalt neu verteilen oder den Betrag über ein reformierte Schuldenbremse aufnehmen. Die im Grundgesetz verankerte Schuldenbremse verfolgt zwar den richtigen Gedanken, die Schulden zu begrenzen und damit für zukünftige Generationen ertragbar zu machen, birgt aber auch die Gefahr, dass deshalb die Reformen nicht angegangen werden und wir unseren Nachfahren ein dysfunktionales Land hinterlassen.

Bei allen Reformen müssen wir den sozialen Zusammenhalt unserer Gesellschaft im Auge behalten. Wenn Teile der Gesellschaft sich ausgeschlossen, unverstanden und gegängelt fühlen, könnte die freiheitliche Ordnung in Deutschland und Europa zerbrechen. Kürzungen etwa des Bürgergeldes, der Renten oder anderer Transferleistungen riskieren eine Radikalisierung von Teilen der Gesellschaft. Aber genau das müssen wir verhindern. Im Gegenteil gilt es, dafür sorgen, dass möglichst alle den Sinn und das erforderliche Ausmaß der Reformen erkennen und ihre Finanzierung unterstützen. Das ist ein schwieriger Prozess, der viel Geduld und Nachsicht gegenüber anderen Auffassungen, ideologischen Vorstellungen oder politischen Einstellungen erfordert.

Wir haben aufgezeigt, dass in Deutschland jahrzehntelang in kaum einem Bereich ausreichend investiert wurde. Das Ergebnis ist ein Desaster bei der Deutschen Bahn, auf den Autobahnen oder bei der Digitalisierung. Aber der Abbau des Reform- und Investitionsstaus wird nicht ohne Schwierigkeiten und vor allem nicht ohne unsere Geduld gehen. Ein Beispiel: Derzeit werden an knapp 20 Stellen die Bahngleise der Deutschen Bahn saniert. Das führt zwangsläufig zu Verspätungen, längeren Fahrtzeiten und zum Wegfall von Zugverbindungen. Die damit verbundenen Unannehmlichkeiten dürfen aber nicht zu weiterem Unmut führen, sondern sollten uns froh stimmen, weil die Probleme hier endlich beseitigt werden.

Schaffen Waffen Frieden?

Der russische Angriffskrieg gegen die Ukraine hat die europäische Nachkriegsordnung pulverisiert. Alle europäischen Staaten hatten sich am 1. August 1975 in der Schlussakte von Helsinki verpflichtet, Grenzen zu achten und sie nicht mit militärischen Mitteln zu verändern. Dieser KSZE-Prozess (»Konferenz über Sicherheit und Zusammenarbeit in Europa«) hat dem Kontinent 40 Jahre Frieden beschert. Nun tobt – 1.200 Kilometer von Berlin entfernt – ein imperialistischer Angriffskrieg und aus dem Kreml kommen unverhohlene Drohungen, die alte Sowjetunion wiederherstellen zu wollen. Der russische Präsident Wladimir Putin ist skrupellos und versucht in einem eklatanten Bruch des Völkerrechts, nationale Interessen Russlands mit Gewalt durchzusetzen. Das hat er schon in Tschetschenien (1994 und 1998), in Georgien (2008) und in Syrien (2015) gemacht.

Angesichts dieser Entwicklung plagt viele Menschen in Europa die Sorge vor einer Rückkehr des »Rechts des Stärkeren«, also eines Stadiums des Unrechts. Europa muss sich gegen solche Attacken wappnen, denn Putin und seine Entourage halten den Westen pauschal für schwach, dekadent und gottlos. In dieser Denkweise sind liberale Demokratien dem Untergang geweiht, ihre Gesellschaften seien verweichlicht und ohne inneren Halt. Wir sollten darauf vorbereitet sein, dass es zur Probe aufs Exempel kommt. Auch deshalb müssen wir Geld in die Hand nehmen, um die die europäische Verteidigungsfähigkeit zu stärken.

Putin setzt aber nicht nur auf schlichte Drohungen, sondern attackiert Europa bereits jetzt durch hybride Kriegsführung. Es geht darum, Zweifel an der Funktionsfähigkeit von Staat und Regierung zu sähen. Durch Angriffe auf die kritische Infrastruktur – etwa auf Bahnhöfe und Flughäfen, auf Krankenhäuser und Seniorenheime oder auch auf die E-Mail-Konten von Bundestagsabgeordneten – soll Zwietracht in europäischen Gesellschaften gesät werden. Dabei stellt sich heraus, dass Deutschland und Europa zu wenig für den Schutz ihrer Infrastruktur getan haben. Um uns gegen die hybride Kriegführung des Kreml zu schützen, muss insbesondere die Cybersicherheit in Deutschland deutlich erhöht werden. Nahezu täglich attackieren russische Hackergruppen und Armeen von Trollen das europäische Datennetz derart, dass wesentliche Teile des gesellschaftlichen Handelns gestört oder gar lahmgelegt werden. Dagegen müssen wir ein adäquaten Schutz aufbauen. Fake News aus dem Internet dürfen nicht den gesellschaftlichen Diskurs bestimmen – und schon gar nicht dazu führen, dass sich immer mehr Menschen vom demokratischen System abwenden.

Willst Du in Frieden leben, rüste Dich zum Krieg. Diese Logik geht auf den griechischen Philosophen Platon zurück und wird seit dem Krieg gegen die Ukraine öfters zitiert. Ja, die westlichen Länder müssen ihre Verteidigungsfähigkeit verbessern. Sie dürfen sich nicht länger auf den Schutz durch den »großen Bruder« USA verlassen. Spätestens wenn Donald Trump Anfang 2025 ins Oval Office einzieht, wird sich der außenpolitische Schwerpunkt der Vereinigten Staaten von Amerika nach Asien, auf die Auseinandersetzung mit China verlagern. Das bedeutet: Mehr Verantwortung der Europäer für Europa, mehr Führungsverantwortung für Deutschland und natürlich auch mehr Ausgaben für Rüstungsgüter. Auch hier werden wir über die Schuldenbremse reden müssen, denn der steigende Aufwand für die Bundeswehr ist ohne höhere Schulden oder enorme Umschichtungen im Bundeshalt zu Lasten anderer, ebenso wichtiger Ausgaben nicht vorstellbar. An der Aufrüstung der Bundeswehr, der Stationierung von US-Marschflugkörpern und der Erhöhung der Ausgaben für die NATO führt aber angesichts der Bedrohung durch Russland kein Weg vorbei.

Ja, Waffen schaffen Frieden, aber nur, wenn sie nicht eingesetzt werden. So widersinnig die milliardenschwere Anschaffung von Dingen, die man niemals gebrauchen möchte, auch sein mag: Ein bedrohliches Waffenarsenal scheint die einzige Möglichkeit zu sein, potenzielle Angreifer von ihrem Tun abzuhalten. Deshalb werden wir die Bundeswehr und die NATO mit viel Geld und neuen Waffen ertüchtigen müssen.

Politik sollte nicht alles im Detail regeln

Die politischen Parteien und ihre Politiker neigen dazu, sich als Experten aufzuspielen, die sich scheinbar auch im Detail jedes noch so komplizierten Problems auskennen. Aber weder Parteien noch Parlamente sind Ansammlungen von Experten. Politiker haben Expertise in der Suche nach Kompromissen, in griffigen Formulierungen von politischen Überzeugungen und natürlich in der Durchsetzung ihrer Absichten – mehr nicht. Ihr Job ist beispielsweise das Management eines großen Ministeriums mit Fachleuten an der Spitze. Aufgabe von Politikern ist die Vorgabe der großen Linien, der Ziele und des Zeitrahmens, in dem die Ziele erreicht werden sollen. Es genügt also zu sagen, dass etwa die Mobilität auf deutschen Straßen bis zu einem bestimmten Jahr von Verbrennertechnik auf alternative Antriebe umgestellt sein soll. Politik kann dann flankierend noch einen finanziellen Rahmen vorgeben, der zum Kauf eines umweltfreundlich betriebenen Autos anreizt. Sinnvoll scheint überdies, Anschubfinanzierung für den Ausbau einer alternativen Infrastruktur zur Verfügung zu stellen. Damit wären die Rahmenbedingungen aufgezeigt und die Arbeit von Politikern getan.

Den Rest erledigen Industrie und Verbraucher. Sie regeln über Angebot und Nachfrage, welche Antriebsart sich durchsetzt, wie die ökologischen Belastungen – etwa bei der Produktion von Batterien – verringert werden können und zu welchem Preis umweltfreundliche Autos angeboten werden. Diese Arbeitsteilung beachten aber viele Politiker nicht. Im Gegenteil verstricken sie sich im Detail, begeben sich in sinnlose Auseinandersetzungen in Talkshows. Dabei wird meistens der Ruf der handelnden Personen in Parteien und Parlamenten beschädigt, weil falsche Aussagen in einem Detail Zweifel an der

Kompetenz insgesamt aufkommen lassen. Politikerinnen und Politikern sollten sich davor hüten, ins Klein-Klein einer Fachdebatte einzusteigen.

Gesellschaftliche Polarisierung beenden

Inzwischen stehen Diskurs- und Entscheidungsfähigkeit der demokratischen Gesellschaften genauso auf dem Spiel wie deren innerer Zusammenhalt. Aus Meinungsunterschieden werden Hasstiraden, und gewalttätige Auseinandersetzungen ersetzen den Austausch von Argumenten. Wir laufen europaweit Gefahr, unsere Demokratien aufs Spiel zu setzen und sie denen zu überlassen, die sie durch autoritäre Strukturen ersetzen möchten. Der Sturm auf den Berliner Reichstag am 29. August 2020 und der Angriff auf das amerikanische Kapitol durch aufgebrachte Anhänger Donald Trumps am 6. Januar 2021 haben gezeigt, wie sehr die demokratischen Gesellschaften gespalten sind. Viele Menschen verweigern den Dialog und gehen stattdessen zur Gewalt über. Doch Demokratien leben von Dialogen und Kompromissen – ohne sind sie zum Sterben verurteilt.

Echokammern verstärken diese gesellschaftliche Spaltung. Im Internet können auch wenige Gleichgesinnte leicht zusammenfinden. Zunehmend tauschen sie sich in privaten, geschützten Räumen (Gruppen, Chats) aus. Dort transportieren sie ohne Widerspruch Verschwörungserzählungen, die den Untergang der Demokratie herbeireden, weil sie angeblich am Gängelband düsterer Mächte hänge. Oft werden weder seriöse Quellen genutzt noch alternative Meinungen zugelassen. Gesellschaftliche Konflikte, die in einer Demokratie offen zu Tage treten, werden in den Echokammern des Internets durch Verbote, Rausschmiss oder andere Willkürakte »gelöst«. In vielen solcher Echokammern werden die vermeintlichen Schwächen demokratischer Systeme angeprangert und die Autokratie als die bessere Staats- und Regierungsform dargestellt. Die Feinde der Demokratie haben das erkannt und Armeen von Trollen und IT-Spezialisten losgeschickt, um die Spaltung der demokratischen Staaten auf digitalem Wege voranzutreiben. Dem müssen wir durch Medienbildung in Schulen und Hochschulen begegnen. Junge Menschen müssen in die Lage versetzt werden, zu erkennen, was »Fake News« oder KI-generierte Filme und Bilder sind.

Rechtsextremismus stoppen

Der Aufstieg des Nationalismus hat die Welt unsicherer gemacht. Dem »America-First-Mantra« eines Donald Trumps entspricht der »Chinesische Traum« Xi Jinpings. In beiden Fällen sollen nationale Interessen rücksichtslos durchgesetzt werden. Unter Berufung auf nationale Belange agiert auch die Russische Föderation seit Beginn des Jahrtausends in einigen der benachbarten, ehemaligen sowjetischen Teilrepubliken. Die AfD, so liest man in ihrem Wahlprogramm, hält das EU-Projekt für »gescheitert«, weil die EU sich »zu einem undemokratischen Konstrukt entwickelt [hat], das immer mehr Gewalt an sich zieht und von einer intransparenten, nicht kontrollierten Bürokratie regiert wird.« Der Euro ist angeblich eine Fehlkonstruktion, die durch die Wiedereinführung der D-Mark behoben werden soll. Was sämtliche Wirtschaftsexperten als Irrweg ablehnen, findet in Deutschland als Ausdruck einer Fundamentalopposition Anhänger. Beim Thüringer AfD-Chef Björn Höcke hört sich das so an: »Diese EU muss sterben, damit das wahre Europa leben kann.« Womit er ziemlich nah an der Titelzeile des NS-Propagandablattes *Völkischer Beobachter* nach der verlorenen Schlacht um Stalingrad vom 2. Februar 1943 ist. »Sie starben, damit Deutschland lebe!«, stand dort in großen Lettern zu lesen.

Wir sollten die Gefahr durch die AfD nicht länger dadurch schönreden, dass wir ihre Wähler zu Protestwähler erklären, die lediglich den etablierten Parteien einen Denkzettel verpassen wollen. Nein, so ist es nicht. Die AfD distanziert sich nicht von den Aussagen Björn Höckes, der unter der Überschrift »Ansturm auf Europa« schon im November 2015 über »populationsökologische« Thesen schwafelte und mit offenem Rassismus gegen Menschen aus Afrika hetzte, indem er ihnen ein auf massenhafte Ausbreitung zielendes Sexualverhalten unterstellte. Wir dürfen dieses biologistische Bewertungsschema, das sich weit in die Mitte der AfD hinein verschoben hat, nicht stillschweigend ignorieren oder gar tolerieren. Denn in letzter Konsequenz führt es zu dem, was im November 2023 im Geheimen in einem Landhaus bei Potsdam besprochen und etwas später öffentlich wurde: »Asylbewerber, Ausländer mit Bleiberecht, nicht assimilierte Staatsbürger« sollen nach dem Willen der Rechtsextremisten nach Nordafrika deportiert werden.

Demokratie stärken

Wir müssen einerseits versuchen, dem Rechtsruck in Deutschland und Europa etwas entgegenzusetzen, und andererseits müssen wir mit gleichem Nachdruck die Spirale der gegenseitigen Denunzierungen durchbrechen. Dazu müssen wir sachliche Informationen über das Ausmaß des Reformstaus vermitteln und Wege aufzeigen, wie wir der Krise begegnen wollen. Dieses Buch möchte dazu ein bescheidener Beitrag sein. Doch diese Wissensvermittlung muss schon in der Schule beginnen. Kinder müssen lernen, mit widersprüchlichen Aussagen umzugehen. Dazu braucht es nicht nur Zeit und Geld, sondern vor allem engagierte Lehrerinnen und Lehrer. Gemeinsam mit ihnen müssen wir die parlamentarische Demokratie mit ihrer Garantie der individuellen Freiheit, der Gültigkeit der Grundrechte und mit ihrer sozialstaatlichen Zusage der Hilfe im Notfall erhalten und stärken. Derzeit sind viele Bürger verunsichert, ihr Vertrauen in den Staat und seine Handlungsfähigkeit schwindet. Demokratiefeindliche Kräfte nutzen das aus und versuchen, das Misstrauen gegen die Institutionen weiter zu schüren und in die Mitte der Gesellschaft zu tragen. Dem müssen wir als demokratische Zivilgesellschaft entschieden entgegentreten.

Die Bundesrepublik ist heute weit davon entfernt, in derselben Lage zu stecken wie die Weimarer Republik im Jahr 1933. Dazu sind die sozialen, ökonomischen und verfassungsmäßigen Rahmenbedingungen zu unterschiedlich und nicht vergleichbar. Lediglich die Zersplitterung der Parteienlandschaft zeigt gewisse Ähnlichkeiten auf. Damals wie heute ist keine Partei in der Lage, mit einem einzelnen Koalitionspartner, der ähnliche Ziele verfolgt, eine Regierung zu bilden. Es müssen also weitere Partner gefunden werden, deren politische Präferenzen in den meisten Fällen weit auseinanderklaffen. Eine solche Regierung ist instabil und scheint oft kaum regierungsfähig. Es gibt ein zweites Warnzeichen aus der Weimarer Republik: Die Propagandisten der NSDAP brandmarken »das System« als Ursache für den ihrer Meinung nach beklagenswerten Zustand der Weimarer Republik. »Das System« waren so genannten Alt-Parteien, Gewerkschaften, Interessensverbände, »die Wirtschaft« oder die politische »Clique«, die gerade an der Regierung war. Sie alle wurden wüst beschimpft und der Bevölkerung als »Verbrecher« vorgeführt.

Heute agitieren Politiker der AfD wieder gegen die »Systemparteien«, die sich den Staat unter den Nagel gerissen hätten und angeblich nur an ihr eigenes Fortkommen denken. Indem der ganze demokratische Politikbetrieb pauschal als »System« denunziert wird, braucht man sich nicht die Mühe einer differenzierten Betrachtung zu machen. Wir müssen das entlarven und aufzeigen, dass die Verfehlungen Einzelner, die es zweifellos gibt, keine Rückschluss auf das gesamte politische System zulassen. Im Gegenteil: Dadurch, dass Verfehlungen öffentlich debattiert und sanktioniert werden, zeigt das System, wie gut es funktioniert.

EU reformieren

Die EU vertritt knapp eine halbe Milliarde Menschen und erwirtschaftete 2023 ein Bruttosozialprodukt von rund 17 Billionen Euro. Damit lag sie vor China und stellt hinter den USA den weltweit zweitgrößten Wirtschaftsraum dar. Aber die politische Bedeutung der EU steht in keinem Verhältnis zu dieser enormen wirtschaftlichen Leistungsfähigkeit. Das muss sich ändern. Die EU muss reformiert werden, weil sie entscheidungs- und handlungsfähiger werden muss. Wie in den einzelnen Mitgliedsstaaten muss auch in Brüssel die teilweise undurchschaubare Bürokratie abgebaut und das Zusammenspiel zwischen EU-Kommission und EU-Parlament neu gewichtet werden. Derzeit wird die EU wegen ihrer Zerstrittenheit als politischer Player auf der Weltbühne kaum beachtet. Das liegt auch daran, dass die EU zwar seit 1999 eine »Gemeinsame Sicherheits- und Verteidigungspolitik« (GSVP) verfolgt, die Kosten für die europäische Sicherheit aber kleingerechnet und den USA in die Schuhe geschoben hat. Auch hier spricht die EU nicht mit einer Stimme und wird deshalb als eigenständiger Akteur oft nicht ernstgenommen. Immer noch betreiben die Mitgliedstaaten ihre eigene Außen- und Verteidigungspolitik, anstatt sie unter dem Dach der EU zu bündeln und damit effektiver zu gestalten.

Die Kritik an der Brüsseler Bürokratie darf nicht dazu führen, das Feld jenen zu überlassen, die aus der EU eine reine Freihandelszone machen oder sie gleich ganz abschaffen wollen. Die neue EU – ob innerhalb oder außerhalb der bestehenden Strukturen – muss politischer und nicht nur wirtschaftlicher Akteur werden. Wir müssen aus der EU nicht gleich die »Vereinigten Staaten von Europa« machen, aber wir brauchen eine stärkere politische Union mit gemeinsamer Außen- und Verteidigungspolitik sowie einer harmonisierten Wirtschafts-, Fiskal- und Sozialpolitik. Statt auf Gebieten, auf denen es sinnvoll wäre, Kompetenzen nach Brüssel abzutreten, beharren die Mitgliedstaaten darauf, möglichst viele Kompetenzen bei sich zu behalten, und betonen ihre nationale Eigenständigkeit. Deshalb werden die Diskussionsprozesse innerhalb der EU immer komplizierter und langwieriger. Eine reformierte EU muss das Prinzip der Einstimmigkeit beenden und demokratische Mehrheitsentscheidungen einführen.

Klima und Umwelt retten

Wissenschaftler haben die Ressourcen errechnet, die das Ökosystem Erde pro Jahr weltweit zur Verfügung stellt. Jedes Jahr sind diese Ressourcen schon viel zu früh verbraucht. Der »Earth Overshoot Day«, also der »Erdüberlastungstag«, fiel 2024 auf den 1. August. Betrachtet man nur unsere Lebensweise in Deutschland, wäre es bereits der 2. Mai gewesen. Von diesem Tag an wird Jahr für Jahr massiver Raubbau an der Erde betrieben. Allein diese Tatsache verdeutlicht, wie sehr die Menschheit an jenem Ast sägt, auf dem sie sitzt. Egal welcher politischen Ideologie der Einzelne nahesteht, muss klar sein, dass die Menschheit umsteuern und anders leben und produzieren muss. Wir müssen eine andere Mobilität organisieren und auch in anderen Bereichen den Verbrauch fossiler Brennstoffe drastisch reduzieren, am besten ganz beenden. Das ist äußerst kompliziert, weil es den Umbau zentraler Teile unseres wirtschaftlichen und gesellschaftlichen Lebens betrifft. Obendrein haben sich Heerscharen von Lobbyisten daran gemacht, den Schaden kleinzureden, den der Verbrauch fossiler Brennstoffe nach sich zieht. Beifall von bestimmten Parteien ist ebenso sicher wie Zustimmung weiter Teile der Bevölkerung, die sich einen Umstieg auf E-Mobilität zu den aktuellen Preisen nicht leisten können oder im ländlichen Raum keine ausreichende Ladeinfrastruktur vorfinden.

Natürlich gibt es mit Wind und Sonne alternative Energiequellen, die in einem nicht endenden Überfluss sprudeln und obendrein noch kostenlos von der Natur zur Verfügung gestellt werden. Aber dieses Geschenk anzunehmen, fällt offenbar schwer, weil wir etwas tun müssten, dessen Nutzen oder Ertrag wir nicht erleben werden: Wir müssen heute Nachteile in Kauf nehmen, viel Geld ausgeben, liebgewonnene Gewohnheiten aufgeben und einen Teil unseres Wohlstands opfern, damit die nachfolgenden Generationen besser, ja überhaupt noch leben können. Viele werden die Früchte ihres Handelns nicht mehr genießen, denn das Klima wandelt sich zwar stetig, aber eben auch sehr langsam. Anders ausgedrückt: Wir bekommen keine unmittelbare Belohnung für etwaige Bemühungen, die Erderwärmung abzubremsen – es bleibt nur die Gewissheit, den nachfolgenden Generationen etwas Gutes getan zu haben. Wenn wir die Welt aus dem Krisenmodus herausholen wollen, dann müssen aber wir genau das leisten.

Wir können das schaffen, wie man an der Reduzierung von FCKW gesehen hat, durch die das Ozonloch immer kleiner geworden ist. Warum sollte uns das bei den CO_2-Emissionen nicht auch gelingen? Derzeit produzieren wir in Deutschland schon mehr als die Hälfte unseres Strombedarfs aus erneuerbaren Energien und reduzieren damit den Verbrauch fossiler Brennstoffe. Wir sind auf dem richtigen Weg, aber wir müssen schneller werden und gleichzeitig einen gesellschaftlichen Diskussionsprozess anstoßen. Nur wenn wir einen Konsens in den europäischen Bevölkerungen erreichen, werden wir die Reformen erfolgreich durchführen und gleichzeitig unsere liberalen Demokratien erhalten.

Bei Klimaschutz wie auf den anderen Feldern gilt: Es ist noch nicht zu spät – packen wir es an!

Autorenverzeichnis

Thomas Franke ist Autor, Journalist und Regisseur. Von 2012 bis 2017 lebte er in Moskau. Sein Anliegen ist, komplexe geopolitische Zusammenhänge so mit dem Alltag von Menschen zu verknüpfen, dass sie einfach zu verstehen sind. Neben Hörfunkdokumentationen dokumentarischen Theaterstücken hat er Bücher und Essays über die russische Gesellschaft geschrieben. Sein Erzählungsband *An den Kaukasus gekettet* (2023) erschien in limitierter Auflage im Verlag Moloko. Politische Lyrik veröffentlicht er in seinem Blog nachmoskau.de.

Dr. Matthias von Hellfeld ist freier Journalist und Historiker. Er arbeitet als Moderator und Redakteur, u.a. des Magazins »Eine Stunde History« bei Deutschlandfunk Nova. Neben zahlreichen Hörfunk-Features und TV-Dokumentationen hat er als Autor mehr als 25 Sachbücher zur europäischen und deutschen Geschichte publiziert und war Dozent an verschiedenen Universitäten und Ausbildungsakademien. 1984 erhielt er den Carl-von-Ossietzky-Preis der Stadt Oldenburg. 2017 wurde er für den Deutschen Radiopreis nominiert. 2019 erhielt er den Deutschen Podcastpreis.

Prof. Dr. Michael Hüther ist Direktor und Präsidiumsmitglied beim Institut der deutschen Wirtschaft. Er ist Honorarprofessor an der EBS Business School, Aufsichtsratsvorsitzender der TÜV Rheinland AG, Aufsichtsratsmitglied der SRH Holding und sitzt im Vorstand der Atlantik-Brücke. In den Jahren 2016, 2019, 2022 und 2023 war er außerdem Adjunct Professor an der Stanford University.

Prof. Arthur Landwehr hat mehr als zehn Jahre für den ARD-Hörfunk aus Washington berichtet. Er war von 2006 bis 2018 Chefredakteur Hörfunk des Südwestrundfunks. Heute ist Landwehr freier Autor und Honorarprofessor an der Hochschule RheinMain in Wiesbaden. Aus seiner Feder stammt der Spiegel-Bestseller *Die zerrissenen Staaten von Amerika* (2024).

Prof. Dr. Dr. h.c. Hans-Otto Pörtner ist Leiter der Abteilung Integrative Ökophysiologie am Alfred-Wegener-Institut in Bremerhaven. Acht Jahre lang war er Ko-Vorsitzender der IPCC-Arbeitsgruppe »Auswirkungen des Klimawandels, Anpassungen und Verwundbarkeit« und trug in dieser Funktion Mitverantwortung für die Berichte des Weltklimarats. Pörtner ist Mitglied der Europäischen Akademie der Wissenschaften und sitzt im Wissenschaftlichen Beirat der Bundesregierung Globale Umweltveränderungen.

Paul Reifferscheid arbeitet als Wirtschaftsjournalist für Fernsehsender (ntv, ARD, Phoenix), vor und hinter der Kamera. Wirtschaftliche Zusammenhänge einfach und anschaulich zu erklären, ist eines seiner Anliegen. Außerdem produziert er Videoinhalte für mehrere Kanäle im Internet und den sozialen Medien.

Dr. Benjamin Zeeb ist Historiker und Experte im Bereich Desinformationsabwehr und strategische Kommunikation. Als Gründer der gemeinnützigen Alliance4Europe setzt er sich für die Stärkung der europäischen Zivilgesellschaft ein. Zeeb gehört zu den Organisatoren des »Cambridge Roundtable on European Order«, der sich als Übung in angewandter Geschichtswissenschaft versteht. Gemeinsam mit Brendan Simms ist er Autor von *Europa am Abgrund* (2016).

2024. 161 Seiten mit 11 Abb. Kart.
€ 29,–
ISBN 978-3-17-043982-5

Wir leben in einer chaotischen Welt, die uns verrückt zu machen droht. Angesichts der großen Stressbelastung der heutigen Zeit wird gute Selbstsorge immer wichtiger. Unter Stress verändert sich unser Denken und Empfinden, sodass es dem Denken und Empfinden in einer Psychose ähnelt. Diesen Realitätsverlust können wir durch Selbstsorge kompensieren. Selbstsorge bedeutet, dass wir uns selbst verstehen, offen für andere sind, unsere Bedürfnisse äußern, Verantwortung für uns und für andere übernehmen und am Ende ins Handeln kommen, um Veränderungen anzustoßen. Dieses Buch gibt eine psychiatrisch-psychotherapeutisch fundierte, lesenswerte Antwort auf die Frage, wie es uns gelingt, in der heutigen Welt verantwortungsvoll für uns selbst und für andere zu sorgen.

Auch als E-Book erhältlich.
Leseproben und weitere Informationen: **shop.kohlhammer.de**